PROJET
DE TRAITÉ
POUR RENDRE
LA PAIX
PERPETUELLE
ENTRE
LES SOUVERAINS
CHRETIENS,

POUR MAINTENIR TOUJOURS
le Commerce libre entre les Nations ;
POUR AFFERMIR BEAUCOUP DAVANTAGE
les Maisons Souveraines sur le Trône.

Proposé autre fois par HENRY LE GRAND
ROY DE FRANCE

Agréé par LA REINE ELISABETH, *par* JAQUES I.
*Roi d'Angleterre son Successeur, & par la plûpart
des autres Potentats d'Europe.*

Eclairci par M. L'ABBE' DE S. PIERRE,
*de l'Academie Françoise, cy-devant Premier
Aumônier de* MADAME.

A UTRECHT,
Chez ANTOINE SCHOUTEN, Marchand
Libraire.

M. DCC. XVII.

L'Epitre.

Philippe petit Fils de France Duc d'Orleans né le 3 Aoust 1674 Regent du Roiaume. Rien ne se voit plus glorieux à ce grand prince que d'Etablir en Europe dans les premieres années de sa Regence la paix suprême dont Henri le Grand ne put faire que le projet durant les dix dernieres années de son Regne.

AU REGENT.

ONSEIGNEUR,

Aprés avoir donné dans ce troisiéme Tome le reste des éclaircissemens qui paroissent necessaires pour démontrer l'importance & la solidité du fameux Projet du Roi Henri le Grand vôtre Bisayeul; j'ai cru que je ne pouvois me dispenser d'ofrir l'Ouvrage entier à VÔTRE ALTESSE ROYALE.

Ce grand Prince avoit conpris combien la salutaire invention de *l'Arbitrage permanent*, avoit été avantageuse aux premieres Familles du monde & aux premiers Chefs de familles, pour former un Vilage où ils pussent joüir des avantages du Commerce, se proteger mutuellement, & éviter ainsi les meurtres, les pillages & les autres violences, suites necessaires de l'état *d'Impolice* & de *non Arbitrage*, entre voisins.

Il avoit compris combien *l'Arbitrage permanent*, ce premier fondement de toute Police, avoit été avantageux aux premiers Vilages du monde, à ces premiers petits corps politiques, & aux premiers Chefs de ces petits Etats, pour former un plus grand corps politique composé de Vilages, de Bourgs & de Villes, dans lequel les membres eussent de même beaucoup plus d'interêt de se te-

EPITRE. v

nir unis, de se proteger, de se conserver les uns les autres, & de commercer ensemble, que de demeurer divisés, sans Commerce permanent, armés les uns contre les autres, & toûjours prêts à s'entre-détruire.

Il avoit remarqué que plus ces corps politiques étoient étendus, peuplés, unis, policés, plus les Arts s'y perfectionnoient, plus le Commerce s'y augmentoit, & qu'il en resultoit plus de seureté & d'abondance, tant pour ceux qui gouvernoient, que pour ceux qui étoient gouvernés.

Il voyoit dans les Provinces unies des Païs Bas, en Suisse, en Allemagne, des modeles de Police generale entre de grands corps politiques, où les membres avoient conservé les mêmes avantages qu'ils avoient avant l'établissement de cette Police, & où ils avoient trouvé des avantages nouveaux par une Protection mutuelle qui leur procuroit une feureté beaucoup plus grande, beaucoup plus de Commerce & beaucoup plus d'abondance qu'ils n'eussent pû en esperer sans de pareilles conventions, sans une pareille Police generale, sans une pareille union entre divers Corps politiques pour en former un dix fois, vingt fois plus grand.

Ces vûës, MONSEIGNEUR, le conduisirent facilement jusqu'à comprendre qu'il n'y avoit plus qu'un pas à faire pour établir en Europe une *Police fuprême*, un Arbitrage permanent, & pour former de tous les Peuples, de tous les Souverains Chrétiens le plus grand Corps politique, qui ait jamais été & dix fois plus grand que le Corps Germanique, dont les membres loin de viser à se détruire se protegeroient mutuellement, loin de perdre aucun des avantages qu'ils avoient dans *l'Impolice* & dans le *non Arbitrage*, en auroient beaucoup de nouveaux très-confiderables, & s'enrichiroient les uns les autres par une infinité de Commerces diferens qui ne feroient jamais interrompus.

Il vit qu'il étoit poffible de démontrer aux Chefs de ces Corps politiques, qu'ils avoient un beaucoup plus grand interêt de faire un Traité de Police Européenne, de protection mutuelle, d'Arbitrage permanent, de Commerce inalterable, que de demeurer expofés aux malheurs des Guerres Civiles & Etrangeres, fuites funeftes & neceffaires de *l'Impolice* & du *non Arbitrage*; il comprit que par une pareille Police il procureroit aux Nations & aux Chefs des Nations à proportion autant d'avantages & auffi confiderables, que la premiere de toutes les Polices, quelqu'informe qu'elle fût, en avoit procuré aux premieres Familles de la Terre, & aux premiers Chefs de ces Familles, qui des inquiétudes cruelles du *non Arbitrage*, avoient heureusement passé à la tranquilité, & à la sécurité de *l'Arbitrage permanent*, qui de l'indigence & des incommodités de la *non Société*, avoient passé à l'abondance & aux commodités de la Société.

On verra dans ce Tome qu'un pareil Traité peut se reduire à un petit nombre d'Articles fondamentaux d'Association qui produiront necessairement dans la suite tous les autres Articles qui seront importans pour l'utilité commune des Associés.

Le but de ce grand Prince étoit donc, MONSEIGNEUR, 1. de donner aux Souverains une seureté entiere, une garantie sufisante de l'execution de tous leurs Traités soit passez, soit futurs.

2. De diminuer beaucoup par deux ou trois Articles de ce Traité fondamental de Police generale & suprême, le nombre & l'importance de leurs diferens avenir.

3. De faire toûjours terminer ces diferens sans aucune represaille, sans aucune violence & sans aucune Guerre, mais par l'Arbitrage permanent, & par le Jugement d'Associez interessez à juger les autres équitablement, c'est à dire, comme ils voudroient en être jugez en pareils cas.

4. De preserver pour jamais les Etats de toutes seditions, de toutes revoltes, de toutes guerres civiles par l'autorité & la toute puissance de la societé Européenne.

5. D'afermir incomparablement davantage par une protection mutuelle, toute puissante & immortelle les Maisons Souveraines sur leurs Trônes.

EPITRE.

6. D'augmenter infiniment davantage le revenu des Souverains, & de diminuer extrêmement le nombre de leurs affaires les plus fâcheuses, & sur tout les dépenses militaires.

7. D'augmenter beaucoup plus leur seureté contre tous leurs ennemis soit du dedans, soit du dehors, & par conséquent leur indépendance.

8. De procurer enfin à tous les Peuples un calme inalterable, de leur donner beaucoup plus de moïens de perfectionner toutes leurs loix, & de leur assurer tous les avantages d'un Commerce égal, seur, libre, universel & perpetuel. Or les Souverains pouvoient-ils jamais esperer ces huit avantages inestimables, que par ce traité fondamental de cette *Police suprême*.

Tel étoit, MONSEIGNEUR, le but de ce magnifique Projet.

EPITRE.

Or peut-on jamais trouver un but plus conforme à vôtre caractere élevé, sage, juste, bienfaisant? Pouvois-je vous proposer un dessein qui se lie mieux avec vos autres grands desseins, & qui vous donne plus de commodités pour les porter en peu d'années à leur perfection.

Rien n'est plus facile à conclure qu'un Traité dans lequel tous les interessés peuvent facilement voir incomparablement plus d'avantages à le signer qu'à ne le pas signer. Je croi avoir porté la démonstration de ces avantages au dernier point d'évidence. Or pouvois-je jamais choisir soit parmi les Princes, soit parmi les particuliers, un meilleur juge que vous, MONSEIGNEUR, d'une pareille démonstration.

Les plus habiles Politiques ont regardé comme le plus solide fondement de la tranquillité & de la seureté de l'Europe, l'execution de la renonciation que le Roy d'Espagne a faite pour lui & pour sa posterité à la Couronne de France, & celle que VÔTRE ALTESSE ROYALE a faite de son côté à la Couronne d'Espagne, la seureté, la conservation des Etats, la paix entre toutes les Parties de l'Europe est à la verité la loi suprême. *Salus populi suprema lex.* Mais qui est-ce qui fera executer éternellement cette Loi si sainte & si sage s'il n'y a point d'union permanente entre les parties interessées à l'execution de cette loi, & où trouver cette union sans un Traité de *Police suprême*, ou d'*Arbitrage Européen*, qui tienne toûjours toutes les parties de l'Europe unies en un même Corps.

Cependant voilà deux loix oposées entre elles, on voit d'un

côté un Article de la Loi Salique, qui est une espece de substitution autorisée en France par l'opinion du Peuple, & qui defere toûjours la Couronne à l'aîné de la branche aînée ; On voit de l'autre la Loi des Renonciations, Loi Nouvelle, exception précise pour un tems & pour une seule ocasion à cet Article de la Loi Salique. Loi qui pour le repos de l'Europe & de la France même déroge en cette ocasion à toute Loi, à toute substitution contraire : Or qui ne voit que cette contrarieté de Loix sera une source feconde de divisions pour l'avenir dans les differentes branches de la Maison Royale, à moins qu'il n'y ait en Europe une autorité permanente infiniment superieure, qui maintienne toûjours en vigueur la Loy nouvelle, la *Loi suprême*, & qui ne laisse à personne aucune esperance de pouvoir jamais la violer impunément.

Nous favons tous, MONSEIGNEUR, que le feu Roi regardant la Loi des Renonciations reciproques comme une Loi fondamentale du Royaume,& comme une Loi inviolable, vous dit publiquement que *Si le Dauphin venoit à mourir, la Couronne de France vous apartenoit inconteſtablement.* Nous ſavons que ces paroles ſi précifes & ſi conſiderables ſortirent de ſa bouche ſacrée, pluſieurs jours avant ſa mort, lorſqu'il avoit encore toute la netteté de ſon eſprit, & toute la ſolidité de ſon Jugement, qu'il les proferera ſachant que ſa maladie étoit incurable & preſſante, & ſe voyant dans le lit de la mort, dans ce lit où l'on juge des interêts des autres & des ſiens propres avec plus d'équité, & où l'on parle avec plus de ſincerité. Nous ſa-

EPITRE. xv

vons tous comme ce grand Prince, que cette Loi est d'autant plus équitable, qu'elle est necessaire à la conservation de tous les Etats ; mais que peut servir la Loi la plus équitable si elle n'est *toûjours* soutenuë par une autorité toute-puissante contre des pretentions qui ne seront à la verité jamais fondées que sur quelques fausses apparences de Justice, mais qui peuvent étant apuïées de la rebellion avoir un jour la force de leur côté.

Vous savés, Monseigneur, les Guerres funestes & frequentes, que causerent à l'Angleterre dans les siécles passés des Loix oposées, des Droits aparens & contraires que faisoient revivre tour à tour les Maisons d'York, & de Lancastre. Or qui est plus disposé que vous, Monseigneur, & si je l'ose dire, qui est plus justement interessé que vous à preserver la France pour les siécles avenir de semblables malheurs, & quel preservatif plus seur, plus naturel & plus desirable pouvois-je jamais vous proposer que ce Traité *d'Arbitrage permanent*, proposé par le Roi vôtre Bisayeul, qu'un Traité que l'on ne peut jamais signer sans procurer à la France, comme aux autres Etats, aux Rois de France, comme aux autres Souverains, une prodigieuse diminution de dépense, & une opulence d'autant plus seure qu'elle seroit fondée sur la perpetuité du Commerce.

Tout le monde convient, MONSEIGNEUR, que plus un établissement procure aux hommes d'avantages considerables, étendus, durables, plus il procure de gloire à celui qui l'entreprend & qui en vient à bout. Or d'un côté peut-on jamais imaginer

EPITRE. xvij

imaginer un établissement qui aportât aux Nations d'Europe en general & à la Nation Françoise en particulier, des avantages aussi nombreux, aussi considerables, aussi étendus, & aussi durables que la Police Européenne, & de l'autre pouvois-je trouver sur la Terre un Prince, qui ait plus de disposition que VÔTRE ALTESSE ROYALE, à goûter les plus grands desseins & plus de facilité à les executer.

Je ne doute pas, MONSEIGNEUR, que plusieurs Princes de l'Europe, avides de gloire ne s'empressent à avancer un Traité si salutaire au Genre-humain, mais quelques soins qu'ils se donnent pour y réüssir, ils ne ne sauroient jamais empêcher que Henri le Grand n'ait la gloire de l'invention qui n'est

ẽ

EPITRE.

pas moindre, & qui est peutêtre même plus grande que celle de ces demi-Dieux qui aprirent aux premiers Hommes, aux premieres Familles, & aux premiers Chefs de Familles à vivre en Societé sous une Police particuliere, puisque Henri procure encore un plus grand bienfait aux Nations & aux Chefs de ces Nations, en leur aprenant par le moyen d'une Police *suprême*, & universelle à vivre en Societé permanente. Or à qui convient-il mieux, MONSEIGNEUR, qu'à VÔTRE ALTESSE ROYALE, de recüeillir cette précieuse gloire comme une partie considerable de la succession de cet Auguste Monarque, à qui vous ressemblez par tant de differens endroits, & quelle entreprise aprés tout, peut jamais vous faire tant d'honneur que d'executer dans les premieres années de vôtre Regence pour le grand avantage du Roi, & de l'Etat, pour le bonheur de toutes les Nations & de tous les Souverains, ce qu'un Roi si sage & si puissant, n'avoit pu que projeter durant les dix dernieres années de son regne.

Ces raisons, MONSEIGNEUR, jointes à un atachement particulier que nous avons moi & ma famille pour VÔTRE ALTESSE ROYALE, & pour vôtre Auguste Maison, depuis plus de vingt-deux ans, m'ont persuadé que je ne pouvois me dispenser de vous presenter un Ouvrage qui vous apartient par tant de titres si légitimes, trop heureux, MONSEIGNEUR, qu'il me donne occasion de témoigner publiquement les sentimens de reconnoissance que j'ai de vos

EPITRE.

bienfaits, le parfait dévoüement & le profond respect avec lesquels je suis & serai toute ma vie.

MONSEIGNEUR,

DE VÔTRE ALTESSE ROYALE

Très-humble, très-obéissant & très-fidelle Serviteur
L'ABBÉ DE SAINT PIERRE.

PREFACE.

HENRI LE GRAND proposa, il y a plus de cent ans, aux Souverains Chrêtiens un Projet de Traité, dont les Articles visoient à former entre les Princes une Police generale, un engagement de protection mutuelle pour les garantir eux & leur posterité dans les tems de foiblesse, de toutes entreprises de leurs Ennemis, soit du dedans, soit du dehors, & à établir entre eux un Arbitrage permanent pour les maintenir toûjours dans la possession tranquille de tout le territoire qu'ils possedent actuellement ; pour regler sans guerre à la pluralité des voix tous leurs differens futurs ; Et pour maintenir entre toutes les Nations un Commerce perpetuel, seur, libre, égal, & parfaitement inalterable.

Comme la mort ne lui donna pas

le loisir d'employer son credit, ses forces, & son autorité pour faire signer ce Traité, je me suis proposé depuis six ou sept ans de l'éclaircir, de le reduire à un petit nombre d'Articles fondamentaux, & de démontrer qu'il n'y a aucun Souverain, qui ait aucun Traité si avantageux à negocier & si facile à conclure. Or dans le dessein où je suis de travailler le reste de ma vie à perfectionner cette démonstration, en la mettant pas à pas à la portée de la plûpart des lecteurs, que puis-je faire de mieux si ce n'est de lever d'un côté par mes réponses toutes les nouvelles difficultez dont on me fera apercevoir, & d'exposer de l'autre ce que je pourrai découvrir de nouveaux motifs, propres à engager chaque Souverain en particulier à signer ces Articles fondamentaux ; aussi ce troisiéme Tome contient deux parties ; La premiere, est un recüeil d'Objections ou nouvelles ou renouvellées, avec leurs réponses ; La seconde, est un recüeil de differens Discours, où j'expose en abregé les interêts particuliers que peut avoir chaque Etat, chaque Souverain d'Europe à signer ces Articles.

PREFACE.

Je say bien que dans ces Discours je ne fais presque autre chose que d'apliquer à chaque Souverain en particulier à peu prés les mêmes motifs que j'ai proposés d'une maniere generale dans le premier Tome, lorsque j'adressois la parole aux Souverains en commun; mais j'ai cru, & beaucoup de personnes très-habiles ont cru avec moi que cette aplication étoit absolument necessaire pour achever de determiner par des considerations plus particulieres ceux qui n'avoient été qu'ébranlés par des considerations un peu trop generales.

Les personnes qui ont fait des reflexions sur l'effet des Discours écrits ou prononcés, savent que plus ils sont personnels, je veux dire, que plus ils sont apropriés aux personnes à qui on parle, plus aussi ils sont pressans & persuasifs, & que l'on ne sauroit les rendre personnels, tandis que l'on adresse la parole à un grand nombre de personnes en commun.

Il me reste à m'excuser sur la longueur de la réponse à la premiere Objection de ce Suplement; premierement, l'Objection est longue elle-même, ce font plusieurs Objections que j'ai reçûës de divers endroits, je n'en ai fait qu'une fous divers Articles, parce qu'il ne faloit que les mêmes principes pour y répondre & pour les éclaircir; fecondement, ces principes n'étoient pas affés developés dans les deux premiers Tomes, & il a falu y fupléer par des confiderations qui, je croi, n'auroient pas été fufifantes pour la plûpart des Lecteurs, fi elles avoient eu moins d'étenduë.

J'avois fupofé que la plûpart de mes Lecteurs avoient fuffifamment étudié la nature de l'homme & l'origine de la focieté, pour avoir aperçû qu'il n'étoit pas aifé d'établir une Société durable entre des animaux avides, défians, jaloux, préfomptueux fiers, orgueilleux, impatiens, coleres, vindicatifs, cruels, toûjours injuftes dans leurs pretentions reciproques, & qui pour les décider n'avoient encore d'autre voye que celle des bêtes ; car dans les premiers tems avant la falutaire invention de *l'Arbitrage*, ils n'avoient que la voye de la violence & du meurtre, que cependant il s'étoit établi entre ces animaux fi déraifonnables

PREFACE.

nables, des Societés très-raisonnables, très-avantageuses aux Associés & même très-durables.

J'avois suposé que ces Lecteurs étoient pleinement convaincus ou par leurs lectures ou plûtôt par leurs propres reflexions, que sans *cette premiere Convention fondamentale* d'un Arbitrage permanent, il n'y auroit jamais eu entre les voisins aucune seureté ny pour leurs biens, ni pour leur vie, ni pour l'execution d'aucune convention particuliere, que faute de seureté reciproque il n'y auroit jamais eu gueres plus de societé entre les premiers Chefs de famille de chaque païs, qu'il y en a entre les animaux du même païs; & que par consequent sans cette premiere Convention, il n'y auroit jamais eu dans le monde aucune de ces belles inventions si utiles au genre-humain, qui auroient été éternellement ensevelies dans le neant sans le loisir, la seureté & toutes les commodités que procurent les Societés.

Voilà le point d'Instruction où je suposois mes Lecteurs lorsque je composois les deux premiers Tomes du *Projet de Paix perpetuelle*; mais je me suis aperçû que je m'étois mépris dans ma supofition. Ce que l'homme étudie le moins c'est la nature de l'homme, & les differens degrés par lesquels il est parvenu à former ces grandes & anciennes societés dont il tire de si prodigieux avantages, en comparaison des avantages que tirent les Sauvages de leurs petites Societés naissantes, les reflexions fines, profondes qui n'ont rien de brillant, qui ne promettent ni gloire ni faveur ni augmentation de revenu, & qui demandent cependant une attention longue & suivie, sont par leur nature hors de la portée de la plûpart des hommes, & même de tous ces gens d'esprit qui ne pensent point.

D'ailleurs les hommes naissant au milieu des societés toutes formées sont portés naturellement à croire que ce qu'ils ont vû dés leur naissances, a toûjours été & sera toûjours de même, ils joüissent des biens que leur procurent les bons reglemens de leur societé, sans savoir quel est la base de cette même Societé, quel en est

PREFACE. xxvij
le principal lien,& même sans se soucier d'en être instruits. Ceux mêmes qui sont dans des places où ils ont l'autorité, ou de faire ou de concourir à faire ces bons Reglemens, negligent de s'instruire à fonds des premiers principes de la Police sans songer que l'unique moyen de faire faire à la Police de chaque Etat un grand & solide progrés, c'est de suivre exactement les premiers principes qui l'ont fait naître,& de rapeler toûjours tout à ces premiers principes fondés sur la nature elle-même.

Ce qui m'a fait apercevoir de ma méprise,c'est que j'ay vû des gens d'esprit qui aprés avoir lû mon Ouvrage, étoient encore dans le préjugé vulgaire que les Souverains lors qu'ils ne peuvent convenir entre eux sur leurs prétentions reciproques, ont une prérogative très-glorieuse & très-avantageuse de ne pouvoir terminer leurs differens que par la même voye que les bêtes terminent les leurs, c'est-à-dire, par la voye de la violence.

C'est donc pour supléer à leur manque de reflexions sur l'origine du Commerce permanent, c'est-à-dire, sur

ĩ ij

l'origine de la Societé entre gens qui étoient infociables avant la convention de *l'Arbitrage*, c'eſt pour inſtruire ſuffiſamment ces Lecteurs de cette matiere que j'ai placé avant la réponſe à la premiere Objection quelques conſiderations préliminaires ſur ce ſujet.

J'eſpere que l'on trouvera qu'avec cette précaution je ſatisfais d'un côté pleinement à l'Objection, & que je démontre de l'autre un point très-important qui eſt que la convention d'un *Arbitrage permanent*, entre Souverains eſt le ſeul fondement ſolide de l'execution de toutes leurs autres conventions, que c'eſt l'unique moyen ſuffiſant de les garantir eux & leurs familles de toutes conſpirations, de toutes revoltes & de toutes invaſions, que c'eſt l'unique moyen de conſerver un Commerce durable entre les Nations, que c'eſt l'unique moyen de doubler leur revenu ſans diminuer celui des autres, que c'eſt l'unique moyen qu'ils ayent de diminuër infiniment la dépendance où ils ſont, tant par raport au dedans à l'égard de leurs propres ſujets, que parraport au dehors à l'égard

PREFACE. xxix
de leurs voisins, enfin que cette premiere *Convention fondamentale*, ne seroit pas presentement *moins facile ni moins avantageuse* aux Nations d'Europe & aux Chefs de ces Nations, qu'elle a été autrefois aux familles qui ont habité les premiers le païs le premier habité de l'Europe & aux Chefs de ces mêmes familles.

Ces premiers Chefs de famille étoient de petits Souverains chacun dans leur famille, c'est d'eux que sont sorties toutes les Nations d'Europe, & l'on peut dire par consequent que c'est de ces anciens Souverains en petit que sont sortis nos Souverains en grand d'aujourd'hui; ainsi je ne fais que proposer presentement aux enfans de pratiquer entre eux pour éviter la guerre & entretenir leur Commerce la même invention que le premier sage de l'Europe proposa autrefois à leurs Peres & qui leur a si heureusement réüssi.

Ainsi j'espere démontrer dans ce troisiéme Tome que l'établissement d'une Police generale, d'un Arbitrage permanent entre Nation & Nation, entre Chefs de Nations & Chefs de Nations, eſt non ſeulement très-poſſible & très-faiſable, mais encore que vû le cours ordinaire des choſes, & vû que l'eſprit humain va neceſſairement en croiſſant auſſi bien du côté de la Politique, que des autres ſciences, il eſt impoſſible qu'il ne ſe faſſe pas.

EXTRAIT DU JOURNAL DE TREVOUX.

Du mois de Juillet 1713. Article 96. page 1141. sur les deux premiers Tomes du Livre intitulé : PROJET POUR RENDRE LA PAIX PERPETUELLE EN EUROPE.

Comme l'établissement d'une Société permanente entre les Princes Chrétiens, nous paroît très avantageux pour la durée des Maisons Souveraines sur le Trône, & que d'un côté ils enrichiroit Princes & Sujets, & leur épargneroit tous les effroïables malheurs des Guerres Civiles & Etrangeres, & que de l'autre il ôteroit un très-grand obstacle à l'établissement de la vraye Religion, en ce qu'il ôteroit pour jamais les haines que les Guerres excitent & entretiennent entre les Nations de Religions differentes, & qu'il donneroit une beaucoup plus grande facilité pour la faire bien connoître, nous ne pouvons nous empêcher de desirer que le Projet pour rendre la Paix perpetuelle, se multiplie par les differentes Editions, & qu'il s'imprime en toutes sortes de langues, il nous semble même qu'il est impossible d'être ni bon Sujet, ni bon Chrêtien, sans faire un pareil souhait.

Il nous reste à dire qu'une des choses que l'Auteur paroît le plus desirer, ce seroit de voir quelque Ecrivain de reputation entreprendre de détruire son systême en détruisant les preuves de ses principales Propositions, & de montrer le foible des réponses qu'il a faites aux Objections qui sont venuës à sa connoissance, nous croïons que dans le dessein qu'il a de faire examiner son Ouvrage avec plus de soin par un plus grand nombre de Lecteurs intelligens, il n'a pas tort de souhaiter pour contradicteurs d'illustres Ecrivains qui puissent r'assembler dans leurs Ouvrages toutes les Objections des gens d'esprit & même des plus habiles Ministres qui sont de leur avis, mais qui n'ont pas le loisir de rien écrire.

Il naitroit seurement de ces disputes de nouvelles lumieres sur le sujet le plus important qu'on puisse jamais traiter pour le bonheur de l'Europe, & du reste de la Terre, l'Auteur leur a jeté à tous tant qu'ils sont **Le Cartel de défi**, & ses Partisans seront en droit, si personne n'ose l'accepter, de mépriser un peu le parti oposé, & de dire qu'il faut que la cause soit bien mauvaise quand aucun bon Avocat ne se veut charger de la défendre.

En effet de deux choses l'une, ou ils croient que le vray interêt de leur Souverain & de la durée de sa Maison sur le Trône, est de demeurer avec ses voisins sans Societé permanente, c'est à dire, dans une Guerre actuelle, ou dans l'attente d'une Guerre prochaine, & de laisser ainsi leur posterité dans le tems de sa foiblesse en proie aux Seditions, aux Revoltes, aux Conspirations, aux Invasions, & aux Differens évenemens, des Guerres Civiles, & Étrangeres, & que les heureux succés des Guerres à venir le dédommageront avantageusement lui & ses descendans de leurs dépenses militaires à venir, & du tort que leur causera l'interruption du Commerce, ou bien ils croïent qu'à la verité le vrai interêt de leur Souverain, & de sa Maison, seroit de consentir à une Societé permanente avec tous les Souverains de l'Europe, mais ils croïent en même tems que cet interêt quoique vrai, quoique très-réel ne lui paroîtra jamais tel, soit à cause de son peu d'intelligence & de son peu d'Aplication, soit enfin parceque ses Ministres n'auront jamais assés de vertu & de courage pour travailler à lui faire connoître avec évidence en quoi consiste ce veritable interêt, & à lui faire toucher au doigt combien il y auroit à gagner pour lui, à donner son consentement à l'établissement de la Societé permanente; voilà les deux uniques cas.

Or dans le premier cas, c'est faire leur Cour

à leur Souverain, que de refuter solidement un Projet specieux qui est effectivement oposé à son vrai interêt & à l'interêt de sa Maison, ainsi loin d'avoir rien à craindre en écrivant ils n'auroient au contraire que des recompenses à esperer.

A l'égard du second cas, il est vrai que ce ne seroit pas faire leur Cour à leur Souverain que de soûtenir qu'il n'aura jamais assez de raison & de lumieres pour voir clairement que la Societé permanente avec les autres Souverains lui seroit à tout compter infiniment avantageuse ; mais en ce cas c'est presque donner gain de cause à l'Auteur que d'être reduit à dire que tous les Souverains qui regnent, & qui regneront, seront toûjours assés aveuglez pour n'appercevoir jamais que cette Societé permanente, & la Paix perpetuelle, qui en est une suite necessaire, leur seroit infiniment plus avantageuse que la non Societé & que des Guerres perpetuelles.

TABLE

TABLE.
PREMIERE PARTIE.

Reface. *Division du troisié-me Tome, &c.*
Extrait du Journal de Trevoux.
p. xxxj.
I. Objection. *Augmentation de dependance.* page 1
I. Article. *Diminution de liberté.* p. 3
II. Article. *Dépendance des Loix.* p. 4
III. Article. *Diminution de proprieté.* p. 5
IV. Article. *La force n'est plus décisive* p. 6
V. Article. *Je pers ma superiorité en établissant des Juges superieurs.* p. 7
Considerations *Préliminaires.* p. 8
I. Consideration. *Avantage que l'homme tire de la Societé.* p. 10
II. Consideration. *Avantage du Commerce.* page 17
III. Consideration. *Necessité de la naissance des differens.* p. 19
Premiere source des Differens. *Biens à partager.* p. 20
Seconde source des Differens. *Promesses à executer.* p. 32

TABLE.

Troisiéme source des Differens. *Offenses à reparer.* p. 34

IV. Consideration. *Naissance des pillages, des meurtres, &c.* p. 40

V. Consideration. *L'Arbitrage empêche les meurtres.* p. 45

VI. Consideration. *Qualités essentielles de l'Arbitrage.* p. 50

VII. Consideration. *Tout Arbitrage est fondé sur une Convention.* p. 61

VIII. Consideration. *Arbitrage avantageux même au plus fort.* p. 66

IX. Consideration. *L'Arbitrage diminuë la dependance.* p. 71

X. Consideration. *Le non Arbitrage augmente la dépendance.* p. 84

XI. Consideration. *Le non Arbitrage diminuë la liberté.* p. 89

XII. Consideration. *Proportion entre les Chefs de Famille & les Chefs de Nations.* p 91

Réponse au I. Article. p. 103
Réponse au II. Article. p. 108
Réponse au III. Article. p. 113
Réponse au IV. Article. p. 118
Réponse au V. Article. p. 125

II. Objection. *Vous pretendés faire plus que Jesus-Christ.* p. 147

III. Objection. *Les hommes agissent con-*

TABLE.

tre leurs interêts. p. 153
IV. Objection. *Les Souverains resteront dans le doute.* p. 158
V. Objection. *Trois Souverains insensés peuvent se liguer.* p. 159
VI. Objection. *Oposition des préjugés des Souverains & des Ministres.* p. 166
VII. Objection. *L'Empereur Chinois peut envahir la Moscovie.* p. 167

SECONDE PARTIE.

Preface *sur les Interêts des Princes.*
Articles fondamentaux.
Interêt de Venise. p. 197
Proposition à démontrer. p. 200
Membre de la Démonstration p. 201
Considerations par raport au dedans. p. 202
Police. p. 203
Justice. p. 210
Finances. p. 212
Commerce interieur. p. 214
Milice contre les Rebelles. p. 216
Autorité sur les Sujets. p. 217
Considerations par raport au dehors. p. 219
Commerce Etranger. p. 221
Ligues. p. 222
Conquêtes passives. p. 224
Conquêtes actives. p. 226
Milice contre les Etrangers. p. 229

TABLE.

Dépendance des voisins. p. 232
I. Objection. Les Ministres trop occupés. page 234
II. Objection. Qui voudra signer le Traité avec les Venitiens. p. 239
III. Objection. Les plus puissans ne le signeront point. p 241
Conclusion sur Venise. p. 243
Interêts de la Holande. p. 244
I. Observation. Statouder ne sera plus à craindre. p. 246
II. & III. Observation. La Division entre les Provinces ne sera plus à craindre. page 248
IV. Observation. Les Dettes de l'Etat diminueront. p. 250
V. Observation. Les Travaux publics se feront. p. ibid.
VI. Observation. Le Commerce du dehors non interrompu. p. 251
VII. Observation. Les Traités des Commerce seront executés. p. 256
VIII. Observation. La Barriere ne sera plus necessaire. p. 257
IX. Observation. Ligues constantes & puissantes p. 258
X. Observation. Conquêtes actives & passives. page 259
XI. Observation. Diminution de dépense pour la milice. p. ibid.

TABLE.

XII. Obfervation. *Diminution de dépendance.* p.260

XIII. Obfervation. *Interêt des particuliers.* p. ibid.

I. Objection. *On ne negocie point en public.* page 262

II. Objection. *Quelques Compagnies de Commerce y perdroient.* p.264

Conclufion fur la Holande. p.269

Interêt du Portugal. p.270

I. Obfervation. *Il n'aura plus à craindre l'Efpagne.* p.271

I. Objection. *Le Roy d'Efpagne y perdra.* p.273

II. Obfervation. *Il ne craindra plus les Anglois ni les Holandois.* p.274

III. Obfervation. *Il ne foufrira plus d'injuftices comme plus foible* p.275

IV. Obfervation. *Il ne fouffrira nul préjudice du grand éloignement de fes parties.* p.276

V. Obfervation. *Le Roy doublera fon revenu.* p.277

II. Objection. *La Guerre n'eft pas fi facile à ralumer.* p.279

III. Objection. *Les Miniftres de Portugal s'y opoferont.* p.281

IV. Objection. *Le Roy de Portugal fe lieroit les mains.* p.284

V. Objection. *Il fe metroit en Tutelle, en*

TABLE.

Curatelle. p. 286
Conclusion sur le Portugal. p. 288
Interêt de Gennes & associés. p. 289
Interêt du Roy de Sicile. p. 290
I. Observation. *Il ne craindra plus l'Empereur.* p. 291
II. Observation. *Besoin de nouvelle Police en Sicile.* p. 291
III. Observation. *Augmentation du revenu.* p. 292
IV. Observation. *Dépendance à l'égard de ses voisins diminuée.* p. 293
V. Observation. *Subside de la Guerre tourneroit à son profit.* p. 293
VI. Observation. *Plus de seureté pour sa posterité.* p. 294
Conclusion sur le Roy de Sicile. p. 295
Interêt du Duc de Florence & associés. p. 295
Interêt du Pape. p. 296
I. Observation. *Il n'auroit plus rien à craindre des Turcs.* p. 296
II. Observation. *Ligue contre les Turcs.* p. 297
III. Observation. *Il n'auroit plus rien à craindre des Empereurs.* p. 298
Interêt du Duc de Lorraine. p. 299
Objection. p. 300
Interêt des Suisses & de Geneve. p. 302
Objection. p. 303
Interêt de l'Electeur de Baviere. p. 304

I. Observation

TABLE.

I. Observation. *Vûë sur le Trône Imperial.*
  page 305
II. Observation. *Vûë d'Echange.* p. 306
Interêt de l'Electeur Palatin & associés. p. 307
*Interêt des Electeurs Ecclesiastiques &
  associés.* p. 311
*Observation sur le perfectionnement des Loix
  d'Allemagne* p. 312
Interêt du Roy de Prusse. p. 313
Interêt du Roy de Dannemarck. p. 314
Interêts du Duc de Curlande & associés.
  page 315
*Interêt du Roy de Pologne, Electeur de
  Saxe.* p. 316
I. Observation. *Regne tranquille.* p. 317
II. Observation. *Assurer la Couronne au
  Prince Electoral.* p. 318
III. Observation. *Licenciement des Troupes Saxones.* p. 319
*Interêt de l'Electeur d'Hanover Roy d'Angleterre à l'établissement de la Police
  generale.* p. 320
I. Observation. *Assurer la Couronne sur sa
  tête.* p. 322
II. Observation. *Bornes posées & entretenuës entre les droits du Roy & les droits
  du Parlement.* p. 323
III. Observation *Augmentation du double
  du revenu du Roy.* p. 325
Objection & Réponse. p. 326

TABLE.

Interêt de l'Empereur à l'établissement de la Police generale d'Europe. p. 335
I. Confideration. *Augmentation du revenu.* page 337
II. Confideration. *Augmentation de tranquilité.* p. 339
III. Confideration. *Augmentation de Reputation.* p 340
Objection & Réponse. p. 346
Interêt du Czar à l'établissement de la Police Européenne. 349
I. Obfervation. *Inconveniens de la vaste étendüe de ses Etats.* p. 350
II. Obfervation. *Perfectionnement des Arts.* p. 354
Interêt du Roy d'Espagne à faire cesser l'Impolice Européenne. p 356
I. Obfervation. *Eloignement des parties de la Monarchie.* p. 357
II. Obfervation. *Le Commerce se faisant en droiture doubleroit.* p. 359
III. Obfervation. *Les revenus du Roy doubleroient.* p 359
Interêt du Roy de Suede à établir une Police entre les Chefs de Nations. p. 361
Le Caractere du Roy de Suede, est d'avoir sa principale passion pour le grand. p. 362
I. Objection & Réponse. p. 372
II. Objection & Réponse. p. 373
III. Objection & Réponse p. 374

TABLE.

IV. Objection & Réponse. p. 376
V. Objection & Réponse. p. 376
Interêt du Roy de France à l'établissement de la Police generale des Souverains. p. 378
I. Objection. *La mort du Daufin Bourgogne.* p. 382
II. Objection. *Le Roy de France y gagne moins que les moins puissants.* p. 385
Extrait des Memoires de Sully. p. 393
Remarque. *La grande idée que le Duc de Sully avoit du Projet.* p. 398
Remarque. *Renonciations reciproques sont essentielles pour assurer une proprieté reciproque.* p. 400
Remarque. *Henri IV. pouvoit rendre la Police Européenne solide sans tenter d'afoiblir auparavant la Maison d'Autriche.* page 402
Remarque. *Le Roy d'Angleterre ne vouloit point qu'on fit la guerre à la Maison d'Autriche.* p. 405
Remarque. *Nul Associé ne pourra prendre les armes que de concert avec l'union.* p. 407
Remarque. *Punition de l'Associé refusant.* page 408
Remarque. *Pluralité des voix des Associés.* page 409
Remarque. *Punition de l'Associé qui voudroit se desunir.* p. 410

õ ij

TABLE.

Remarque. *Utilité des sermens.* p. 411
Remarque. *Ligue partiale n'est point durable.* p. 412
Remarque. *Negociation commencée avant la mort de Henry IV.* p. 413
Remarque. *Henry IV. vouloit rendre son nom immortel par cet établissement.* p. 414
Remarque. *Henry eût consenti à faire l'établissement sans guerre.* p. 415
Remarque. *Henry n'eût pas refusé le Czar pour Associé.* p. 415
Remarque. *Henry vouloit l'égalité, pour fondement des loix du Commerce* p. 422
Remarque. *Henry avoit pendant dix ans medité ce Projet.* p. 427
Extrait de Fresne Canaye p. 428
Remarque. *Il y eut un Projet de Traité signé avec Venise.* p. 429
Proposition pour chasser les Turcs d'Europe, d'Asie & d'Afrique. p. 431
Avantages de l'entreprise. p. 432
Facilité de l'entreprise. p. 436
Gloire de l'entreprise. p. 438
I. Conclusion du troisiéme tome. 439
II. Conclusion. *Il est impossible que ce Projet ne s'execute pas.* p. 440
I. Preuve. p. 441
II. Preuve. p. 443
III. Preuve. p. 453
Avertissement sur la mort de Loüis XIV. page 456

CORRECTIONS IMPORTANTES.

P. 28. ligne 1. les filles *lisez* les découvertes filles
P. 34. lig. 20. voisins *ajoûtés* le vendeur peut manquer de memoire, autre source de dispute
P. 35. ligne 12. tous *lisez* tour
P. 45. ligne 22. n'empêchoit pas *lisez* empêchoit
P. 45. ligne 1. derniere *effacez* ou
P. 59. ligne 12. permanent *ajoûtés* & se garantir des insultes des voisins non associez
P. 70. ligne 25. force *ajoûtés* pendant leur non union
P. 75. ligne 10. les *lisez* le
P. 75 ligne 11. leur *lisez* sa
P. 75. ligne 13. qu'ils donneront *lisez* qu'il donneroit
P. 75. ligne 14. leur *lisez* son
P. 76. ligne 9. deux *lisez* plusieurs
P. 85. lig. 15. ni de l'Arbitrage *lisez* de l'Arbitrage, ni
P. 88. ligne 19. tellement *lisez* réellement
P. 91. ligne 5. & prendre *lisez* & à prendre
P. 106. ligne 1. derniere... de detruire *lisez* de le détruire
P. 108. ligne 18. si juge *lisez* si je juge
P. 113. ligne 4. aux *lisez* qui ne se feroit que sous les
P. 115. ligne 3. Arbitrage *ajoûtés* avec la proprieté des biens que l'Arbitrage
P. 117. ligne 28. aquereroit *lisez* aquierroit
P. 118. ligne 25. qu'à le vaincre *lisez* qu'à vaincre
P. 123. ligne 13. il *lisez* qu'il
P. 124. ligne 13. usurpateur *ajoûtés* de l'Empire universel
P. 127. ligne 28. Proportion *ajoûtés* de puissance
P. 152. ligne 3. échangera *lisés* changera
P. 154. ligne 18. d'être plus *lisez* plus d'être
P. 158. ligne 6. par raport aux autres *lisez* par raport à Dieu, mais du moins s'il est porté à sa perfection il peut les rendre justes exterieurement par raport aux autres.
P. 159. ligne 5. a *lisez* avec
P. 159. ligne 16. des deux parties *lisez* des deux partis
P. 101. ligne 8. permanent *lisez* Européen
P. 225. ligne 21 peyé *lisez* peyez
P. 225. ligne 24. éclairé *lisez* éclairci
P. 227. ligne 30. il y a *lisez* d'il y a

P. 236. ligne 4. son *lisez* leur
P. 236. ligne 23. 600 000. liv. *lisez* 500000. liv.
P. 244. ligne 20. confideration *lisez* confederation
P. 249. ligne 5. parties *lisez* partis
P. 252. ligne 23. interrompra *lisez* n'interrompra
P. 255. ligne 9. craignent *lisez* craignant
P. 255. ligne 25. fort plus le change est *lisez* plus le change est fort
P. 257. ligne 24. pas *ajoûtés* entiere
P. 260. ligne 17. en *lisez* qu'en
P. 268. ligne 8. il *lisez* s'il
P. 272. ligne 1. changées *lisez* changé
P. 272. ligne 29. garnison *lisez* garnisons
P. 272. ligne 30. fortification *lisez* fortifications
P. 275. ligne 10. c'en *lisez* s'en
P. 277. ligne 4. de *lisez* le
P. 279. ligne 2. l'établir dans l'Arbitrage *lisez* l'établir en Portugal dans le système de l'Arbitrage Européen
P. 280. ligne 20. & faire *lisez* & de faire
P. 285. ligne 11. liés *lisez* lié
P. 286. ligne 13. pretentions *lisez* pretensions
P. 287. ligne 15. reconoit *lisez* reconoisse
P. 288. ligne 16. dans le non Arbitrage *lisez* comme il arriveroit dans le *non Arbitrage*.
P. 288. ligne 21. perdre par *lisez* perdre des avantages par
P. 292. ligne 13. Arbitrage *lisez* l'Arbitrage
P. 295. ligne 13. qu'il n'y a *lisez* qu'il n'a
P. 301. ligne 22. beaupere *lisez* beau-frere
P. 303. ligne 5. d'Essuyer *lisez* d'Essayer
P. 319. ligne 16. patirera *lisez* atirera
P. 328. ligne 6. est *lisez* seroit
P. 331. ligne 30. Examiner ce Projet *lisez* Examiner les Articles fondamentaux de ce Projet
P. 332. ligne 9. l'Examine, *lisez* les Examine
P. 348. ligne 22. *efacez* ne
P. 366. ligne 13. tous *lisez* tou
P. 423. ligne 9. qu'un *lisez* un
P. 423. ligne 17. voir *lisez* voire
P. 424. ligne 26. voir *lisez* voire
P. 425. ligne 24. de tant de *lisez* de tant
P. 450. ligne 30. *effacez le point qui gâte le sens*
P. 454. ligne 15. *effacez* le
P. 456. ligne 3. Evre *lisez* Eûre

AVIS AU RELIEUR
pour placer les Figures.

Il faut placer l'Eſtampe de Monſieur le RE-
GENT devant l'Epitre Dedicatoire.
Celle d'Henry IV. à folio 1.
Celle de la Paix & de l'Europe à folio 197.
Celle Duc de Sully à folio 395.

FIN.

PROJET
DE
HENRI LE GRAND,
POUR RENDRE
LA PAIX PERPETUELLE
EN EUROPE.

PREMIERE PARTIE.

Recueil de nouvelles Objections.

PREMIERE OBJECTION.

'Auteur du *Projet de Paix Perpetuelle* ne se met pas assez à la place des Souverains, quand il leur propose, pour terminer leurs differens futurs, de préferer la voye de *l'Arbitrage permanent*, qui est nouvelle à la

A

voye de la Guerre, qui est une voye aussi ancienne que les hommes. Il n'a pas assez fait d'attention à la prérogative de *l'Indépendance*, prérogative essentielle à la Souveraineté, prérogative que le plus riche Sujet d'Europe doit envier au plus chetif Roi d'Afrique ou d'Amerique. Il n'a pas assez pesé la valeur de cette prérogative, ou du moins il n'a pas fait assez d'attention à l'estime qu'en font les Souverains. Né sujet, il n'a pû s'élever jusqu'à penser en Roi ; ainsi on ne doit point être surpris s'il propose aux Rois, pour l'établissement d'un *Arbitrage permanent*, des Articles à signer, qu'aucun d'eux ne sauroit signer sans renoncer à *l'Indépendance* ; c'est-à-dire, à ce qu'il y a de plus précieux & de plus estimable dans la condition de Souverain.

Mais la chose va être encore plus éclaircie dans les cinq Articles suivans, où l'on va faire parler un Prince, le Czar, par exemple, en veritable Souverain.

Premier Article.

Diminution de Liberté.

Je fuis libre, dit le Czar, il m'eſt permis de faire à l'égard de mes voiſins tout ce que je *juge* neceſſaire pour ma conſervation, pour la conſervation de ma famille & des biens que je poſſede, pour le recouvrement de ceux que je *juge* avoir droit de poſſeder ; & enfin, pour me vanger de mon ennemi, & pour prévenir ſa vangeance; de ſorte que ſi je *juge* qu'un de mes voiſins ſoit devenu mon ennemi, qu'il cherche à me détruire, à ſe vanger, & que par conſequent ſa deſtruction ſoit neceſſaire à ma conſervation ; il m'eſt permis, je ſuis libre de le prévenir, de tâcher de l'afoiblir par la ruſe ou par la force, de me fortifier en lui enlevant ce qui le fortifie, & de le détruire enfin avec le moins de danger pour moi qu'il me ſera poſſible.

Tel eſt l'avantage de *l'Independance*, avantage que je perdrois par l'établiſſement de l'*Arbitrage* Européen. Car enfin, non ſeulement il me feroit défendu de détruire mon ennemi, sous peine d'être détruit moi-même par les forces Superieures de l'Arbitrage ; mais il me seroit encore défendu de m'en vanger à ma fantaisie & selon l'étenduë de mon ressentiment : ainsi ce seroit une diminution de ma liberté.

II. ARTICLE.

Autre diminution de Liberté.

Je ne suis soumis à aucunes Loix, si je fais des promesses, c'est que je *juge* qu'il convient alors à mes interêts de promettre : mais je ne suis lié par mes paroles, par mes Traitez, qu'autant que je m'y crois obligé ; si par exemple, je *juge* que l'on m'a extorqué ces promesses par force, ou que j'ai été trompé dans le Traité, ou sur la valeur de ce que je donnois, ou sur la valeur de ce que je recevois ; si je *juge* que mes voisins, à qui j'ai promis, ne m'ont pas tenu de leur côté exactement leurs promesses ; si je *juge* qu'ils ne me rendent pas tout ce que je *juge* qu'ils me doivent ; si je *juge* qu'ils se serviroient de l'execution de mes promesses pour me détruire, il m'est permis, je suis le maître, j'ai la liberté de ne les pas executer.

Tel est l'avantage de l'*Independance*, & je le perdrois si je signois les Articles fondamentaux pour l'établissement de l'*Arbitrage Européen*, puisque cet Arbitrage seroit garant de l'execution des promesses reciproques des Souverains contractans, je ne serois plus unique Juge de ce que je dois & de ce qui m'est dû ; je serois obligé, par la crainte de la force toute puissante de l'Arbitrage, de me soumettre à son Jugement, sans oser prendre les Armes pour me faire Justice à moi-même. De ce côté-là ma liberté seroit encore diminuée.

III. ARTICLE.

Diminution du Droit de Proprieté.

Nulle Loi, dit le Czar, ne peut attribuer à aucun de mes voisins, aucune Proprieté d'aucun païs, d'aucune chose à mon préjudice, & à mon exclusion ; ainsi j'ai droit sur tous les païs de la Terre, & en ce sens-là tout est à moi, à moins que par un Traité, par une convention, je n'aye renoncé à mon droit sur quelque païs, sur quelque chose en faveur de quelqu'un, il n'y a qu'une pareille renonciation de ma part qui puiſſe reſtreindre mes Droits, & lui donner la Proprieté de ce païs, de cette choſe, à mon excluſion, & même cette proprieté ne lui eſt aſſurée qu'autant de tems que je jugerai à propos d'executer ma renonciation.

Tel eſt l'avantage de l'*Independance*, & je le perdrois ſans reſſource, par l'établiſſement de l'*Arbitrage permanent*, puiſqu'il eſt viſible que par un des Articles fondamentaux du Traité d'Arbitrage, il faudroit que je renonçaſſe à tout Droit ſur le Territoire des autres, & ce qu'il y auroit de plus fâcheux, c'eſt que cet Arbitrage, par la Superiorité de ſa force, m'obligeroit bongré malgré à executer ma renonciation, à laiſſer chacun de mes voiſins dans leurs poſſeſſions, & à me contenter du Territoire que je poſſede actuellement ; ainſi mon Droit de proprieté ſeroit diminué.

IV. ARTICLE.

La Force ne ſeroit plus la raiſon décisive.

Pour obtenir ſûrement mes prétentions, je n'ai point de Juges à ſolliciter, je n'ai qu'à lever des Armées superieures, à les entretenir, à les faire combattre à propos ; en un mot, je n'ai qu'à être le plus fort, je n'ai qu'à vaincre, & voilà tous mes differens terminez.

Tel est l'avantage de l'*Independance* du non Arbitrage, je le perdrois par l'établissement de l'Arbitrage, la superiorité de Force ne seroit plus la raison decisive.

V. ARTICLE.

Perte de la Superiorité, augmentation de dépendance.

Je suis Juge, dit le Czar, & seul Juge dans ma propre Cause, & dans toutes mes prétentions, je ne reconnois aucun Superieur sur la Terre ; je ne dois compte qu'à Dieu de mes actions ; je n'ai que Dieu audessus de moi ; je ne suis obligé d'apporter d'autre raison de mes entreprises, de mon procedé à l'égard des Souverains mes voisins, sinon, *tel est mon plaisir*.

Voilà encore un grand avantage de l'*Independance*, que je perdrois dans l'établissement de l'Arbitrage, puisque si quelqu'un de mes voisins se plaignoit de moi aux Arbitres, je ferois dans la neceffité de rendre compte de ma conduite, & de me juftifier de l'accufation, ou bien de réparer le tort que j'aurois caufé au Souverain mon voifin, non felon mon eftimation, mais felon l'eftimation des Arbitres, je me donnerois des *Entraves*, je me mettrois en *Tutelle*, en *Curatelle*, je perdrois ma fuperiorité, & j'augmenterois ma dépendance ; car enfin, ayant des Juges, j'aurois des Superieurs & je ferois dans leur dépendance.

Confiderations préliminaires avant la Reponfe.

Cette Objection eft une des plus importantes qui m'ayent été faites, non par fa force ; car on en va voir toute la foibleffe ; mais par le grand nombre de ceux à qui elle eft venuë à l'efprit, & cela par un effet de leur prévention en faveur de quelques préjugez vulgaires, qui ont pour fondement, d'un côté quelques expreffions confufes & équivoques fur la liberté & fur l'*Independance* des Souverains, & de l'autre le peu d'attention des Lecteurs à se faire une idée juste de la dépendance où les hommes sont necessairement les uns à l'égard des autres.

Ces préjugez, faute d'examen, ont jetté de si profondes racines dans l'esprit de la plûpart des Lecteurs, qu'ils ne leur laissent presque pas la liberté d'examiner, ni la grande utilité que le monde a tiré jusqu'ici de l'heureuse invention de *l'Arbitrage*, ni les prodigieux avantages que le genre humain en peut encore tirer, en donnant à ce premier commencement de la Police humaine, toute la perfection & toute l'étenduë dont il est capable; mais j'espere que les Considerations suivantes suffiront pour dissiper entierement l'obscurité que ces ridicules équivoques ont répandu dans les Esprits, & pour persuader ensuite que le seul moyen de diminuer infiniment toutes les sortes de *Dépendances* trés-réelles & trés-fâcheuses, où les Chefs de Nation, comme les chefs de famille, sont necessairement à l'égard des voisins leurs pareils, injustes & interessez à les détruire, c'est de ne plus dépendre que d'une Societé juste & interessée à les conserver.

PREMIERE CONSIDERATION.

Il est plus avantageux à l'homme & à la femme de vivre en société qu'en non société: Il est plus avantageux pour les enfans d'avoir un Arbitre dans leur Pere, que de n'en pas avoir.

La premiere de toutes les societez permanentes, c'est la société entre les membres d'une famille, entre le mari & la femme, & les enfans ; il est à propos de jetter les yeux sur quelque famille sauvage, telle que fut autrefois la premiere qui a habité les bords de la Seine, où est Paris, avant qu'il y eût aucune Ville en France, & lorsque presque toutes nos Terres étoient couvertes de bois ; ou bien supposons cette famille dans l'Amerique, fort éloignée de toute habitation. Le mari, la femme, les enfans habitent dans la même cabane, l'un fait une chose pour le bien commun de la famille, tandis que l'autre en fait une autre. Qu'est-ce qui tient ces membres unis en un corps ? pourquoi ne choisissent-ils pas plûtôt de vivre sans commerce, féparez les uns des autres, que de vivre en commerce intime & journalier fous le même toict ? Dans tous les choix que fait l'homme, il ne fçauroit avoir pour motif que le défir d'être mieux, ou la crainte d'être pis. Voilà le reffort de toutes nos actions, le defir d'être plus heureux que nous ne fommes, ou la crainte d'être plus malheureux.

Les plus groffiers, les plus brutaux, les enfans même qui ont peu d'experience, ont bien-tôt fait la comparaifon entre les biens & les maux qu'ils trouvent dans la focieté, & les biens & les maux qu'ils trouvent dans la folitude, dans la *non focieté*, il fe fait bientôt dans leur efprit une fupputation de fentimens qui les determine plûtôt à un parti qu'à un autre, & quand on les voit depuis plufieurs années en focieté intime, en commerce journalier & perpetuel, demeurant fous même toict ; il faut bien qu'aprés diverfes experiences des biens & des maux de la folitude, & une forte de fupputation de fentimens, ils ayent trouvé qu'à tout prendre il y a plus de biens & plus grands à goûter, moins de maux, & moins grands à fouffrir dans leur petite focieté de famille, que dans la *non societé*.

La femme aura quitté la Cabane pour éviter les mauvais traitemens de son mari, elle aura voulu tâter de la solitude ; mais elle n'y aura pas été long-tems, qu'en comparant les deux sortes de vies, elle ne trouve l'ennui, la crainte de mourir de faim ou de froid, & les autres incommoditez de la solitude, encore plus insupportables que les mauvais traitemens & les autres incommoditez de la Societé, & les biens de la solitude beaucoup moindres que les biens de la Societé.

Cette comparaison & cette experience fâcheuse l'auront donc bientôt determinée à revenir à la Cabane, bien resoluë de ne plus s'attirer de mauvais traitemens par sa contradiction & par sa résistance ; ce qui retient de même les enfans dans la societé de leur famille, c'est quelque experience semblable à celle qu'a faite leur mere des incommoditez de la *non societé* ; ils ont trouvé ces maux plus grands que ceux qu'ils avoient à souffrir des commandemens ou de la mauvise humeur de leurs parens ou de leurs freres, persuadez qu'il y a à souffrir par tout, ils se trouvent bienheureux, lorſqu'entre deux maux, dont l'un ou l'autre ſont inévitables, ils ont la liberté d'éviter le plus grand, en ſe ſoumettant patiemment au moindre.

Le Chef de famille de ſon côté a grand interêt que les membres de ſa famille ne le quittent point ; car outre les agrémens qu'il trouve dans leur commerce, il peut être bleſſé, il peut tomber malade, il peut devenir vieux & infirme, tandis que ſes enfans deviennent plus ſains & plus robuſtes. Or s'ils le quittoient, qui lui donneroit du ſecours ? il eſt donc fort intereſſé à les traiter de maniere qu'ils ne ſoient pas tentez de le quitter ; tels ſont les biens mutuels que le Chef procure aux membres, & que les membres procurent au Chef, *le deſir d'être mieux, & la crainte d'être pis.* Voilà les motifs qui les uniſſent & qui les tiennent unis.

Les conteſtations ne peuvent point rompre cette ſocieté entre le mari & la femme, c'eſt que la femme ſe connoiſſant la plus foible, n'a garde de réſiſter pour peu de choſe, quand elle eſt convaincuë qu'elle ne peut qu'empirer ſon marché par la reſiſtance, point de refiftance, ainfi point de divifion, & d'ailleurs, comme la femme a fouvent experimenté qu'elle regagne, quand il lui plaît, par fa foumiffion, par fa complaifance, par fes prieres, par fes careffes, beaucoup plus qu'elle n'a cedé par la crainte d'être maltraitée, elle n'a pas befoin pour obtenir ce qu'elle defire, ou pour ne point faire ce qui lui déplaît, d'avoir recours à la réfiftance, & il ne lui eft pas difficile de remarquer que fon mari fait beaucoup plus pour elle par inclination, qu'elle ne fait pour lui par crainte.

Il eft vrai que les enfans peuvent avoir des conteftations entr'eux ; mais elles font facilement terminées par le jugement, & fur tout par l'autorité du Chef ; c'eft-à-dire, par la crainte qu'ils ont de lui refifter & de s'attirer fa colere par leur refiftance ; s'ils fe croyent égaux en force, ils craignent de fe battre contre la défenfe de leur Pere, de peur d'en être feverement châtiez, & fi l'un fe croit le plus foible, il n'a garde d'avoir recours à la violence pour obtenir fa prétention ; le feul moyen qui lui refte pour l'obtenir, c'eft d'implorer l'affiftance du Chef qui a la fuperiorité de force, il tâche de mettre ainfi la force de fon côté, en reprefentant avec le plus d'Art qu'il peut, la juftice de fa caufe, & l'injuftice de fon frere. Si le Chef, fi le plus fort juge en fa faveur, le frere appellé devant l'Arbitre eft obligé de ceder, & cela par une confideration decifive : c'eft que la refiftance feroit inutile, & qu'elle lui attireroit des maux beaucoup plus confiderables que n'eft la perte de la chofe conteftée.

Le Pere a grand interêt d'empêcher fes enfans de fe battre, de peur que quelqu'un d'eux foit bleffé mortellement dans le combat, & heureufement il le peut par la fuperiorité de fa force, & par la crainte qu'ils ont de la punition dont il les a menacez. D'un autre côté les enfans font trop heureux d'avoir un pareil Arbitre, d'avoir une pareille Loi prohibitive de toute violence, & d'être fenfibles à la crainte falutaire d'une punition fuffifante & inévitable ; car fans cela la conteftation feroit naître la refiftance, la réfiftance feroit naître la colere, de la colere naîtroit le combat, & dans le combat les Combattans rifqueroient de perdre la vie pour une chofe qui ne merite pas d'être acquife par la moindre bleffure.

Tels font les commencemens, tels font les premiers Rudimens de l'Arbitrage : Tout fimple, tout groffier qu'eft cet *Arbitrage naturel*, on ne laiffe pas d'y remarquer déja les principaux caracteres de l'*Arbitrage conventionel ou Artificiel*. 1. L'effet en eft utile à l'Arbitre. 2. Il eft encore plus avantageux à ceux dont les differens font terminez par cette voye. 3. L'Arbitre eft *fuffifamment* intereffé à empêcher la voye de la violence qui eft infiniment pernicieufe aux Conteftans. 4. L'Arbitre eft fuffifamment puiffant pour faire executer fes jugemens. 5. La punition de celui qui pourroit être tenté de refifter à la force de l'Arbitrage eft fuffifante; c'eft-à-dire, que d'un côté elle lui paroît *inévitable*, & de l'autre beaucoup plus confiderable que la valeur de la chofe conteftée, & que le mal que caufe le dépit que l'on a de voir fon ennemi triomphant, & le chagrin d'être regardé comme un Chicaneur qui foutient opiniâtrément des prétentions odieufes, & manifeftement injuftes.

II.

II. CONSIDERATION.
Avantages du Commerce sous l'Arbitrage naturel.

Supposons presentement qu'un frere de ce Chef de famille, de ce Patriarche Americain, ayant établi sa famille dans une Cabane voisine, soit mort en laissant des enfans qui se soient mariés avec les enfans du Patriarche, & que vingt ans aprés ces seconds Chefs de famille, par le mariage de leurs enfans voient de troisiémes Chefs de famille petits-fils du Patriarche, & que tous ensemble ils soient vingt-quatre chefs de famille, qui ayant chacun leur Cabane dans le voisinage les uns des autres forment un petit Village.

Il naît souvent des differens entre eux; mais ils sont tous accoutumez dés leur enfance à ne point user de voye de fait, ni d'aucune violence pour se faire justice eux-mêmes, & pour obtenir leurs prétentions, ils sont accoûtumez à porter leurs plaintes, à proposer leurs prétentions à leur *arbitre naturel*, à respecter ses jugemens, & à les executer sans mur-

mure, ils ont des differens, ils ont des Procés, mais ils n'ont point de guerres les uns contre les autres ; ils ont des haines, mais elles font paſſageres & ne ſont pas mortelles, parce qu'ils n'oſeroient ſe battre. Ainſi aux ſujets de ſe haïr, qui paſſent avec le tems, ſuccedent les ſujets de s'aimer qui naiſſent du profit reciproque qui leur revient de leur commerce, & des ſecours mutuels qu'ils ſe prêtent dans leurs beſoins, ils ne vivent pas toûjours en concorde, en amitié, ſans procés, mais du moins ils vivent *ſans guerre*; c'eſt-à-dire, ſans uſer de la voye des armes & de *la violence*, qui détruiroit bientôt tout leur commerce, en les détruiſant tous ſucceſſivement les uns par les autres.

Je ſuppoſe encore que chaque Chef de famille a la même autorité ſur les membres de ſa famille, que chacun d'eux auroit ſi cette famille étoit dans la ſolitude, & même que s'il avoit beſoin de force ou d'exhortation pour en ramener quelqu'un des membres à l'obéïſſance legitime, le Patriarche & les autres Chefs viendroient à ſon ſecours. Cette ſuppoſition n'a rien d'impoſſible, puiſqu'il est de l'interêt de tous les Chefs, de garder dans leur Village la même autorité dans leur famille qu'ils auroient dans la solitude ; les Chefs demeurent arbitres chacun entre leurs propres enfans ; mais le Patriarche demeure arbitre des differens qui naissent entre ces Chefs, & des differens qui naissent entre les enfans de differens Chefs de famille.

A l'ombre de l'autorité de cet Arbitrage naturel, ces vingt-quatre Chefs de famille continuent à joüir de tous les avantages du Commerce avec les membres de leur famille, comme s'ils étoient chacun dans une Cabane éloignée de toutes Cabanes, & ils joüissent de plus des avantages du Commerce de leur famille avec les vingt-trois autres familles ; outre la societé intime & particuliere avec les membres de leur famille, ils ont encore une societé moins intime & plus generale avec les membres du Village que l'on peut regarder comme un petit Corps Politique naissant, comme une petite *Monarchie* naissante & *naturelle* , car l'*Arbitrage* est alors entre les mains d'un seul.

J'ai consideré dans l'Article precedent les avantages que chaque membre tire du Commerce & de la focieté avec les autres membres de fa famille, ces mêmes avantages de la *focieté de famille* fubfiftent dans la *focieté de Village*, l'une ne fait qu'ajoûter à l'autre, ainfi je n'ai qu'à faire faire attention aux avantages que chaque famille, que chaque Chef de famille tire de l'union de ce petit Corps Politique, dont les membres ne demeurent unis que par l'autorité de l'*Arbitrage*. Voici donc quelques-unes des principales fources de ces avantages.

1. Un Chef de famille fans voifins tuëra un Bufle, un Cerf à la chaffe, par exemple, la famille n'en pourra manger que la moitié avant que l'autre moitié foit corrompuë, il y en aura donc la moitié de perduë, au lieu que s'il avoit habité dans un Village, une autre famille, pour avoir cette moitié de Cerf qui a été perduë, lui auroit volontiers donné quelque chofe en échange, foit denrée, foit uftencile, foit habillement, ou bien on lui auroit rendu quelque fervice. Or n'eft-ce pas un grand avantage de pouvoir échanger ce que l'on a de trop &

d'inutile, contre des choses utiles dont on manque entierement, & dont on n'a pas assez ? à l'échange les deux parties gagnent, & c'est une des principales sources de richesse pour tous ceux qui sont en commerce.

2. Il ne serviroit de rien à ce Chef de famille de retourner le lendemain à la chasse ; ainsi il sera trois jours sans occupation, au lieu qu'étant bon Chasseur, s'il avoit été Habitant d'un Village, il auroit chassé tous les jours, & auroit par son industrie, par sa peine, & par le secours des échanges, employé utilement pour sa famille plus de la moitié de l'année qui lui est inutile. Or n'est-ce pas un grand avantage de pouvoir ainsi ramasser dans la vigueur de son âge dequoi dépenser dans la vieillesse, & de quoi enrichir sa famille ?

Je dis la même chose du Pêcheur, du Laboureur, &c. Ces exemples grossiers suffisent pour faire remarquer les premieres sources des avantages que procure le Commerce.

3. Ce Chef de famille peut tomber malade d'un exercice trop violent, il peut se blesser en courant, il

peut être blessé par quelque bête. Or qui le nourrira dans la solitude, lui, sa femme & ses enfans qui sont encore petits ? il mourra de faim & de misere, au lieu qu'il n'auroit point de pareil malheur à craindre s'il vivoit dans le voisinage de vingt-trois autres Chefs de famille, s'il étoit membre d'un Corps Politique ; car les autres membres n'étant jamais tous malades, tous blessez en même tems, les sains donnent du secours aux malades, soit par pitié & commiseration, soit dans l'esperance d'un secours pareil en pareille occasion, soit en consideration de quelque chose de précieux dont il aura fait acquisition, & qu'il pourra vendre ou échanger contre ce même secours.

4. Il y a beaucoup de choses avantageuses qu'un Chef de famille pourroit faire pour mieux chasser, pour mieux pêcher, pour mieux bâtir une maison, &c. S'il étoit secouru de cinq ou six hommes à la fois, & tous y gagneroient, si chacun d'eux avoit successivement pareil secours. Or faute de ce secours mutuel, ces sortes d'avantages sont perdus pour eux tous, quand on les suppose sans Commerce & sans voisins.

5. Un Chef de famille dans la solitude ayant perdu sa femme, peut mourir en laissant huit ou neuf enfans, dont le plus âgé n'aura que neuf ans. Or qui leur fournira leur subsistance, qui les empêchera de mourir de faim? au lieu que dans une Societé, la compassion qui est naturelle aux hommes, suffira pour déterminer plusieurs des Habitans à se charger chacun de nourrir un de ces enfans.

6. Si un Chef de famille n'a que des garçons, s'il n'a que des filles, & qu'il vive éloigné de toute habitation, privé de tout Commerce, il faut que sa famille s'éteigne, au lieu qu'étant dans la Societé du moindre Village, il auroit le plaisir de marier ses enfans, & de voir sa posterité se multiplier. De même s'il vient à perdre sa femme encore jeune, où en trouvera-t-il une autre? au lieu qu'il en trouveroit facilement s'il avoit des voisins.

7. Dans la solitude un Chef de famille ne peut goûter l'amitié avec ses égaux, il a beau avoir de la curiosité, il ne peut rien apprendre de personne, il n'y peut même gouter

le plaisir de l'estime & de la distinction entre ses pareils ; ses besoins continuels & pressans le rappellent continuellement à une vie triste & purement animale ; au lieu qu'étant membre d'un Corps Politique, il peut s'enrichir par son travail & par son industrie ; il peut se faire du loisir pour apprendre ce que les autres ont trouvé, ou ce qu'ils ont appris de leurs ancêtres sur les choses qui piquent sa curiosité ; il peut se distinguer agreablement & utilement entre ses pareils, par son esprit & par son industrie, & qui ne sait quelle place tient dans les hommes mêmes les plus grossiers & les plus brutaux, le plaisir de l'estime & de la distinction.

8. Les hommes s'imitent facilement les uns les autres ; ce qu'un vieillard a appris dans un métier en quarante ans d'experience, un jeune homme peut l'apprendre en peu de tems, & ce que celui-ci aura appris en quarante autres années de pratique continuelle, son fils à vingt ans pourra l'apprendre en peu de mois; c'est ainsi qu'un fils peut heriter des connoissances utiles de son pere, & laisser à son fils une succession enco-

re plus riche de connoissances de même espece.

Mais si ce dernier Chef de famille vient à mourir dans la solitude avant que ses enfans soient assez agez pour être instruits des connoissances, dont il a herité de ses ancêtres & de celles qu'il a lui-même acquises par sa longue experience. Voilà autant de lumieres précieuses perdües pour ses enfans; voilà ces pauvres enfans privez d'un secours tres-important; les voilà reduits au même degré d'ignorance où étoit leur premier pere trés-ignorant; les voilà obligez d'acquerir pendant la plus longue vie des lumieres pour leur conduite, qui n'iront peut-être pas à la dixieme partie de celles dont ils ont été privez par la mort prématurée de leur pere.

Ce malheur est trés-grand, & ils n'y seroient jamais tombez si leur pere avoit été habitant d'un Village, parce qu'il auroit eu la commodité & le loisir d'enseigner aux autres Chefs de famille tout ce qu'il avoit acquis par son experience & par ses reflexions, & y auroit été porté par l'inclination que chacun a d'acquerir de l'estime & de la distinction entre ſes pareils, en leur faiſant part des découvertes utiles, & ſes enfans auroient apris toutes les mêmes choſes de leurs voiſins mêmes qui en auroient été comme les dépoſitaires.

9. Un Chef de famille ſans voiſins eſt dans la neceſſité de ſçavoir quelque choſe de tous les metiers qui ſont neceſſaires pour le garentir de la faim, des maladies, des bleſſures, du froid, du chaud, de la pluye, &c. Il faut qu'il ſoit un peu Maſſon, Charpentier, Tailleur, Cordonnier, Chaſſeur, Laboureur, Medecin, Pêcheur, &c. Or le progrés qu'il peut faire dans ces metiers ne peût être que trés-petit, parcequ'il n'a qu'une trés-petite pratique de chacun d'eux, en comparaiſon de celui qui n'exerceroit pendant toute ſa vie qu'un de ces metiers.

Au lieu que dans la Societé d'un Village, il peut y avoir des Chefs de famille uniquement occupez à un ſeul metier, qui feront par conſequent beaucoup plus de découvertes utiles dans ce metier, que celui qui eſt diſtrait par d'autres occupations ; découvertes qui vont au profit de tous les Citoyens ; car s'il ſe trouve quelque invention qui lui fasse faire trois fois plus d'ouvrage en un jour, & un ouvrage trois fois plus durable, il pourra donner alors un ouvrage beaucoup meilleur à trois fois meilleur marché.

10. La découverte que feroit dans un metier un Chef de famille sans voisins ne feroit utile qu'à sa famille, au lieu qu'étant en Société avec d'autres Chefs de famille, ses inventions seroient bientôt communiquées aux autres qui en profiteront comme il profitera des leurs.

La multitude des échanges est une grande source de richesses parmi les hommes : mais si l'on veut y penser on trouvera que c'est le progrés dans les Arts, & la *communicabilité* des découvertes qui donnent aux hommes une multitude prodigieuse de choses à échanger. Les gens d'un même metier ont bien-tôt imité par tout, ce qu'un d'eux a inventé quelque part pour faire un ouvrage meilleur, & à moindres frais, & comme les decouvertes doivent naître les unes des autres, il est certain que plûtôt les découvertes meres seront connuës d'un plus grand nombre de personnes, plûtôt les filles paroîtront au jour.

Nous avons démontré qu'il est beaucoup plus avantageux pour le Chef & pour les membres d'une famille de demeurer unis, que de vivre divifez, nous avons demontré enfuite qu'un Chef de famille confervant la même autorité fur les membres de fa famille, il feroit beaucoup plus avantageux pour lui & pour fa famille de devenir membre d'un Corps Politique, d'avoir des voifins & d'entrer en commerce avec eux, que de vivre en folitude, mais ces vingt-quatre chefs de famille ne fçauroient vivre voifins fans differens, & par malheur le Patriarche leur Arbitre n'eft pas immortel, il meurt enfin, & l'Arbitrage naturel meurt avec lui, & comme ils n'ont plus la voye de l'Arbitrage, il ne leur refte plus pour terminer leurs differents que la voye de la violence. Les voilà donc dans la neceffité ou de s'éloigner extrémement les uns des autres pour éviter de fe détruire, & de rompre ainfi tout commerce, ou de chercher à fe combattre avec avantage, les armes à la main ; tantôt par furprife, tantôt à force ouverte, & cette malheureuse occupation durera tandis qu'ils seront voisins, excepté dans les tems de paix ou de Treve, & c'est sur toutes ces choses que nous allons faire les considerations suivantes.

III. CONSIDERATION,

Il est impossible qu'il ne naisse incessamment des differens entre voisins.

Voilà nos vingt-quatre Chefs de famille voisins & sans aucun Arbitrage. Le Patriarche pouvoit en établir un pendant sa vie, en acoûtumant ou tous les Chefs, ou quelques-uns des plus sensez à s'assembler, pour regler à la pluralité des voix, les differens des autres, il pouvoit les faire consentir que le plus ancien y présideroit, & qu'en cas de partage sa voix seroit comptée pour deux; mais malheureusement il ne s'en est point avisé, & aucun d'eux ne s'avise de proposer aux autres cet *Arbitrage conventionnel*, pour succeder à l'Arbitrage naturel; ainsi les voilà sans Juges, mais non pas sans differens. Ces differens viennent de trois sources principales. 1. Pour les biens à partager. 2. Pour les promesses à executer 3. Pour les torts & les offences à reparer.

Premiere source de differens.
Biens à partager.

1. Qu'il soit question entre deux de ces Chefs de famille de la possession d'un bien ; par exemple, d'un certain canton plus proche & plus propre pour la chasse, d'un certain espace meilleur pour la pêche, d'une certaine portion de bois plus commode pour bâtir ou pour se chauffer, de certains prez pour le pâturage des animaux non sauvages, de quelques terres plus propres à cultiver, de quelques arbres qui portent des fruits plus agréables, de quelque cabane abandonnée, d'ustenciles, de meubles, d'armes restées aprés la mort ou la fuite de quelqu'un qui ne laisse point d'enfans, qu'il soit question de ces mêmes choses à partager entre les enfans. Voilà autant de biens trés-importants pour ces chefs de famille ; souvent l'un des contestans prétendra posseder un de ces biens tout

entier, tandis que l'autre y prétendra une part. Il y a même certaines sortes de biens qui sont impartageables, & qui ne peuvent être possedez qu'en entier par l'un des prétendans. Telle est une fille que deux rivaux demandent en mariage.

2. Si d'autres sur un bien partageable conviennent de le partager, l'un prétendra un lot plus grand, l'autre un lot égal & la moitié de ce bien, il est rare qu'ils conviennent de la proportion dont ils doivent le partager, parce qu'ils ont chacun des principes differens sur lesquels chacun d'eux fonde ses droits, famille plus ou moins nombreuse, difference d'âge, de merite, de talens utiles aux autres, difference des moyens que chacun peut avoir employé à acquerir ce bien; voisinage de la chose, enfin diverses autres raisons que chacun estime bonnes, souvent à proportion de la vivacité dont il en desire la possession.

3. Mais quand dans la speculation ils seroient convenus du principe, quand ils seroient d'accord sur la proportion de ce partage, soit par moitié, soit sur une autre propor-

tion, il sera encore très-difficile qu'ils conviennent parfaitement dans l'execution, parce qu'il reste souvent plusieurs choses à estimer que chacun estime fort differemment.

Seconde source de differens.

Promesses à executer.

1. La source des contestations qui naissent du Commerce n'est pas moins féconde, c'est que le commerce ne se peut pas toujours faire par un échange actuel de denrées contre denrées ; alors il faut necessairement qu'un des commerçans reçoive sans donner la valeur de ce qu'il reçoit, & que l'autre se contente que celui qui reçoit lui promette de lui rendre dans un certain tems, ou la valeur, ou certaine chose en certaine quantité & de certaine qualité : or c'est de l'execution exacte de ces promesses, que naissent necessairement un grand nombre de contestations.

Le Vendeur, le Prometteur croyent tous deux gagner dans leur échange, dans leur commerce ; car sans cette opinion ils ne feroient aucun marché, & pour l'ordinaire ils y gagnent tous deux ; il est naturel que le Vendeur tâche de faire valoir sa marchandise le plus qu'il peut, & que le Prometteur tâche de faire estimer de son côté, le plus qu'il peut, ce qu'il promet en échange, ils cherchent donc mutuellement à se tromper & à profiter ainsi de leur tromperie. De là on peut juger qu'il n'est presque pas possible que les Commerçans cherchant incessamment à se tromper, l'un ne parvienne quelquefois à tromper l'autre, il ne se peut pas faire que l'Acheteur, qui se croit trompé, ne cherche à se dédommager en rendant moins que ce qu'il avoit promis, soit en qualité, soit en quantité. S'il n'y a point de témoins de la promesse, il ne conviendra pas de tout ce qu'il a promis ; si le marché est écrit, il fera naître quelque équivoque dans les termes ; enfin il reprochera à l'autre de l'avoir trompé, & de peur de donner du sien, il voudra retenir partie de ce qui apartient au Vendeur, procédé d'autant plus offensant, qu'il paroît au Vendeur entierement contre la bonne foi, & contre la premiere Loi du

Commerce, qui eſt d'executer avec exactitude ce que l'on a promis avec liberté.

2. Il peut même arriver que dans un marché les deux Commerçans ſe croyent trompez, alors tous deux chercheront à ſe dédommager par quelque nouvelle tromperie, ce qui produira un nouveau ſujet de conteſtation.

3. Il arrive même ſouvent que dans une infinité de marchez qui ne ſont pas écrits, celui qui a promis manque de memoire ſur ce qu'il a promis; il ſera de bonne foi dans l'erreur, mais il n'en ſera pas moins injuſte à l'égard du Vendeur, & celui-ci n'en aura pas moins ſujet de ſe plaindre du procedé de ſon voiſin.

Troiſiéme ſource de differens.

Offenſes à réparer.

1. Il n'eſt pas poſſible non plus que parmi des voiſins il n'y ait ſouvent des offenſes à réparer. On eſt tout diſpoſé à offenſer ceux qui déplaiſent ou qui chagrinent, c'eſt qu'ils offenſent en quelque ſorte les pre-

miers, & on les offense ainsi par une espece de represailles & de vangeance.

2. D'ailleurs il y a des personnes de mauvaise humeur à qui tout deplaît. Qui peut s'empêcher de les offenser, & par consequent d'en être offensé ?

3. Les hommes les plus moderés & les plus patiens ont des intervales où ils sont de mauvaise humeur, il est aisé de leur deplaire & de les offenser, ainsi il est aisé de les disposer alors à offenser à leur tous ceux dont ils ont été offensez.

4. Qui nous estime moins que nous ne nous estimons nous-mêmes, & qui nous le témoigne par ses manieres ou par ses discours, nous offense un peu; qui nous estime beaucoup moins nous offense beaucoup, sur tout si par ses discours il tend à communiquer aux autres son mépris ou sa haine. Or d'un côté, qui sont ceux qui se rendent justice exacte sur leur propre merite, & qui sont ceux qui la rendent exactement à tous ceux dont ils parlent ? Voilà donc une source inépuisable d'offenses réciproques.

5. L'estime des autres est un bien à partager, chacun veut en avoir la

plus grande partie. On se trouve piqué de voir un autre préferé injustement; cette préference est une offense que l'on reçoit, & de la part de celui qui préfere, & même de la part de celui qui est préferé, quoiqu'il ne songe pas à nous offenser. Jalousie d'estime, de réputation, grandes sources d'offenses réciproques.

6. Non seulement l'homme veut être estimé des autres, c'est-à-dire distingué & préferé, mais il veut être encore plus aimé que ses compagnons, de la personne qu'il aime. C'est un bien où il ne se contente pas souvent d'avoir la meilleure part, il le veut posseder tout entier & sans partage. Jalousie d'amour, autre grande source d'offenses réciproques.

7. Il est impossible que ceux qui rapportent les discours des autres, ne les alterent, ou par malice, ou faute de memoire, & l'on sçait combien des discours injurieux rapportés aux personnes interessées les offensent.

8. Il est si difficile aux hommes de ne point s'offenser, qu'il naît tous les jours des sujets de querelle jusques dans leurs jeux.

9. Non seulement les Chefs de famille ne sçauroient s'empêcher de s'offenser souvent les uns les autres; mais les femmes & les enfans des uns ne sçauroient non plus s'empêcher d'offenser les femmes & les enfans des autres ; leurs querelles deviennent bientôt les querelles des Chefs, par la maniere dont chaque offensée conte les faits ; & qui en peut demêler la verité ? Les Domestiques même broüillent souvent les Maîtres par les faux rapports qu'ils leur font. Abraham & Loth étoient justes & vivoient en concorde, leurs Domestiques se broüillerent, & les Maîtres sentirent bientôt que pour éviter la discorde, pour n'avoir plus rien à partager, & pour n'avoir plus de querelles de Domestiques à concilier ; ils étoient dans la necessité de s'éloigner l'un de l'autre, & de perdre ainsi les avantages du voisinage, parce qu'ils n'avoient point d'Arbitrage.

10. Ce qu'il y a de fâcheux dans les offenses reciproques, c'est que les Offensez ne gardent pas de mesure dans leurs vangeances, ainsi les offenses réciproques vont tellement en augmentant, qu'elles excitent bien-

tôt la colere, & même la fureur, si on ne les arrête dans leurs commencemens ; & qui les arrêtera, sinon la crainte d'une punition inévitable & suffisante ?

11. Les differens pour offenses à réparer sont d'autant plus difficiles à accommoder, que l'Offenseur ne peut jamais s'imaginer la peine qu'il a causée, au degré qu'il l'a causée, c'est qu'il ne fait que *voir* ce que l'offensé *sent*. D'ailleurs comme il a interêt de diminuer la réparation qu'il doit faire, il se diminuë à lui-même l'offense qu'il a faite, & cette difference qu'il y a entr'eux dans la maniere de juger de l'offense, fait qu'il leur est impossible de jamais convenir sur le plus ou le moins de réparation ; ainsi on peut dire que ces sortes de differens sont encore plus inaccommodables que les autres.

12. Le plus grand malheur de la voye de la *violence* pour obtenir sa prétention ; c'est que par cette voye chacun se faisant des torts, les prétentions & les sujets réciproques de se plaindre se multiplient & s'augmentent infiniment, au lieu que par la voye de *l'Arbitrage* on ne se

fait point de nouveaux torts, il n'y a que le premier tort à juger & à estimer.

13. Ce qui est de certain en toute espece de contestation, c'est que quoiqu'il arrive quelque fois que deux Contestans conviennent & s'accommodent aprés avoir contesté, il arrive bien plus souvent qu'ils ne conviennent point du tout, c'est qu'il est difficile que l'un ne demande un peu trop, & que l'autre offre assez, & quand il arriveroit que l'un des Contestans ne demandât précisément que ce qui est juste ; il suffit pour former la contestation, que celui à qui on demande n'offre pas de donner tout ce qui lui est demandé; il suffit que des deux il y en ait un qui ne soit pas parfaitement raisonnable, & cela n'est pas rare ; il suffit qu'il se trompe sur sa prétention : Et qui ne sçait combien les hommes sont sujets à tomber dans l'erreur & à s'y tenir, sur tout lorsqu'ils voyent que ce qui tient à cette erreur leur est fort avantageux?

IV. CONSIDERATION.

Il est impossible que des differens fréquens & continuels entre voisins qui vivent sans Arbitrage, il ne naisse des pillages, des violences, des meurtres & des assassinats qui feront cesser tout Commerce & toute Societé.

Non seulement il est impossible qu'il ne naisse incessamment des differens entre voisins, mais ce qui est de bien pis, c'est qu'il est impossible que ces differens ne causent bien-tôt des meurtres, & la dissolution de la Societé, là où il n'y a point d'*r̄bitrage* suffisant pour empêcher la *violence*.

Si les hommes étoient incapables de colere, ou si dans la colere ils étoient incapables de se blesser & de se tuer, ils pourroient avoir toute leur vie des differens sans interrompre leur commerce, & sans dissoudre les Societez. C'est un grand mal pour eux d'être par la nature dans la necessité de ne pouvoir convenir sur les sujets de leurs contestations; mais

mais comme ils ne se contestent pas tout, ils demeureroient du moins en possession paisible de ce qui ne leur est point contesté, ils demeureroient en Societé, & joüiroient toûjours des avantages d'un Commerce perpetuel.

Mais malheureusement il n'en va pas ainsi, les hommes sont par leur nature trés capables de colere, & trés sujets à la colere, parce qu'ils sont trés aisez à offenser; dans la contestation la résistance offense, l'Offensé est porté à se vanger par une offense plus grande que celle qu'il a reçûë, & de là il arrive necessairement que le dernier Offensé étant le plus offensé cherche aussi à se vanger, & que les offenses réciproques allant toûjours en croissant, ne sont pas long-tems sans exciter la colere, & même la fureur.

Or l'on sçait que dans la colere, dans la fureur l'homme n'est plus capable de garder de mesure avec son ennemi ; il n'est plus capable de voir que ses propres interêts demanderoient qu'il ne mît personne en colere contre lui par des offenses, & qu'il ne mît point les armes à la main de son voisin, en les prenant lui-même.

Celui qui est dans une grande colere sent une douleur si vive de l'offense qu'il a reçûë, que pour se délivrer promptement de cette douleur, il n'est rien qu'il ne tente même contre ses plus grands interêts, en risquant sa propre vie pour tuer son ennemi, qui est le seul remede qu'il imagine pour faire cesser sa propre douleur. Ce sont des accés de folie où les hommes sont sujets, comme ils le sont aux accés de la fiévre.

Il est donc impossible que ces vingt-quatre Chefs de famille n'ayent bien-tôt beaucoup de differens entr'eux, il est impossible que la resistance que trouveront les Contestans à la possession d'un bien, à l'execution d'une promesse, à la réparation d'un tort ou d'une offense, ne les irrite ; il est impossible qu'irritez ils ne cherchent à se vanger par une offense plus grande, qui en leur attirant un nouveau mal, redoublera leur colere ; il est impossible qu'en colere ils ne se battent pas, & que dans les differens combats quelqu'un ne soit tué.

Encore si cette Societé naissante en étoit quitte pour une mort, elle pourroit la réparer par la naissance de quelques enfans ; mais par malheur, une mort en attire d'autres. C'est que les enfans du mort étans eux-mêmes fort offensez, songent ordinairement à vanger la mort de leur pere, & à eux se joignent souvent encore les freres & les amis du deffunt qui sont irritez de sa mort, ce qui fait alors, non plus une guerre de Chef contre Chef, mais de Chefs contre Chefs : & que peut-on imaginer de plus propre pour détruire promptement une petite Societé ?

Mais quand les autres Chefs ne prendroient point la querelle du mort, toûjours est-il certain qu'il peut arriver à chacun d'eux, que la résistance dans leurs contestations les mette en colere, & les pousse le lendemain au combat ; ils se détruiront donc en peu de mois, & tant qu'il y aura deux Habitans dans le Village, il pourra y avoir, & il y aura certainement bientôt contestation, discorde, colere, combat, mort.

D ij

Le plus foible irrité de l'injustice de son voisin, ou de ce qu'il prend pour injustice, peut dissimuler sa colere ; mais le plus fort n'en est pas plus en sûreté, parce que le foible le peut surprendre & l'assassiner dans le bois.

Et de là on voit que celui qui a fait une grande offense se trouve dans la terrible necessité d'être toûjours sur ses gardes, & même pour se délivrer de la crainte continuelle où il vit, il est comme forcé de prévenir l'Offensé & de le tuer, de peur d'en être prévenu & assassiné.

L'Offenseur a pourtant un moyen de ne plus craindre l'Offensé, sans être dans la necessité de le tuer ; c'est de quitter le Village, & de se retirer dans une solitude inconnuë ; mais c'est toûjours quitter la Societé, & la dissolution de la Societé n'en est pas moins réelle, soit que les membres s'entretuent, soit que de peur d'être tuez par leurs voisins ils s'éloignent de toute habitation & de tout Commerce.

On peut donc conclure, que des voisins sans Arbitrage durable, ne sçauroient avoir entr'eux un Commerce durable, que toute Société finit bien-tôt dés que l'Arbitrage est fini, qu'il vaudroit encore mieux vivre dans la solitude & dans une Isle inaccessible, que de vivre dans le voisinage des autres hommes sans Arbitrage ; mais qu'il est beaucoup plus avantageux de vivre voisins, sous la protection, sous la garantie, sous la justice de l'Arbitrage, & dans le Commerce qu'il maintient, que de vivre dans la solitude & sans aucun Commerce avec ses pareils.

V. CONSIDERATION.
L'Arbitrage empêche les meurtres.

L'*Arbitrage naturel*, durant la vie du Patriarche, n'empêchoit pas les differens, les contestations, les prétentions injustes, il n'empêchoit pas même la colere, cela n'est pas possible : mais il empêchoit les funestes effets de la colere ; il n'empêchoit pas les combats, les pillages, les violences, les blessures & les meurtres ; or si à la place de cet Arbitrage Patriarchal & naturel, on suppose un *Arbitrage conventionnel*, soit Democratique, composé ou de tous les Chefs de famille, soit Aristocratique, composé d'un petit nombre des plus sensez, qui auroient le pouvoir & le soin d'élire à la pluralité, & de remplacer ceux qui mourroient, il est évident que cet *Arbitrage conventionnel* ayant la même autorité, la même attention que l'Arbitre naturel avoit à deffendre toute violence, sous des peines suffisantes, & la même regularité à punir rigoureusement les contrevenans, auroit aussi tous les mêmes effets, & comme il peut être encore plus parfait, il auroit encore des effets plus salutaires & plus avantageux pour le Corps Politique.

Il est certain que quelque grande que soit la colere d'un homme, quelque violent desir qu'il ait de se vanger de son ennemi, & de le tuer, il ne l'attaquera point, il ne le tuera point, s'il ne peut pas esperer de lui survivre. Le plus furieux ne se jettera point dans un puits, dans la mer, dans un abîme sans fond, pour avoir la satisfaction d'y entraîner celui dont il veut se vanger, & si quelqu'un s'est enfilé de l'epée de son ennemi pour le poignarder, c'est qu'il ne croyoit pas aller à une mort certaine ; il lui restoit quelque esperance de lui survivre, ou s'il y a quelque furieux de cette espece, c'est un entre cent mille, & des exceptions si rares ne rendent pas la regle fausse.

Or un *Arbitrage conventionnel* peut par ses punitions severes, & par divers exemples de severité, persuader à tous ceux qui pourroient contrevenir à la Loi : *Tu ne tuëras point*, que nul homicide ne pourra éviter la mort, & cette seule persuasion suffira pour empêcher les meurtres ; s'il y a de même une punition de mort établie pour quiconque pillera la maison de son voisin ; & si l'on ne peut pas esperer d'éviter la punition, il n'y aura point de pillage, il n'y aura point de crime. Cette seule persuasion suffira pour faire observer la Loi : *Tu ne tuëras point, tu ne deroberas point, tu ne pilleras point.*

Ce qu'il y a d'important dans cet établissement, c'est que les membres du Corps Politique qui reçoivent un dommage, un tort, une injure, une offense, ne sont point tentez d'user de represailles, tant à cause de la punition attachée à la represaille, que parce que l'Offensé a toute liberté de porter ses plaintes à l'Arbitrage ; ainsi les offenses ne sont pas long-tems reciproques, & ne vont pas en s'augmentant par la *réciprocité*, & par consequent on n'en vient point aux offenses mortelles, nul n'attente sur la vie de son ennemi, & nul n'est par consequent dans la necessité de prévenir son ennemi, de peur d'en être prévenu.

Or l'Arbitrage empêchant seul les funestes effets de la colere, il est évident qu'il empêche seul la dissolution de la Societé, & que les avantages que ces membres tirent du Commerce de la Societé dureront autant que durera l'autorité de l'Arbitrage.

On me dira peut-être, que malgré l'établissement de l'Arbitrage, dans nos Villes les mieux policées, il ne laisse pas de s'y commettre encore des meurtres par des furieux & des voleurs. Je ne prétens pas qu'il ne se trouve encore des voleurs, il y aura toûjours quelques insensez, quelques furieux, mais le nombre en diminuera à mesure que la Police, en se perfectionnant, trouvera le moyen de leur retrancher toute esperance

perance de cacher leur crime, & de vivre impunis. Nous avons, par exemple, à Paris un excellent Magistrat en M. D'Argenson, qui par son grand genie & par son extrême vigilance, a déja diminué de plus de la moitié, le nombre de ces feineans insensez. Je suis persuadé même, que s'il avoit assez d'autorité pour faire des Reglemens, & assez de finances à sa disposition, pour faire des établissemens nécessaires pour perfectionner ce côté de nôtre Police, le nombre des vols & des voleurs diminuëroit encore d'une autre moitié, & ce qui feroit bien plus important, c'est qu'il interesseroit si bien ses Officiers subalternes à l'observation de ces Reglemens, qu'ils s'obferveroient pour ainsi dire, tous seuls aprés lui.

Au reste, avec cette invention, déja fort perfectionnée, huit cens mille ames vivent en tranquilité, en toute sûreté, commodément & agréablement dans l'espace d'une lieüe quarrée, sans qu'il y ait par an huit Habitans tuez par des Voleurs ou par d'autres Habitans, au lieu que Paris sans aucune sorte d'Arbitrage

E

dans aucun quartier, & fuppofé dans un *parfait non Arbitrage*, les Habitans s'égorgeroient tous les uns les autres en huit jours, & la plus belle Ville du monde deviendroit en un inftant un champ de bataille affreux tout rempli de cadavres. Voilà précifément la difference entre les effets de l'invention de l'*Arbitrage*, & les effets du *non Arbitrage*. Direz-vous prefentement que c'eft peu de chofe, fi de huit cens mille perfonnes, l'Arbitrage n'en peut préferver que 799992 d'une mort violente, quand le non Arbitrage ne donne pas fûreté de la vie feulement à huit, de huit cens mille.

VI. CONSIDERATION.

Qualitez effentielles de l'Arbitrage Conventionnel.

1. Il eft abfolument neceffaire que ces vingt-quatre Chefs de famille conviennent que chacun d'eux demeurera en poffeffion de ce qu'il poffede actuellement, de fa Cabane, de fes habits, de fes meubles, de fes armes, de fa femme, de fes enfans, de l'autorité qu'il a dans fa famille,

de la liberté ou du droit de pêcher, de chasser ; en un mot de tout ce qu'il posséderoit s'il n'avoit point de voisins.

Ils ne veulent pas former de Societé, & vivre dans le voisinage les uns des autres, eux qui peuvent vivre éloignez & sans voisins, pour perdre quelque chose de ce qu'ils possedent ; mais pour avoir quelque chose de plus que ce qu'ils ont déja, par exemple, pour joüir des secours mutuels, qu'ils peüvent se rendre, & pour joüir de tous les autres avantages du Commerce ; il est donc à propos qu'ils conviennent d'abord, qu'aucun ne perdra rien de ce qu'il possede déja.

2. Il est absolument necessaire pour la conservation de leur vie, de leurs biens, de leur liberté de leurs droits, qu'ils conviennent que dans leurs contestations *nul ne prétendra être Juge legitime dans sa propre cause*; que dés que la possession de quelque bien, ou nouveau, ou ancien, sera contestée ; dés qu'il s'agira du partage de quelque bien commun, comme de la pêche, de la chasse, de terres propres au labourage ou au

pâturage, &c. *Nul ne causera la mort à l'autre* pour s'en mettre en possession, mais que le *non Possesseur, ou le Dépossedé*, au lieu d'user de force & de violence, portera sa plainte à l'Arbitrage, & qu'enfin, *quiconque fera quelque violence, ou resistera à l'execution du Jugement de l'Arbitrage, sera puni d'une punition suffisante* ; c'est-à-dire qui soit telle, que le mal qu'elle lui causera soit beaucoup plus grand que le mal que lui causeroit la perte de la chose contestée, & que le plaisir qu'il auroit tiré de sa vangeance.

On ne sçauroit retenir la colere que dans sa naissance, & avant qu'elle soit devenuë fureur, & on ne peut en retenir les mouvemens, que par des mouvemens de crainte d'un mal avenir : or comme ce mal n'est qu'avenir, & qu'il ne fait pas tant d'impression sur l'ame que le mal present, il faut que le mal representé soit beaucoup plus grand que le mal present que souffre celui qui commence à se mettre en colere, autrement il n'y auroit plus d'équilibre, la balance pancheroit du côté de la colere, & l'homme ne seroit plus retenu dans le premier des devoirs du Citoyen, qui est de n'*user jamais de violence contre aucun de ses pareils, comme il ne voudroit pas qu'aucun d'eux en usât contre lui.*

3. A l'égard de l'execution des promesses, il est absolument necessaire de convenir, *que si celui qui a promis refuse de les executer, il y sera contraint par la force de l'Arbitrage,* & que s'il allegue des raisons pour s'en dispenser, que la contestation sera alors portée devant les Arbitres pour y être decidée.

Si le Commerce ne se pouvoit faire que par l'échange actuel de service contre service, de denrée contre denrée, &c. il est certain qu'il ne se feroit pas parmi les hommes, le quart du Commerce qui s'y fait & qui s'y peut faire, & ce seroit une prodigieuse perte pour tout le monde. D'un autre côté, s'il ne tient qu'à celui qui a promis de refuser de tenir sa promesse, s'il ne peut pas y être contraint, s'il n'y a point de garant de l'execution de cette promesse ; qui voudra échanger quelque chose de réel contre des paroles, contre un morceau de papier ? il est donc absolument necessaire que l'Arbitrage soit le garant commun de toutes les promesses réciproques de tous les membres de la Societé.

4. À l'égard de la réparation des dommages & des offenses, il est absolument necessaire de convenir, que nul Offensé ne se dédommagera par aucune voye de fait, & ne se vangera par *aucune violence* ; mais qu'il en portera ses plaintes à l'Arbitrage.

Il est certain que si les hommes aimoient tous plus la Justice que les choses qui leur sont contestées, & qu'ils eussent tous une connoissance parfaite de ce qui est juste, soit sur le partage des biens, soit sur la réparation des torts & des offenses ; ils n'auroient point besoin d'Arbitre & d'Arbitrage, puisqu'ils n'auroient point de contestations ; s'ils étoient tous équitables, ils observeroient la premiere regle de l'équité naturelle : *Ne faites point à un autre une violence que vous ne voudriez pas recevoir de lui en pareil cas*, & cette pratique exacte de la Justice rendant le Commerce sûr & frequent, rendroit les hommes incomparablement plus opulens & plus heureux qu'ils ne sont ; mais comme ils n'ont point une connoissance suffisante de ce qui est juste, & qu'ils ne sçavent pas assez combien la pratique de la Justice leur seroit avantageuse; que fait l'Arbitrage, si ce n'est de suppléer par Art à ce qui leur manque du côté de la nature? l'Invention de l'Arbitrage leur assûre un Commerce infiniment avantageux, malgré l'ignorance où ils sont de ce qu'ils doivent, & le grand penchant qu'ils ont de la nature, à désirer & à faire, non des injustices, mais des choses qui sont effectivement injustes, quand ils en attendent un grand plaisir present, parce qu'ils n'en prevoyent pas les suites fâcheuses pour l'avenir.

5. Il est absolument necessaire qu'ils conviennent de moyens suffisans pour donner à l'Arbitrage un interêt & un désir suffisant de rendre ses Jugemens, de les faire executer, & de faire souffrir les punitions à ceux qui contreviennent aux loix.

On voit que les Arbitres seroient inutiles s'ils ne vouloient ni juger ni faire executer leurs Jugemens, ni faire observer les Loix necessaires pour la conservation des biens & de la vie des membres de la Société.

E iiij

6. Il est absolument necessaire qu'ils conviennent de moyens suffisans pour donner à l'Arbitrage une force suffisante pour faire executer les Loix generales, & ses Jugemens particuliers.

L'epée n'est pas moins necessaire à la Justice, que la balance, les Loix, les Jugemens, quelque sages, quelqu'équitables qu'ils fussent, seroient inutiles si l'Arbitrage n'avoit pas la force de les faire executer ; il faut absolument faire en sorte que nul ne puisse être tenté de résister à la force de l'Arbitrage, & il ne sera point tenté d'y résister s'il fait deux Reflexions : la premiere ; qu'il tenteroit inutilement la résistance, puisque la force de l'Arbitrage est infiniment superieure à la sienne : la seconde ; qu'outre la perte de la chose contestée, il souffriroit infailliblement la punition attachée par la Loi à la résistance, & il fera certainement ces deux reflexions, s'il a pleine connoissance. 1. De la convention ou du Jugement de l'Arbitrage. 2. Du pouvoir & du vouloir des Arbitres. 3. De la punition inévitable attachée à la résistance.

7. Il est absolument necessaire que tous ces Chefs de famille conviennent que ce qui sera reglé & decidé par le plus grand nombre d'entre eux, pour la sûreté & la conservation des biens & de la vie de chacun des membres, & pour leur avantage commun, sera observé *de tous*, jusqu'à ce que le plus grand nombre fasse quelque changement au Reglement ou à la Loi.

Nulle Societé ne peut subsister sans quelques Reglemens de Police. Ces Reglemens sont donc absolument necessaires : mais d'un autre côté, on ne pourroit presque jamais en faire aucun, si on attendoit à les faire, que tous les Chefs de famille fussent du même avis, & cependant il y a des choses pressées. Il est vrai qu'il y a un inconvenient ; c'est qu'à cause des bornes de l'esprit humain, il n'est presque pas possible que la pluralité ne soit quelquefois, quoique plus rarement, pour le moins bon parti, mais le tems & l'experience venant au secours, on se desabuse par son propre interêt, & alors la pluralité desabusée peut facilement changer le Reglement, soit en l'aboliſſant, ſoit en le reformant.

Qu'eſt-ce que les Loix dans leur origine, entre ces Chefs de famille, entre les Chefs de Nation ? Ce ſont des Articles propoſez, examinez, que les Parties intereſſées ſont convenuës d'obſerver & de faire obſerver, parce qu'ils ont crû qu'à tout prendre, il leur étoit plus avantageux d'en convenir que de n'en pas convenir.

On voit que les Parties intereſſées peuvent ainſi par leurs conventions donner force de Loi à tous les Articles qui derivent du droit des Gens, & que pour diminuer tous les jours le nombre des conteſtations, il eſt de leur interêt de travailler ſans ceſſe à décider par des Articles clairs, le plus grand nombre de cas qu'il leur eſt poſſible.

Voilà dans ces ſept Articles, le plan en gros de la fameuſe invention de l'Arbitrage conventionnel ; le voilà tel à peu prés qu'il s'eſt preſenté à l'eſprit du premier de tous les Sages, ſoit Patriarche & Monarque d'un Village, ſoit ſimple membre de ce Village ; mais enfin ce plan a été imaginé ou tout enſemble par quelqu'un, ou par morceaux & en differens tems par differens hommes ; car enfin nous le voyons executé par toute la terre, & il n'auroit pas été executé s'il n'avoit été imaginé par quelqu'un, & agréé par d'autres ; Il n'y a aucune Societé, si grossiere qu'elle soit parmi les Sauvages, qui n'ait au moins un Arbitrage grossier, & tel qu'il peut maintenir cette Societé, & rendre entre ses membres le Commerce permanent.

Que la premiere idée d'Arbitrage conventionnel ait été proposée à deux Contestans égaux en force & en courage, qu'ils l'ayent goutée, qu'ils ayent préferé ainsi de risquer plûtôt de perdre la chose contestée, par le Jugement des Arbitres, que de perdre & la chose contestée, & la vie dans le combat, que cette idée se soit ensuite perfectionnée peu à peu de siecle en siecle, que dans quelque contrée quelqu'un ait établi l'Arbitrage par la force ; il n'importe de l'origine de cet établissement, il nous suffit qu'il existe depuis longtems, & il ne s'agit pas tant de l'établir parmi les hommes, & entre les Chefs de Villes & de Villages, que de le perfectionner encore davantage, en lui donnant encore plus d'étenduë ; c'est-à-dire en l'établissant enfin entre les Nations mêmes, & entre les Chefs des Nations.

Il peut bien être que cette invention si salutaire fut trouvée, ou en même tems, ou en differens siécles ; en differentes Parties du monde : mais quand elle n'auroit été trouvée que par un seul Sage, il étoit impossible qu'elle ne se perfectionnât avec le tems, & de siécle en siécle, par la multiplication des membres de cette premiere Societé, & par les lumieres & les experiences successives des plus sensez ; il étoit impossible que les autres Chefs de famille écartez, vivans en *non Arbitrage*, voyant & éprouvant les grands avantages des Chefs de famille vivans en Arbitrage, ne fussent portez à se joindre à leur Societé.

Si quelques familles se sont detachées de cette premiere Societé, pour aller habiter un païs plus fertile & plus commode, ils n'auront pas oublié d'établir d'abord parmi eux un Arbitrage, comme la base de la Societé naissante ; de même, si par quelque interêt particulier cette Societé devenuë fort grande & fort étenduë s'étoit divisée en plusieurs Parties, chacune de ces nouvelles Societez n'auroit pas manqué de conserver l'Arbitrage pour tenir tous les membres unis ; ainsi pour faire passer cette invention par toute la terre, il suffit que quelqu'un l'ait trouvée & l'ait établie dans un seul endroit.

VII. CONSIDERATION.

Tout Arbitrage permanent est fondé sur une premiere convention.

Je comprens bien, m'a-t-on dit, que l'invention de l'Arbitrage est infiniment avantageuse au genre humain ; mais les hommes ne sont point assez sages pour convenir d'une chose si avantageuse ; il faut qu'elle ait été établie par la crainte ; il faut que l'Inventeur ait été en même tems superieur en force ; il faut qu'il en ait commandé l'établissement : la persuasion n'auroit jamais suffi pour le faire agréer de gens aussi grossiers

& aussi feroces que les premiers Chefs de famille. Or qui sera le Superieur qui commandera aux Chefs de Nations d'Europe de former entr'eux un Arbitrage ?

1. Je n'appelle pas *Arbitrage permanent*, un Arbitrage qui ne peut durer que pendant la vie d'un Arbitre.

2. Quand nôtre Patriarche auroit désigné quelqu'un de ses enfans ou de ses petits enfans pour lui succeder en sa qualité d'Arbitre du Village ; quand tous les membres auroient de son vivant promis obeïssance au Successeur designé, cette designation seroit inutile, si après la mort du Patriarche ils ne *convenoient* tous de lui obeïr, comme ils faisoient au Patriarche. C'est que l'autorité que le Patriarche avoit acquise par son âge, par son experience, par sa qualité de pere commun, par l'opinion que ses descendans avoient conçuë de ses lumieres, de sa Prudence, de l'égalité, de son affection, & par consequent de sa grande équité dans ses Jugemens ; tout cela ne se resigne point & ne se peut resigner.

3. D'ailleurs il n'est presque pas possible que parmi les vingt-quatre

Chefs il n'y en ait plufieurs qui s'eſtimeront autant, & même plus que celui qui auroit été defigné ; ceux-ci par jaloufie revolteront les autres, & demanderont que l'on prenne au moins les voix, & que celui qui aura le plus de voix foit élu Arbitre du Village ; peut-être propoferont-ils que les differens foient jugez par tous les Chefs affemblez, & que les affaires communes des membres y foient de même decidées à la pluralité. Or quelque parti dont ils *conviennent*, foit election d'un feul pour Arbitre, foit qu'ils conviennent que l'autorité de l'Arbitrage demeurera à l'Affemblée, & que tout s'y decidera à la pluralité ; c'eſt toûjours une premiere *Convention* de pareils, & non une obeïffance d'inferieurs à un Superieur.

4. Si ces Chefs de famille conviennent de fe foumettre dans leurs differens au jugement du vingt-quatriéme ; ce n'eſt pas qu'ils ayent aucune crainte de fon reffentiment, s'ils ne faifoient pas une pareille convention ; il n'eſt Superieur en force à aucun d'eux, & tous enfemble ils font étans unis, infiniment plus

forts que lui ; mais c'est qu'ils voyent évidemment qu'il y a pour eux un plus grand mal à craindre s'ils ne le choisissent pas comme Arbitre, que s'ils le choisissent, c'est qu'ils voyent que sans Arbitrage les biens du plus juste & du meilleur Citoyen sont à la discretion du plus injuste & du plus méchant, c'est qu'ils ont à craindre que dans leurs contestations la résistance ne les fasse mettre assez en colere pour se battre, & pour exercer les uns contre les autres, des violences qui iront bien-tôt à leur destruction totale ; ainsi c'est leur interêt particulier qui est l'unique motif de leur *convention*, qui est l'unique fondement de l'autorité qu'ils donnent à leur Arbitre.

Je ne pretens pas qu'il n'y ait pas eu dans tous les tems des Conquerans qui ont tiré leur autorité sur les peuples conquis, non d'une convention : mais de leurs armes, & que pouvant sans injustice leur ôter la liberté, les biens & la vie même, comme à leurs ennemis, ils les leur ont laissez comme à leurs sujets ; mais ce que je pretend, c'est qu'il y a eu aussi dans tous les tems des *Arbitra-*

ges conventionnels, tels ont été les premieres petites Democraties, les premieres petites Aristocraties, & entre les premieres petites Monarchies, celles qui ont tiré leur origine de quelque convention, & cela me suffit pour satisfaire à l'objection.

Il demeure donc constant que l'établissement du premier de tous les Arbitrages permanens qui ayent été sur la terre n'a point été fait par l'autorité de quelqu'un qui lui seul fût Superieur en force à tous les autres ; cet Arbitrage n'a point été forcé, il a été concerté, *convenu* entre pareils qui ont été persuadez l'un aprés l'autre de sa grande utilité, il demeure constant qu'il a été fondé sur une *premiere convention*, & que ç'a été un veritable *Arbitrage conventionnel*.

Ainsi il demeure également constant, que pour établir en Europe un Arbitrage entre les Souverains, il n'est point absolument necessaire qu'il soit commandé par le plus puissant d'entr'eux ; il suffit que chacun d'eux puisse un jour être persuadé du grand avantage qu'il retireroit de cet établissement.

E

Or si quelque Sage est parvenu autrefois à faire goûter à des Chefs de famille grossiers & peu éclairez, l'établissement d'un Arbitrage, comme beaucoup plus avantageux que le *non Arbitrage*, pourquoi ne pourroit-on pas espérer que quelque Prince sage parviendra un jour à faire goûter un pareil établissement aux autres Souverains ses pareils qui sont incomparablement plus éclairez que ces premiers Citoyens du monde.

VIII. CONSIDERATION.

L'Arbitrage est trés avantageux, même au plus fort.

Je conviens, m'a-t-on dit, que les plus foibles & les moins courageux d'entre ces Chefs de famille gagnent beaucoup à un établissement où ce n'est plus ni la force, ni le courage des contestans qui décident des contestations ; mais il n'en est pas de même du plus fort, au lieu d'y gagner il y perd, puisqu'il risque de perdre la chose contestée par le Jugement de l'Arbitrage, au lieu qu'il l'auroit sûrement emportée par la Superiorité de ses forces: pour répondre à cette Objection, j'ai crû que je devois prouver la proposition qui fait le sujet de cette Consideration.

Si le plus fort étoit dans tous les tems de sa vie le plus fort.

Si le plus foible ne pouvoit jamais le surprendre endormi & desarmé, ou l'attaquer & le blesser par derriere.

Si plusieurs foibles, offensez du procedé hautain du plus fort, ne pouvoient pas s'unir contre lui, si unis ils n'étoient pas de beaucoup plus forts que lui, s'ils ne pouvoient pas l'attaquer tous ensemble avec succez & le tuer, soit par surprise, soit à force ouverte.

S'il n'avoit à craindre de ses ennemis, que d'être obligé de leur rendre ce qu'il leur auroit enlevé de force, quand il a eu des differens avec eux separément.

S'il n'étoit pas de son interêt de procurer du bonheur à sa femme & à ses enfans; s'il ne desiroit pas de trouver des moyens pour leur conservation, & pour la conservation de leurs biens après sa mort.

E ij

S'il pouvoit se flatter de joüir, *sans Arbitrage*, de tous les avantages qu'apporte le Commerce permanent, & qui sont expliquez dans la seconde Consideration.

Si tout cela, dis-je, étoit vrai, il seroit vrai aussi que l'établissement d'un Arbitrage ne seroit pas avantageux au plus fort ; mais comme c'est le contraire qui est vrai, il est vrai aussi que cet établissement lui est, à tout considerer, à tout compenser, trés-avantageux.

1. Il est constant, que comme dans son enfance & dans sa jeunesse il n'étoit pas le plus fort, il lui auroit été alors trés-avantageux que tout ne fût pas décidé par la force. De même il peut tomber malade, il peut être blessé, il peut devenir vieux ; sera-t-il alors le plus fort ? & ne lui seroit-il pas alors trés avantageux, s'il a offensé quelques-uns de ses voisins, s'il leur a enlevé quelque chose par force, s'il s'est fait des ennemis par sa conduite hautaine & imperieuse, qu'il y eût un Arbitrage établi, afin de n'être pas exposé à la discretion de ceux qui sont alors plus forts que lui, & sur tout s'ils sont ses ennemis.

2. Il est certain qu'il peut être surpris endormi par un ennemi qui aura sçû dissimuler son ressentiment & lui ôter toute deffiance ; il peut en être attaqué par derriere étant desarmé ; ne lui seroit-il pas alors trés avantageux qu'il y eût un Arbitrage qui le mît à couvert d'être tué par surprise, en établissant la punition des meurtriers & des assassins.

S'il regarde toûjours tous ses voisins comme ses ennemis, il est dans la plus miserable condition où il puisse être, puisqu'il a à craindre d'être assassiné tous les jours, & qu'il se trouve dans la malheureuse necessité de les tuer tous, ou de s'en aller éprouver tous les malheurs de la solitude, s'il veut se mettre en sûreté de n'être tué par aucun.

3. Il est certain qu'il n'est pas possible que celui qui se sent le plus fort ayant plusieurs contestations avec plusieurs de ses voisins, ne les decide par les menaces, & qu'il n'ait par consequent avec eux des procedez hautains, imperieux, brusques, & fort offensans ; il n'est donc pas possible qu'il ne se fasse plusieurs ennemis, qui cherchant tous à se vanger

peuvent facilement unir leurs forces pour en tirer une vangeance commune. D'un autre côté, il est certain qu'il y va de leur vie, si aprés l'avoir beaucoup offensé ils le laissent en vie, puisqu'il se vangeroit d'eux tous à son tour, en les attaquant & les tuant separément.

Il est donc visible qu'il ne peut user dans la décision de ses differens de l'avantage que lui donne la superiorité de sa force, sans se faire beaucoup d'ennemis, & qu'il ne peut point se faire beaucoup d'ennemis, & se mettre à couvert de leur haine mortelle, & de leur cruelle vangeance, sans l'autorité d'un Arbitre : donc l'Arbitrage est trés-avantageux, même au plus fort.

4. Il est bien certain que ses ennemis unis ne se contenteroient pas de reprendre par Superiorité de force, pendant leur union, ce qu'il auroit enlevé à chacun d'eux separément, par la même Superiorité de force; c'est que, comme nous avons dit, il seroit trés-dangereux pour eux de l'offenser, & de lui laisser le pouvoir de se vanger en lui laissant la vie ; ainsi il perdroit beaucoup plus qu'il ne leur auroit enlevé.

5. Il est certain, par les Considerations 3. & 4. que sans Arbitrage permanent il ne peut pas y avoir de Societé permanente, de Commerce permanent : ainsi il est évident qu'un homme a beau être le plus fort de ses voisins, ils ne sçauroient subsister voisins sans Arbitrage, ils seront bien-tôt dans la necessité, ou de se fuïr les uns les autres, ou de s'entre égorger ; ainsi le plus fort, comme le plus foible ne pourra joüir des avantages du Commerce, & retombera dans toutes les horreurs de la vie Solitaire.

Il resulte donc de tout ceci, que l'Arbitrage loin d'être desavantageux au plus fort, lui est au contraire trés-avantageux, ce qui étoit à démontrer.

IX. CONSIDERATION.

Les Chefs de famille voisins, sans Arbitrage, sont dans une beaucoup plus grande dependance, que s'ils vivoient en Arbitrage.

Craindre, avoir à craindre quelque mal, quelques maux, de la mauvaife volonté de quelqu'un, de quelques-uns, c'eft en dépendre.

Efperer, avoir à efperer du bien de la bonne volonté de quelqu'un, de quelques-uns, c'eft auffi en dépendre ; on ne dépend que de ceux dont on a du mal à craindre, ou du bien à efperer, & l'on en dépend à proportion qu'il y a plus ou moins à en craindre, & plus ou moins à en efperer.

Comme la dépendance qui naît de l'efperance eft beaucoup moindre, & que ceux à qui j'ai à repondre, & dont je vais éclaircir les difficultez, n'ont en vûë que la dépendance qui naît de la crainte, je ne parlerai dans ma reponfe que de cette derniere efpece de dépendance dont il eft queftion dans leur Objection.

Outre la dépendance où l'on eft à l'égard des perfonnes, il faut encore faire attention à la dépendance où l'on eft à l'égard des chofes; mais je ne parle point ici de cette derniere dépendance. Il eft vrai que ces Chefs de famille ont fort à craindre le grand froid, le chaud exceffif, le manque d'habits & d'habitation;

la

la disette des alimens, &c. les infirmitez dans la vieillesse, les maladies dans tous les âges; il est vrai qu'ils sentent cette espece de dépendance, mais je ne la considere ici qu'autant que, par la volonté des autres hommes, ces Chefs de famille peuvent être plus ou moins exposez à ces incommoditez.

On peut avoir sujet de craindre des maux de la part de quelqu'un, sans les craindre en effet ; souvent les enfans, les fous, les stupides, les ignorans, les imprudens, ne craignent rien de la part de quelqu'un, quoiqu'ils ayent réellement beaucoup de sujet de le craindre ; leur *dépendance* est trés-réelle, quoiqu'ils ne la sentent pas ; & c'est proprement de cette *dépendance réelle*, soit sentie, soit non sentie, que je parle dans cette Consideration.

La *dépendance* peut paroître ou plus grande ou plus petite qu'elle n'est en effet ; je ne parle ici que du degré réel & veritable de la *dépendance réelle* ; mon but est de faire sentir la dépendance du non Arbitrage, & la dépendance de l'Arbitrage, précisément aussi grandes qu'elles sont en effet.

G

La *dépendance* où l'on est de quelqu'un est d'autant plus grande, que les maux que l'on a à en craindre sont en plus grand nombre, plus grands, plus proches, & que d'un côté il est poussé à nous les causer par de plus grands motifs, & retenu de l'autre par de moindres craintes.

Nous avons vû qu'il est impossible que ces Chefs de famille vivent dans le voisinage les uns des autres, sans avoir incessamment des contestations ensemble, qu'il est impossible que les contestations n'excitent la colere, qu'il est impossible que la colere ne cause des violences, qu'il est impossible que l'offensé ne cherche à se vanger avec le plus de sûreté qu'il peut, des violences qu'il a souffertes, qu'il est impossible enfin qu'il ne se trouve dans la terrible necessité de prévenir & d'assassiner son ennemi ; c'est-à-dire celui qu'il a vivement offensé, de peur d'en être prévenu & assassiné lui-même.

Les plus grands maux qu'ils ayent à craindre, c'est la perte des biens & la perte de la vie.

Les motifs les plus forts qui puissent pousser les hommes à causer ces maux aux autres, c'est la colere, le désir de la vangeance, la crainte d'être bien-tôt prévenu & assassiné, l'esperance de profiter des dépoüilles de son ennemi, & ce sont ces mêmes motifs qui pousseront ces Chefs de famille à se causer ces grands maux les uns aux autres, à mesure qu'ils seront offensez.

D'un autre côté, ce qui peut les retenir dans leur colere, qui est la crainte que quelqu'un ne prenne vangeance de la mort qu'ils donneront à leur ennemi, n'est pas un frein si grand, que s'il avoit encore à craindre que tous les Associez ne poursuivissent cette vangeance, eux qui auroient une force trés-superieure à la sienne, & suffisamment interessée à vanger la mort qu'il auroit causée à son ennemi.

N'est-il pas visible que tous ces voisins sont incessamment Offenseurs & Offensez, c'est-à-dire ennemis mortels les uns des autres, & qu'étans tous poussez fortement à se détruire, & n'étant point, ou presque point retenus par la crainte que les vivans ne prennent vangeance de la mort qu'ils auroient causez à

G ij

quelques-uns; ils ont les plus grands maux à craindre les uns des autres, c'est-à-dire qu'ils font les uns à l'égard des autres dans la plus grande dépendance où ils puissent jamais être.

Au lieu que s'ils vivoient sous la protection d'un Arbitrage permanent, l'Offensé auroit deux motifs de moins pour tuer son ennemi. 1. Il ne craindroit plus d'en être prévenu & d'en être tué, parce que chacun seroit certain que l'Arbitrage mettroit à mort le meurtrier, l'assassin. 2. Il ne pourroit point esperer de s'enrichir des dépoüilles de son ennemi. 3. Le desir de la vangeance seroit même affoibli, en ce qu'il seroit sûr que l'Arbitrage lui feroit faire réparation, sans qu'il se mît en aucun danger en la poursuivant. Il est vrai que cette réparation ne seroit pas proportionnée à son ressentiment; mais au moins y gagneroit-il en ce que lorsqu'il seroit Offenseur, il seroit sûr de n'être pas traité au gré & selon le ressentiment de l'offensé, & il seroit alors trop heureux, que l'Arbitrage suivît la maxime d'une équité sensée. *Traitez celui qui vous a offensé, comme vous voudriez en être traité si vous étiez à sa place, & qu'il fût à la vôtre.*

Enfin dans l'Arbitrage, non seulement les motifs de détruire son voisin seroient moindres ; mais le frein qui peut empêcher les meurtres réciproques seroit bien plus fort ; c'est qu'outre la crainte que l'assassin auroit de la vangeance qu'en pourroient prendre les enfans, les proches, les amis de l'assassiné ; il auroit encore à craindre la vangeance publique qui seroit bien plus à craindre pour lui que la vangeance particuliere.

Mais, dira-t-on, il est vrai que dans le *non-Arbitrage* ces voisins sont dans une terrible dependance les uns des autres, à cause des offenses réciproques qu'il leur est impossible d'éviter ; mais aussi dans l'Arbitrage ils sont dans une autre sorte de dépendance, à cela je réponds que la difference est grande entre ces deux sortes de *dépendances*, & c'est cette difference qui doit déterminer tout homme tant soit peu sensé à opter entre ces deux sortes d'Etats.

Nous avons vû que la dépendance de celui dont on dépend étoit d'autant plus grande, que les maux qu'il pourroit nous caufer étoient plus grands, & qu'il étoit plus pouffé à nous les caufer ; or l'*Arbitrage* ne veut caufer aucun mal à quiconque n'en veut caufer à perfonne, & empêche même, autant qu'il peut, par fes Loix & par les punitions, qu'aucun membre n'en reçoive; donc la dépendance de l'état d'Arbitrage eft infiniment moindre; mais voyons la chofe plus en détail.

1. Dans l'Arbitrage chacun eft fûr de conferver les biens qu'il poffede, & ceux qu'il pourra acquerir par fon induftrie, par fon travail, ou par quelque heureufe rencontre. L'Arbitrage ne peut point lui ôter rien de fes biens, parce que l'Arbitrage eft établi pour conferver tranquillement chacun dans fes biens, & pour empêcher les invafions réciproques. L'Arbitrage eft une convention faite pour l'interêt de chacun des Affociez : Or un point important pour l'interêt commun ; c'eft que chacun puiffe avoir une veritable proprieté de fes biens.

C'eft un grand avantage pour chacun des membres, qu'il y ait des

Loix, c'est-à-dire des regles pour pouvoir discerner ce qui appartient à l'un, & ce qui appartient à l'autre, & dans les choses douteuses, qu'il y ait un Arbitrage qui se regle dans ses jugemens par l'interêt commun, ou par le plus grand interêt des membres, au lieu que dans le *non Arbitrage* nul ne peut compter sur la proprieté d'aucun bien, parce que le voisin offensé peut s'en emparer, ou à force ouverte, ou par surprise, pour se dédommager du tort qu'il croit avoir souffert, ou pour se vanger de l'offense qu'il a reçûë, ainsi chacun est dans la dépendance l'un de l'autre, pour sa cabane, pour ses meubles, pour ses habits, pour ses alimens mêmes, &c.

2. Dans la necessité d'être jugé dans les contestations, ou par des Arbitres desinteressez, ou par la Partie même interessée ; ne vaut-il pas incomparablement mieux dépendre du jugement des uns, que du jugement de l'autre ?

3. Dans la necessité de réparer les torts qu'on a causez, les offenses que l'on a faites, ne vaut-il pas incomparablement mieux dependre du

jugement d'un Arbitre qui n'a point été offensé, & qui n'a point de ressentiment, que du jugement de l'Offensé, qui voudroit souvent assouvir son ressentiment par une cruelle vangeance ?

4. Chacun peut enlever la femme, la fille de son voisin, sans avoir à craindre d'autre vangeance que celle que peut prendre ce voisin, ou bien il peut commencer par tuer ce voisin pour executer son enlevement avec plus de facilité, & pour n'avoir plus de vangeance à craindre de la part du mari ou du pere.

Au lieu que dans l'Arbitrage aucun membre n'auroit à craindre l'enlevement de sa femme ou de ses filles, parce que le ravisseur ne pourroit que trés difficilement échapper à la vangeance qu'en tireroit l'Arbitrage qui veille pour la conservation de toutes les femmes & de tous les enfans.

5. La plus grande de toutes les dépendances, c'est de dependre pour sa vie, de la volonté d'un ennemi mortel, d'un homme vivement offensé; or on a vû que dans le *non Arbitrage* chacun de ces Chefs seroit offen-

sé & offenseur, qu'ils seroient par conséquent presque toûjours ennemis mortels.

Au lieu que dans l'Arbitrage ils auroient beau être ennemis, toute violence leur étant interdite pour leur avantage commun, ils seroient en sûreté réciproque pour leur vie ; ainsi leur vie ne dépendroit plus l'un de l'autre : ils seroient donc, par l'Arbitrage, délivrez de la plus terrible de toutes les dépendances ?

6. Dans le *non Arbitrage* un Chef de famille doit d'autant plus craindre ses ennemis, qu'il a plus de biens dont ils peuvent profiter par sa mort : il est d'autant plus en danger pour sa vie, que sa femme, que ses filles sont belles & aimables.

Au lieu que dans l'*Arbitrage* celui qui a plus de biens à conserver est également en sûreté sous la protection de l'Arbitrage, que celui qui a trés peu à perdre.

7. Dans l'état de Guerre, ou de *non Arbitrage*, chaque Chef de famille, chaque Chef de Nation, ne peut avoir de sûreté entiere ou suffisante de sa conservation, que par la destruction entiere de son voisin, qui

est son ennemi. D'un autre côté, s'il détruit tous ses voisins, avec qui aura-t-il commerce ? par qui sera-t-il protegé contre ses domestiques ? ainsi dépendance de tous côtez ; au lieu que dans l'état d'Arbitrage n'ayant plus ses voisins pour ennemis, il les a pour protecteurs, il les a pour commerçans utiles ; ainsi loin d'avoir à désirer leur affoiblissement & leur pauvreté ; il a à désirer qu'ils soient plus riches pour profiter davantage de leurs richesses par le commerce ; il a à désirer qu'ils deviennent tous les jours plus puissans, pour en être lui & sa posterité plus protegez dans les tems de la foiblesse de sa maison. Plus on a de protection de ses amis & de ses pareils, moins on est dans la *dépendance* de ses ennemis, soit inferieurs soit superieurs.

De sorte que le Juste, le Prudent, le Pacifique, l'homme de bien, le Sage est protegé par l'*Arbitrage*, sans ressentir aucune peine de sa dépendance ; l'Injuste même, le Fou, le Turbulent, le Scelerat y gagne encore, & sa dépendance y est moindre que dans le *non Arbitrage* ; il a tous ses voisins pour ennemis, & se trouve à leur discretion, au lieu que dans l'Arbitrage il n'est pas même à la discretion de ses ennemis ; nul n'ose lui faire de violence, il faut qu'il soit jugé dans les formes par l'Arbitrage, & souvent il n'est condamné qu'à une prison pour un tems, au lieu que dans le *non Arbitrage* il auroit été mis à mort dix fois s'il avoit eu dix vies à perdre.

Je conclus donc que dans le *non Arbitrage* les motifs de ces Chefs de famille, pour se faire beaucoup de mal, sont beaucoup plus grands & en plus grand nombre que le frein pour dompter la colere, & pour en empêcher les funestes effets, que ce frein, dis-je, qui est la crainte de la punition, ou plûtôt de la represaille, est beaucoup plus foible ; que ces voisins ont par consequent incomparablement plus à craindre les uns des autres dans le *non Arbitrage*, & qu'ainsi ils sont les uns à l'égard des autres dans une *dépendance* incomparablement plus grande & plus fâcheuse que celle où ils seroient dans l'Arbitrage, & c'est ce qu'il falloit démontrer.

X. CONSIDERATION.

Les Chefs de famille voisins font réellement beaucoup moins indépendans dans le non Arbitrage, qu'ils ne le seroient dans l'Arbitrage.

Cette proposition est dans le fond la même que la proposition précedente ; car enfin, comme il n'y a que Dieu, qui à proprement parler soit indépendant, & que les hommes, par les maux qu'ils peuvent craindre, & par les biens qu'ils peuvent attendre les uns des autres, sont tous dans une grande dépendance les uns à l'égard des autres; on peut dire que celui-là est le moins indépendant, qui est dans la plus grande dépendance de ses voisins, & que le plus indépendant est proprement celui qui est dans la moindre dépendance de ses voisins & de ses pareils, & par consequent, que ce qui est prouvé pour la dépendance est également prouvé pour l'indépendance.

Cependant, parce qu'il a plû aux

Poëtes, aux Declamateurs & aux autres efpeces de flateurs, de donner de fauſſes idées de *l'independance* ; il eſt à propos d'éclaircir la ſignification de ce mot, afin de diſſiper des Objections qui ne viennent que des équivoques.

Il eſt bien certain que ces Chefs de famille, tant qu'ils vivent voiſins en non Arbitrage & ſans aucunes conventions qui leur ſervent de Loix, ſont indépendans des Arbitres & des Loix qu'ils n'ont point; il eſt bien certain qu'ils n'ont rien à craindre, ni de la force, ni de l'Arbitrage des Protecteurs des Loix, puiſqu'il n'y en a point encore parmi eux : en peut-on conclure qu'ils *ſont parfaitement indépendans ?* Au contraire, de ce qu'ils ſont indépendans de toutes Loix, de toutes conventions, de tout Arbitrage; il eſt évident que l'on peut en tirer cette concluſion : *Donc ils ſont d'autant* plus dépendans de leurs voiſins, c'eſt que n'étant ni les uns ni les autres protegez pour leur vie, pour leur famille & pour leurs biens, par aucun Arbitrage, ils ont infiniment plus à craindre les uns des autres, que s'ils s'étoient mis dans la dépendance d'un Arbitrage ami, pour se délivrer de la dépendance où ils étoient de leurs ennemis.

Et au fond, qu'est-ce que dépendre d'un Arbitrage ? C'est dépendre d'une Société qui n'a d'autres vûës que de diminuer les craintes & les autres maux des Associez, & d'augmenter leur sûreté, leur liberté & leurs autres biens, qui ne songe dans ses jugemens qu'à rendre justice à chacun, & qui veille incessamment pour empêcher toute violence, tout pillage, tout meurtre entre voisins & Citoyens.

Qu'est-ce au contraire que dépendre de ses voisins, sans Arbitrage ? C'est dépendre d'autant d'ennemis, qui n'ont en vûë que de nous ôter nos biens pour s'enrichir, & de nous ôter la vie, soit pour se vanger, soit pour se mettre à couvert de nôtre vangeance; c'est dépendre de gens qui ne sçauroient trouver de *sûreté* pour leur conservation, que dans nôtre totale destruction.

Je sçai bien que celui qui voudroit vivre sans voisins, dans une Isle inaccessible, seroit indépendant, & d'Arbitrage & de voisins ; mais il tomberoit dans la plus affreuse de toutes les *dépendances*, pour les besoins de la vie, & se trouveroit tous les jours en danger de mourir de faim, de froid, de maladie, ou dévoré la nuit par les bêtes feroces : l'homme est donc forcé de vivre dans quelque espece de *dépendance* ; or la plus legere de toutes les dépendances, c'est celle où l'on est dépendant des bonnes Loix, & d'un Arbitrage vivant, qui puisse & qui veüille les faire observer ; la dépendance est même d'autant plus petite, que les Loix sont meilleures & bien observées, puisque les bonnes Loix ne sont que des conventions faites dans la vûë d'augmenter nôtre sûreté & nos biens, & par consequent nôtre liberté, de diminuer nos craintes, nos dangers, nos assujetissemens & nos autres maux.

Il est vrai que les Loix contraignent les méchans, les turbulens, les scelerats ; mais eux-mêmes seroient bien plus dépendans & bien plus contraints si les Loix ne retenoient point la colere, la défiance & la vangeance de leurs ennemis. Il est vrai encore qu'il arrivera quelquefois qu'une Loi fera un tort d'un Ecu par an à un de ces Chefs ; mais elle procurera dix écus par an à chacun des vingt-trois autres Chefs, & il arrivera qu'une autre Loi lui fera gagner dix écus, tandis qu'un des vingt-trois autres fera feul à y perdre un écu ; ainfi à tout prendre, celui qui perd quelque chofe à l'établiffement d'une Loi, y gagne cent fois davantage par l'établiffement des autres Loix : on peut donc dire que les Loix ne font que des moyens de diminuer de plus en plus la dépendance de ceux qui s'y foumettent.

Il n'eft donc pas difficile de voir que les Chefs de famille voifins font tellement beaucoup moins *indépendans* dans le *non Arbitrage*, qu'ils ne le feroient dans l'*Arbitrage*, & c'eft ce qui étoit à démontrer.

XI. CONSIDERATION.

Les Chefs de famille en non Arbitrage, ont moins de liberté qu'ils n'en auroient en Arbitrage.

Par le mot de liberté j'entens ici, *l'exemption de contrainte, le pouvoir que quelqu'un a de faire quelque chose qui lui plaît, sans opposition, & sans avoir à en craindre les suites de la part de ses voisins.*

De là on voit que plus il peut faire de ces choses qui lui plaisent, sans opposition, sans avoir à en craindre les suites, c'est-à-dire *sans offenser personne*, plus il a de liberté.

1. Il est vrai que dans l'Arbitrage nul n'a la liberté d'offenser personne, puisqu'il ne le peut sans avoir à en craindre les suites, c'est-à-dire sans craindre la réparation qui sera jugée par l'Arbitrage; mais dans le non Arbitrage il n'a pas plus de liberté d'offenser quelqu'un, puisqu'il auroit à en craindre la vangeance de l'offensé, avec cette difference essentielle, que dans l'Arbitrage il auroit moins à craindre, puisque la répara-

tion feroit proportionnée à l'offenfe, au lieu que dans le non Arbitrage l'Offenfé étant en colere, & Juge dans fa propre caufe, la réparation feroit fûrement trés-difproportionnée à l'offenfe.

2. Il y a des offenfes dont on ne connoît point les Auteurs ; or dans l'Arbitrage on ne punit point fans preuves fuffifantes, ainfi l'innocent ne fouffre point, ou fouffre rarement pour le coupable; au lieu que dans le non Arbitrage l'Offenfé étant Juge dans fa propre caufe, fe contente de fes foupçons, & fe vange injuftement fur un innocent; ainfi l'innocent a plus à craindre la calomnie dans le non Arbitrage que dans l'Arbitrage.

3. Dans l'état de *non Arbitrage* les voifins n'ayant point de Commerce font tous pauvres, au lieu que dans l'Arbitrage les voifins s'enrichiffent mutuellement par leur Commerce perpetuel ; ainfi ils ont plus de tems à paffer à ce qui leur plaît, & plus de moyens de choifir leurs occupations & leurs amufemens, plus de pouvoir de voyager commodément, ils ont une liberté bien plus étenduë

d'Henri le Grand.

par les dépenses qu'ils peuvent faire sans offenser personne.

4. Dans l'état de *non Arbitrage*, les voisins étant ennemis sont occupez à se tenir sur leurs gardes, & prendre des précautions les uns contre les autres, ce qui est un terrible assujettissement, au lieu qu'en Arbitrage, les voisins ayant la protection des Loix & de l'Arbitrage, chacun joüit d'une *liberté entiere* d'aller & de venir sans avoir rien à craindre de ses ennemis mêmes, ni pour ses biens, ni pour sa famille, ni pour sa vie.

Donc les voisins en non Arbitrage, ont moins de liberté qu'ils n'en auroient s'ils vivoient en Arbitrage ; ce qui étoit à démontrer.

XII. CONSIDERATION.

L'Arbitrage entre vingt-quatre Chefs de Nations voisines diminüeroit à proportion autant leur dépendance mutuelle, qu'il diminuë la dépendance mutuelle des vingt-quatre Chefs de familles voisines.

Aprés avoir demontré à l'égard

des vingt-quatre Chefs de familles voisines, que s'ils demeurent en non Arbitrage ils sont dans la necessité, ou de cesser d'être voisins, en s'éloignant extrêmement les uns les autres, & de perdre ainsi tous les avantages du Commerce, ou de devenir ennemis mortels, & de s'entre-égorger, en sorte que chacun se trouve obligé de faire tous ses efforts pour assassiner son voisin aujourd'hui, de peur d'en être assassiné demain : aprés avoir demontré que le Commerce permanent est extrêmement avantageux & aux familles & aux Chefs de famille, & que sans Arbitrage permanent il n'y a point de Commerce permanent ; aprés avoir démontré que l'Arbitrage est trés-avantageux, même au plus fort, & que les voisins en non Arbitrage sont dans une dépendance beaucoup plus grande, les uns des autres, que s'ils étoient en Arbitrage ; il me reste à montrer, que si au lieu de 24. Chefs de familles voisines, nous supposons 24 Villages voisins gouvernez chacun par un Patriarche, ces Chefs de Village seront dans une plus grande dépendance, & plus pauvres en *non Arbitrage* qu'en *Arbitrage*.

1. A l'égard de la pauvreté; il est évident d'un côté par ce que j'ai dit, qu'il n'y a que le Commerce permanent qui puisse produire des richesses, & délivrer les hommes de la pauvreté où ils seroient dans la solitude; & il n'est pas moins évident de l'autre, que sans Arbitrage permanent ils ne pourroient jamais conserver entre eux un Commerce permanent, ils seroient donc tous beaucoup plus pauvres, soit le Chef de Village, soit les membres, qui ne pouvant faire Commerce avec les Villages voisins, seroient contraints de borner leur Commerce entre eux.

2. Ce Commerce interieur seroit bien diminué par l'attention que chaque Village seroit obligé d'avoir à se tenir sur ses gardes, & à se fortifier contre les insultes, les pillages & les invasions de leurs ennemis.

3. Si ce Chef du Village, ce petit Roi, pour la peine qu'il prend, & le tems qu'il employe à juger les differens, à concilier les esprits, à former des Loix pour diminuer le nombre des differens, à les faire agréer, & à les faire observer par les membres, à y faire des établissemens pour

l'inſtruction & l'éducation de la jeuneſſe, ſi pour recompenſer lui & ſes Miniſtres, de tous ſes ſoins & de toutes les avances qu'il fait pour le public, chacun lui payoit la dîme de ſa chaſſe, de ſa pêche, de ſes fruits, de ſon travail, il eſt évident qu'il augmenteroit ſa dîme à proportion que ſes ſujets augmenteroient leurs biens & leurs revenus. Ainſi il feroit intereſſé à leur ménager, par quelque accord permanent, un Commerce exterieur permanent avec les autres Villages; car ſi par ce Commerce leur revenu augmentoit d'un quart, ſa *dîme Royale* augmenteroit auſſi d'un quart.

4. A l'égard de la *dépendance* où ſeroient ces Chefs de Villages voiſins, les uns à l'égard des autres; il eſt certain qu'elle ſeroit beaucoup plus grande en non Arbitrage qu'en Arbitrage, c'eſt que la dépendance ſeroit d'autant plus grande qu'ils auroient plus à ſe craindre, & ils auroient tous les jours à ſe craindre comme ennemis mortels, qui dans leurs offenſes réciproques n'auroient nulle ſûreté pour leurs biens, pour leurs femmes, pour leurs enfans, &

même pour leur vie, qu'en tâchant de se prévenir & de se détruire, ou par surprise ou à force ouverte : or il est évident que sans Arbitrage, pour le moindre tort, pour le moindre sujet de plainte, pour le moindre desir de vangeance, pour la moindre colere, ils seroient tous dans cette malheureuse situation de défiance & de crainte réciproque, de sorte que l'on peut dire que ces 24 Chefs de Villages sentiroient à tout moment cette terrible dépendance où ils seroient les uns à l'égard des autres.

Au lieu que s'ils étoient tous 24 convenus, soit tous ensemble, soit séparément & les uns aprés les autres, que les torts des membres des differens Villages seroient reparés, que leurs differens seroient decidez non par la violence & par les armes qui ruinent le Commerce des Villages, & qui causent de nouveaux torts sans réparer les premiers, mais par le Jugement à la pluralité des vingt-quatre Chefs ou de leurs Deputez, dans une Assemblée perpetuelle ; ils auroient tous sûreté suffisante contre les represailles, contre les pillages, contre les incendies, contre les violences, contre les meurtres, chacun joüiroit paisiblement des biens qu'il possede, & le Commerce, soit interieur, soit exterieur, se conserveroit, & même s'augmenteroit par l'utilité des membres & des Chefs de ces vingt-quatre petits Corps politiques.

5. Il y a plus, c'est que si par un Article de la Convention il étoit établi que les Chefs prêteroient leur secours à celui d'entre eux qui en auroit besoin pour se faire obeïr par des rebelles, & pour conserver l'autorité suprême dans sa maison ; chacun de ces Chefs auroit une sûreté suffisante, & pour la tranquilité de son petit Etat, & pour la durée de sa maison sur son petit Trône.

6. Nous avons supposé que ces vingt-quatre Villages n'étoient composez chacun que de vingt-quatre Chefs de famille ; mais si nous supposons des Bourgs composez d'un nombre de Chefs dix fois plus grand, & qu'il y ait un Chef à chacun de ces Vingt-quatre Bourgs voisins composez de vingt-quatre Chefs de famille, la proposition ne changera point ; il est vrai qu'il sera plus difficile

cile qu'un Bourg détruise entierement un autre Bourg, & qu'un Village détruira moins facilement un Village entier, qu'une famille ne détruira une autre famille entiere, à cause que plus le nombre de ceux qu'on attaque est grand, plus ceux qui sont attaquez ont de facilité à fuïr & à s'échapper, & même à se deffendre en fuïant; mais il n'est pas moins vrai que ces Chefs de Bourgs voisins sans Arbitrage, seront beaucoup plus *dépendans* de leurs pareils & de leurs voisins, & qu'ils seront beaucoup plus pauvres ou beaucoup moins riches que s'ils vivoient tous en Arbitrage sous une Police generale les uns avec les autres

7. Que si au lieu de vingt-quatre Bourgs composez de 240. familles, nous supposons vingt-quatre Villes voisines composées chacune de 2400. familles, c'est-à-dire de dix fois plus d'habitans, la proposition sur la diminution de la dépendance mutuelle ne change point, elle sera toûjours également vraye pour les Chefs de ces Villes, & pour chaque Bourgeois, qu'elle l'est pour les vingt-quatre Chefs de famille, & pour

I

chaque membre de ces familles.

8. Que si au lieu de vingt-quatre Chefs de Villes nous supposons vingt-quatre Chefs de Royaumes voisins, qui contiennent chacun vingt-quatre de ces Villes, chaque Ville accompagnée de vingt-quatre de ces Bourgs, chaque Bourg accompagné & environné de vingt-quatre de ces Villages, on trouvera que la proposition ne changera point, & que ces vingt-quatre grands Rois sont beaucoup moins riches & beaucoup plus dépendans de leurs voisins & de leurs sujets ; ou si l'on veut, beaucoup moins indépendans en demeurant dans le *non Arbitrage*, que s'ils étoient tous convenus de dépendre d'un Arbitrage general & de vivre sous une Police generale, pour se délivrer d'une dépendance mutuelle.

9. Il y a même sur cela une consideration décisive, c'est qu'ils ne dépendroient jamais de l'Arbitrage que pour ce qui seroit en contestation : or leurs anciens biens, leur famille, leur vie, ne seroient jamais en contestation ; au lieu que dans le non Arbitrage le Vainqueur n'ayant rien qui l'arrête, le vaincu

peut être dépoüillé de tous ses biens, de sa famille, & perdre la vie pour une contestation de peu d'importance, ou pour n'avoir pas voulu faire la réparation qui étoit demandée, & qui étoit peu de chose en comparaison de tout ce qu'il a risqué & de ce qu'il perd. Le Vainqueur est poussé en même tems par la vangeance & par l'Avarice, & a toûjours des pretextes suffisans de Justice, de perdre son ennemi pour profiter de ses dépoüilles, & pour avoir sûreté entiere de sa propre conservation.

Quelque difference qu'il y ait pour la grandeur & pour l'étenduë de la domination entre ces vingt-quatre Chefs de familles voisines, & les vingt-quatre Chefs de Villages, entre les vingt-quatre Chefs de Villages ou de Bourgs, & les 24 Chefs de Nations voisines : comme d'un côté les voisins sont proportionnez aux voisins en force, & que de l'autre l'avidité du bien, la vangeance, l'impatience, la colere, la haine, la crainte, la défiance, sont précisément les mêmes passions dans les uns que dans les autres, il s'en suit nécessairement que la proportion de la dépendance mutuelle où sont les Chefs des Nations à l'égard de leurs pareils en *non Arbitrage*, est précisément la même que celle des Chefs de famille à l'égard de leurs pareils, en pareil *non Arbitrage*, & que s'il est clair comme le jour que la dépendance de ceux-cy a beaucoup diminué par l'établissement de l'Arbitrage, la dépendance de ceux là diminuëroit aussi beaucoup par un semblable établissement, & c'est ce qui étoit à démontrer.

Il me reste encore à faire cinq Observations. La premiere, qu'avant l'Arbitrage les Traitez les plus solemnels sont aussi peu solides entre ces Chefs de Villages, qu'ils le sont entre nos Chefs de Nations ; la raison est que celui qui veut se dispenser de tenir sa promesse, peut esperer *l'impunité* de son manque de parole.

La seconde, que les Traitez d'Alliances ou de Ligues particulieres pour la conservation réciproque des Alliez, avant l'établissement de la Ligue generale ou de l'Arbitrage général, étoient aussi peu solides entre ces Chefs de famille, qu'ils le font aujourd'hui entre nos Chefs de Nations ; c'est que chacun sûr d'être protegé par la Ligue contraire peut esperer de se détacher *impunément* de sa premiere Ligue, & que la Ligue est trés-defectueuse jusqu'à ce qu'elle soit parvenuë à être generale, ou si grande, qu'aucun des Alliez ne puisse jamais esperer de pouvoir la quitter *impunément*.

La troisiéme, que s'il y avoit deux Chefs de Villages, deux Chefs de Bourgs plus puissans que leurs pareils ; il seroit naturel que les plus foibles tâchassent d'entretenir entre ces deux plus puissans, une haine irréconciliable, & une espece d'équilibre de puissance, en sorte que l'un ne pût pas assujettir l'autre, & se fortifier de la ruine du vaincu, de peur qu'étant devenu trop puissant il ne lui prît envie d'assujettir les vingt-deux autres ; mais on voit en même tems, que le systême d'équilibre n'empêcheroit pas plus la Guerre, & ne maintiendroit pas plus le Commerce entre ces 24. Chefs de Village, qu'il empêche l'une & qu'il maintient l'autre entre nos vingt-quatre principaux Chefs de Nation d'Europe.

La quatriéme, c'est que comme ces vingt-quatre Chefs de Villages ou de Bourgs ne pouvoient pas en formant leur premier Arbitrage, prévoir la centiéme partie des avantages qu'eux & leur posterité en devoient tirer dans le premier siécle de leur Societé, & qu'ils pouvoient beaucoup moins prévoir tous les autres avantages qui en pouvoient naître en quarante ou cinquante siécles, de même les vingt-quatre principaux Souverains, quelque effort que fasse leur esprit, quelque liberté qu'ils donnent à leur imagination, ne pourront jamais prévoir la centiéme partie des avantages qu'eux & leur posterité en tireront seulement dans le premier siécle.

Enfin la cinquiéme Observation, c'est que des Chefs de familles, des Chefs de Bourgades, des Chefs de Nations, ne sçauroient vivre voisins en *non Arbitrage*, sans vivre dans la plus grande dépendance où ils puissent être les uns à l'égard des autres, qu'il vaudroit beaucoup mieux pour eux vivre dans une Isle inaccessible, que de vivre voisins en non Arbitrage ; mais qu'il vaudroit beaucoup mieux pour eux vivre voisins en Arbitrage, que de vivre chacun dans une Isle inaccessible.

Les Reflexions précedentes montrent avec évidence, d'un côté les malheurs, & sur tout la grande *dépendance* mutuelle que doit causer le *non Arbitrage* aux Chefs de Nations, comme aux Chefs de familles, & de l'autre elles font voir les avantages, & sur tout la *diminution de dépendance* que leur procureroit l'*Arbitrage*.

Telles sont les Considerations préliminaires que j'ai crû necessaires pour repondre avec plus de facilité & avec plus de solidité aux cinq Articles de l'Objection.

Reponse au Premier Article.

Diminution de Liberté.

1. Chacun de ces vingt-quatre Chefs de famille voisins, chacun de ces vingt-quatre Chefs de Villages, chacun de ces vingt-quatre Chefs de Bourgs voisins, avant la convention

d'un Arbitrage permanent, peuvent dire avec le même fondement que le Czar, *qu'il est libre, qu'il lui est permis de faire à l'égard de ses voisins tout ce qu'il juge necessaire pour sa conservation, pour la conservation de sa famille & des biens qu'il possede, & pour le recouvrement & la possession de ceux qu'il juge avoir droit de posseder; qu'ainsi s'il juge qu'il lui est important pour cela de détruire son voisin, il lui est libre, il lui est permis de le tuer, & de profiter de ses dépoüilles: car enfin étant en non Arbitrage, quelle Loi, quel Arbitre peut lui rien deffendre?*

Cependant ce Chef de famille, loin de se soucier d'une pareille liberté, d'une liberté aussi grande & aussi étenduë contre son voisin, que celle qu'a le Czar contre le sien, choisit de vivre en Société permanente, choisissant de se soumettre à un Arbitrage permanent & d'en dépendre, ils renoncent tous à cette prétenduë prérogative; sont-ils tous extravagans?

2. Je conviens que cette liberté de piller, d'envahir de se vanger selon toute l'étenduë de son ressentiment, seroit un grand avantage pour ce Chef de famille, pour ce Chef de

Nation, pour le Czar en non Arbitrage avec ſes voiſins, ſi tous ſes voiſins n'avoient pas pareille liberté de le ſurprendre, de le détruire, ſoit pour ſe vanger, ſoit pour profiter de ſes dépoüilles, ſoit pour ſe délivrer de la crainte d'en être prévenus. Or comme il a bien plus de maux à craindre de cette pretenduë *liberté* qu'ils ont tous d'agir contre lui, ſelon toute l'étenduë de leur reſſentiment & de leur avidité, qu'il n'a de biens à eſperer de la même liberté qu'il a d'agir contre eux, il eſt évident, ce me ſemble, qu'il eſt beaucoup plus avantageux au Czar, comme au Chef de famille, en ſignant un Traité d'Arbitrage, de renoncer à cette liberté de ſurprendre ſes voiſins, de les piller & de les détruire, pourvû qu'ils renoncent tous en même tems, pour toûjours par ce Traité, à la liberté qu'ils ont de le ſurprendre, de le piller, de le détruire, & de détruire ſes enfans & ſa poſterité.

3. Nous avons montré que celui-là n'a pas véritablement la liberté de faire quelque choſe, s'il ne peut la faire ſans en craindre les ſuites : Or

un Chef de famille, un Chef de Village peut-il s'imaginer qu'il pillera, qu'il tuëra son voisin sans avoir à en craindre les suites, soit de la part des parens & des amis qui resteront, soit de la part des voisins qui verront que s'ils ne le préviennent ils en seront bien-tôt prévenus : Que sera-ce si outre cela ils se croyent offensez ; or il est certain que le Czar n'a pas plus de liberté d'envahir les biens de son voisin & de le détruire, que ce Chef de Village a la liberté de piller & de détruire son voisin, rien ne lui est permis de ce côté-là que dans le sens qu'il lui est permis, qu'il a la liberté de précipiter quelqu'un en se jettant le premier dans le précipice; voilà pourtant toute l'Objection ; Or qu'est-ce qu'une Objection qui n'est fondée que sur une équivoque du terme de *liberté*.

On peut donc dire que si c'est une liberté, le Czar ne peut pas avoir une liberté plus pernicieuse pour lui & pour sa Maison, que celle qu'il a de détruire ses voisins, puisque ses voisins ont pareille liberté de détruire lui & sa posterité, soit par surprise, soit en unissant leurs forces pour partager ses dépoüilles, & qu'ils auront cette terrible liberté, tant qu'il ne consentira point à se mettre lui & les siens sous la toute puissante protection de l'Arbitrage.

4. Venise est un Etat qui dans le non Arbitrage a, comme tout autre Souverain, la liberté d'attaquer, d'envahir, de surprendre un Souverain voisin ; mais par la même raison un Souverain de ses voisins a la liberté d'attaquer & d'envahir l'Etat de Venise, n'y auroit-il pas à gagner pour tous, qu'aucun d'eux n'eût plus une liberté qui n'est pas veritablement une liberté, une liberté ruineuse, une liberté qui les tient tous assujettis à des précautions trés facheuses, à de cruelles inquiétudes, & à des dépenses immenses, seulement pour se tenir sur leurs gardes ; & n'est-ce pas abuser des termes, que de prendre un veritable & fâcheux assujetissement pour une liberté précieuse ; est-ce perdre quelque chose que de se délivrer pour toûjours d'une pareille dépense ; peut-on regarder comme avantage, une situation sujette à de si terribles inconveniens ? Enfin,

est-ce diminuer réellement sa liberté, que de se tirer pour toûjours d'un pareil esclavage ; n'est-ce pas au contraire diminuer sa dépendance, & par consequent augmenter sa liberté.

Reponse au Second Article.

1. Chacun de ces vingt-quatre Chefs de famille, chacun de ces vingt-quatre Chefs de Village, avant le Traité d'Arbitrage, peut dire avec le même fondement que le Czar.

Je ne suis soumis à aucunes Loix ; si je fais des promesses, c'est que je juge qu'il convient alors à mes interêts de promettre ; mais je ne suis lié par mes paroles, par mes Traitez, qu'autant que je m'y crois obligé ; par exemple, si juge que l'on m'a extorqué ces promesses par force, ou que j'ai été trompé dans le Traité, ou sur la valeur de ce que je donnois, ou sur la valeur de ce que je recevois ; si je juge que mes voisins à qui j'ai promis ne m'ont pas tenu de leur côté exactement leurs promesses ; si je juge qu'ils ne me rendent pas tout ce que juge qu'ils me doivent ; si je juge qu'ils se serviroient de l'execution de mes promesses pour me nuire, pour me detruire ; il m'est permis, je suis le maître, j'ai la liberté

d'Henri le Grand. 109
de ne le pas executer : or aprés le Traité d'Arbitrage je n'aurois plus pareille liberté.

Il est certain que chacun de ces vingt-quatre Chefs de familles, que chacun de ces vingt-quatre Chefs de Bourgs peut tenir un semblable discours, cependant on voit par l'experience qu'ils préferent la dépendance de l'Arbitrage à cette prétenduë liberté ; il faut donc bien qu'ils ayent senti qu'ils ne perdroient rien en renonçant à cette liberté, ou que s'ils perdoient quelque chose d'un côté, ils gagnoient de l'autre incomparablement davantage. Il faut bien qu'ils ayent jugé qu'il falloit préferer cette sorte de dépendance pour se délivrer d'une autre dépendance incomparablement plus terrible où ils étoient à l'égard de leurs ennemis.

2. Je conviens que cette liberté qu'a un Souverain de tenir ou de ne pas tenir ses promesses à ses voisins, selon qu'il le juge, ou juste ou conforme à ses interêts, seroit un grand avantage pour lui ; si tous ses voisins n'avoient pas pareille liberté de se tenir dispensez de lui tenir parole, selon qu'ils le jugent ou juste ou

conforme à leurs intérêts ; mais comme ils ont tous pareille liberté à son égard, ce n'est plus un avantage pour lui, ce n'est plus une prérogative.

Au contraire, comme il est certain que le Commerce seroit trésborné entre les hommes, s'ils ne pouvoient pas se fier aux promesses les uns des autres, & qu'il n'y a que le Commerce qui enrichisse ; il est certain aussi qu'il faut pour entretenir ce Commerce, qu'il y ait sûreté suffisante de l'execution des promesses ; or si chacun des contractans a la liberté d'executer ou de ne pas executer ses promesses selon sa fantaisie, ou son propre jugement; il n'y aura nulle exactitude dans cette execution, & par consequent, nulle sûreté suffisante, nulle confiance réciproque, & bien-tôt nul Commerce que par la livraison actuelle des choses échangées ; ainsi quiconque voudroit garder cette liberté seroit obligé de renoncer au Commerce permanent, & par consequent à un trés grand avantage.

Je sçai bien qu'il peut y avoir des Treves, & par consequent des Commerces paſſagers entre les Nations & les Chefs de Nations; mais l'utilité de ces Commerces paſſagers n'eſt-elle pas elle-même une demonſtration que cette utilité ſeroit incomparablement plus grande ſi le Commerce étoit permanent, & il ſeroit permanent, ſi par un Traité d'Arbitrage les Souverains étoient convenus ſur l'execution ou la non execution des promeſſes reciproques, de s'en rapporter toûjours, non à leur jugement particulier qui cauſe les Guerres & l'interruption du Commerce, mais au jugement de leurs pareils, qui feroit éviter toute Guerre, & qui entretiendroit toûjours le Commerce.

3. Nous avons déja vû que celui-là n'a pas véritablement la liberté de faire quelque choſe, s'il ne peut la faire ſans en craindre les ſuittes: or un Souverain peut-il manquer à ſa parole ſur quelque pretexte que ce ſoit, peut-il ſe diſpenſer d'executer la promeſſe qu'il a faite à ſon voiſin ſans s'attirer l'indignation de ceux qui ſont témoins de cette mauvaiſe foi.

4. La Hollande eſt un Etat en

non Arbitrage avec les autres Etats voisins. Cet Etat a la liberté d'executer ou de ne pas executer ses Traitez avec ses voisins ; mais est-ce un avantage pour cette Republique, tant que ses voisins ont pareille *liberté* d'executer ou de ne pas executer leurs promesses ; qui est-ce qui osera dire que si cet Etat renonçoit à pareille liberté pour s'en rapporter au jugement de tous ses pairs, de tous les autres Souverains d'Europe, à condition que tous ces Souverains renonceroient à pareille *liberté* pour suivre ce Jugement ; qui est-ce, dis-je, qui oseroit soutenir que les Hollandois y perdroient quelque chose ; qui ne voit au contraire, qu'en demeurant aussi Souverains qu'ils le sont, ils gagneroient beaucoup à ce marché, puisqu'ils ne seroient jamais obligez d'entrer en Guerre pour faire executer aucun Article d'aucun Traité, & que par ce moyen le cours de la principale source des richesses de leur Etat, le Commerce exterieur, ne seroit jamais interrompu ? Or si la Republique de Hollande ne perd rien en perdant cette liberté chimerique, peut-on dire que
le

le Roi de Dannemarck, que le Czare ou tel autre Prince perdît quelqu chose en y renonçant; peut-on dire même que cette renonciation, aux conditions que nous avons dites ne leur seroit pas à tous extrémement avantageuse. N'est-il pas évident au contraire, qu'ils augmenteroient réellement leur liberté en assurant leurs droits.

Voilà de ces difficultés qui ne durent qu'autant que durent les équivoques sur lesquelles elles sont fondées. Voilà de ces avantages qui disparoissent dés que l'on envisage les desavantages qui en sont inséparables.

REPONSE AU TROISIEME ARTICLE.

Diminution du Droit de proprieté.

1. Il n'y a aucun de ces vingt-quatre Chefs de famille, il n'y a aucun de ces vingt-quatre Chefs de Villages, qui avant la convention d'un Arbitrage permanent, ne puisse dire avec autant de fondement que le Czar..

Nulle Loi ne peut attribuer à aucun de mes voisins aucune proprieté d'aucun païs, d'aucune chose à mon préjudice » à:

mon exclusion, ainsi j'ai droit sur tous les païs de la terre, en ce sens la tout est à moi, à moins que par un Traité, par une convention, je n'aye renoncé à mon Droit sur quelque païs, sur quelque chose, en faveur de quelqu'un ; comme je ne suis assujetti à aucune Loi, il n'y a qu'une pareille renonciation de ma part qui puisse restreindre mes droits, & lui donner la propriété de ce païs, de cette chose, à mon exclusion, & même il n'a de sureté de cette propriété, qu'autant de tems que je jugerai à propos d'executer ma renonciation.

Il est bien certain qu'il n'y a aucun de ces vingt-quatre Chefs de famille, aucun de ces vingt-quatre petits Souverains, Chefs de Village, ou Chefs de Bourg, qui ne puisse tenir un semblable discours ; mais pour preuve que ce discours n'a rien de solide, & qu'ils ne font aucun cas d'un pareil droit sur toute la terre qui leur est disputé par tous les hommes qui l'habitent, c'est que ce droit si merveilleux par son étendue, ne les a pas empêché d'établir entre eux un Arbitrage, une Police, ou bien si en naissant ils ont trouvé cet Arbitrage tout établi, cette Police toute établie, ce magnifique droit ne les a pas empêché de demeurer sous la protection de l'Arbitrage leur accordoient sans croire avoir rien perdu en renonçant aux biens que les Loix attribuoient à d'autres.

2. Je conviens que ce Droit du Czar sur tous les biens, sur tous les païs des autres Souverains de l'Europe & du reste de la terre, seroit un droit magnifique, je conviens que ce seroit quelque chose de solide & de réel ; si tous les autres Souverains n'avoient pas pareil droit sur tous ses biens, & sur tous les païs dont il est en possession ; mais dés qu'ils ont un droit semblable, son droit sur toute la terre n'est plus qu'un droit chimerique qui ne vaut pas la proprieté incontestable, & bien assurée du moindre Village qui seroit dans le voisinage de son Etat.

Il est bien vrai que tant qu'il n'aura point signé de Traité d'Arbitrage, il conservera tout son droit contre les autres ; mais comme tous les autres conserveront tout leur droit contre lui, il ne peut avoir aucune proprieté assurée & incontestable, que fondée sur ses propres forces, au lieu que dans l'Arbitrage cette proprieté lui seroit assurée, non seulement par ses propres forces ; mais encore par toutes les forces de l'Arbitrage & de tous les autres Souverains, ce qui opereroit une proprieté absolument incommutable pour lui & pour toute sa posterité.

Ainsi le Czar peut-il jamais regarder comme un avantage un droit, qui tandis qu'il n'y renonce pas rend la possession de ses Etats aussi inconstante pour lui & pour sa posterité, que la fortune de la Guerre est elle-même inconstante ; n'a-t-il pas au contraire un trés-grand interêt de *renoncer* à son droit contre les autres, afin d'obtenir d'eux tous qu'ils *renoncent* à leurs droits contre lui.

3. N'est-il pas certain que celui-là n'a pas un veritable droit sur un certain bien, s'il ne peut jamais s'en mettre en possession sans en craindre les suites : or que le Czar veüille exercer son droit sur la Pologne, sur la Turquie, sur la Suede, sur l'Allemagne, il verra s'il n'a pas à en craindre les suittes ; il verra si la proprieté de la Moscovie même lui est bien assurée.

4. La Republique de Luques peut dire avec le même fondement que le Czar, qu'elle a droit sur tous les Etats de la terre, & même sur la Moscovie, tant que par un Traité d'Arbitrage elle n'a point renoncé à tout droit, à toute prétention sur les Etats dont ses voisins sont en actuelle possession. Or loin que ce soit un avantage de conserver un pareil droit, n'est-ce pas au contraire un grand desavantage pour elle de n'y avoir pas encore renoncé par un Traité d'Arbitrage, puisqu'elle n'auroit pû y renoncer, que tous les Etats voisins n'eussent renoncé de leur côté par le même Traité, à tous leurs droits sur les terres de cette Republique, & que le corps entier de l'Europe, ce corps Politique tout puissant, uni par l'Arbitrage, seroit garant de l'execution de cette renonciation réciproque.

Ainsi loin que le Czar par une renonciation solemnelle aux Etats de ses voisins diminuë son droit de proprieté, il l'augmenteroit au contraire par la sûreté qu'il acquereroit pour lui & pour sa posterité, de posseder tranquillement les Etats dont il est en possession, mais dont la possession pourra toûjours lui être disputée à lui & à ses descendans, par ses voisins & par ses sujets mêmes, tant que la Police generale de l'Europe ne sera point établie ; or un des fondemens de cette Police, c'est cette renonciation reciproque de tous les Souverains ; il n'a présentement aucune proprieté incommutable d'aucune chose, pas même de ce qu'il possede, & il l'auroit parfaite par cet établissement.

Reponse au Quatrieme Article.

La force ne seroit plus la raison décisive.

1. Il n'y a aucun de ces Chefs de famille, petits Souverains dans leur famille, qui avant de se metttre en Arbitrage, ne puisse dire avec le même fondement que le Czar, que *pour obtenir ses prétentions contre son ennemi, il n'a point de juges à solliciter ; qu'il n'a qu'à être le plus fort, qu'il n'a qu'à le vaincre à force ouverte ou par surprise :* D'où vient cependant qu'aucun Chef de famille ne tient de pareils propos, c'est qu'il a senti que

la Societé avec ses voisins , avec ses parens, valloit mieux que la non Societé, & qu'il n'y a point de Societé sans Arbitrage, c'est qu'il a senti que même pour le plus fort , il vaut infiniment mieux terminer ses differens par l'Arbitrage que par la force, comme nous l'avons montré dans la huitiéme Consideration.

2. Il est évident qu'à l'égard du plus foible, renoncer au droit de terminer ses differens par la voye de la force, ce n'est pas renoncer à un avantage.

3. Il est évident qu'entre deux ennemis égaux en forces , en ruses, s'ils renonçoient au droit de terminer leurs differens par la force ; ils ne renonceroient à aucun avantage , puisque par la voye de la force dans les moindres differens il faut risquer une grande dépense, toute sa fortune, tous ses biens, & sa vie même , au lieu que par la voye de l'Arbitrage chacun ne risque que ce qui fait le different, que ce qui est en contestation.

4. Par la voye de la force chacun doit toûjours se tenir sur ses gardes, autant armé que son voisin : or il

en coûte beaucoup pour se tenir ainsi sur ses gardes, & pour fortifier ses frontieres, au lieu que par la voye de l'Arbitrage, comme chaque membre est sous la protection du corps, il n'en coûte rien pour se tenir sur ses gardes, puisque l'usurpateur seroit forcé de rendre avec interêt, & qu'il n'y auroit point de violence, quand chacun sçauroit qu'aucune violence ne seroit jamais mpunie.

5. Non seulement il en coûte beaucoup pour se tenir sur ses gardes; mais l'esprit n'est pas même en repos avec toute cette dépense, parce que chacun étant environné d'ennemis interessés à sa destruction, chacun peut craindre des surprises, des empoisonnemens, des ligues, des revoltes, des conspirations favorisées par les Etrangers, toutes choses qui rendent la vie inquiete & agitée, & qui font dire qu'il vaudroit mieux être moins riche, moins puissant, avec beaucoup de tranquilité, que d'être si puissant avec tant d'inquietude, c'est que l'inquietude est une maladie qui lorsqu'elle est vive & continuelle, ne permet pas de goûter les richesses & la puissance.

6. Les voisins dans le non Arbitrage sont necessairement obligez d'entrer à la fin, ou même dés le commencement, dans les querelles des autres, de peur de laisser prendre trop de superiorité au Victorieux, ou à celui qu'on croit le plus fort.

7. Il y a une distinction à faire sur le plus fort; ce plus fort à l'égard d'un voisin plus foible, est souvent lui-même le plus foible à l'égard d'un voisin plus fort : or il est visible que dans cette situation celui qui n'est le plus fort que relativement doit preferer la voye de l'Arbitrage; car d'un côté il est bien plus sûr que le plus fort absolument, ne le laissera jamais se fortifier aux dépens du plus foible, qu'il n'est sûr que le plus fort absolument ne se fortifie pas aux dépens du plus fort relativement.

8. A l'égard du plus fort de tous les voisins, c'est-à-dire de celui qui est absolument le plus fort, il trouveroit de même un grand avantage à preferer la voye de l'Arbitrage à la voye de la force; en voicy les raisons. 1. Il est certain que les moins forts, pour leur commune sûreté, s'uniront con-

tre lui dés qu'il attaquera quelqu'un des foibles, & alors de plus fort qu'il étoit, il pourra bien devenir le plus foible, & perdre non seulement ce qui a fait le sujet de la Guerre, mais encore toute la dépense de cette Guerre : & qui sçait si devenus Superieurs ils ne lui ôteront pas la moitié de ses Etats, tant pour se dédommager de ce qu'il a pris sur eux, que pour s'en fortifier eux-mêmes, & pour n'avoir plus à le craindre comme le plus fort. 2. Ce plus fort peut devenir vieux, infirme, incapable d'affaires, & tel qu'aucun de ses Ministres ni de ses proches ne le craindra presque plus, la division se mettra entre les Grands de son Etat sur le partage d'autorité ; Guerres civiles : alors ce Prince sera-t-il le plus fort, & ne lui auroit-il pas été avantageux lors de sa grande force, d'avoir contribué à établir l'Arbitrage pour être sûr de passer tranquillement les derniers tems de sa vie, sans avoir rien à craindre des divisions Domestiques, ni des revoltés des Provinces, ni des conspirations des Grands. 3. Il est impossible que dans sa posterité il n'y ait beaucoup de Regences & de Minoritez ; il est impossible que dans plusieurs de ces Regences il n'y ait de grandes divisions parmi les Grands, & des Guerres civiles dans l'Etat, où sa Maison pourra être boulversée & aneantie ; ne vaudroit-il pas mieux pour prévenir les grandes maladies qui sont inévitables dans le cours des siécles, & qui regardent sa maison comme son Etat, & pour affermir inébranlablement sa maison sur le Trône, il contribuât pendant la superiorité de sa force à établir l'Arbitrage, & qu'il travaillât ainsi à acquerir à sa maison un Protecteur suffisamment affectionné, suffisamment puissant, & sur tout immortel. 4. Nous avons dit qu'il n'y a que le Commerce qui enrichisse les Particuliers & les Souverains, que le Commerce exterieur augmente extrémement son revenu ; cependant il ne sçauroit s'assurer de cette augmentation s'il ne préfere l'Arbitrage, qui est la seule voye de terminer les differens entre voisins sans interrompre leur Commerce. 5. Nous avons dit ailleurs, qu'un Prince sage qui peut prévoir l'avenir, préferera toûjours pour sa maison, l'avantage de la faire durer sur son trône deux ou trois mille ans, enfin autant de tems qu'il y aura des mâles, que de la faire monter sur le Trône de l'Europe, pour la voir anéantie par les conspirations domestiques, des Generaux, des Ministres & des Favoris, trente ou quarante ans aprés. Comme nous avons démontré ailleurs que cela devoit necessairement arriver de l'extrême ambition des Courtisans & de l'impunité attachée à l'Usurpateur.

Il est donc visible que le Czar, supposé qu'il fût le plus puissant Souverain de l'Europe ne devroit employer la superiorité de ses forces & de sa puissance presente qu'à procurer l'établissement de l'Arbitrage, comme lui étant à proportion aussi avantageux qu'il l'a été aux premiers Chefs de famille de la terre, & qu'il l'est encore à nous autres qui sommes leurs successeurs. Il est visible qu'il doit souhaiter pour lui & pour sa posterité, que la force ne soit pas toûjours la raison décisive, à moins qu'elle ne soit unie à la justice qui conserve à chacun ce qui lui appartient.

Reponse au Cinquieme Article.
Perte de la Superiorité, augmentation de dépendance.

1. Que l'on y fasse attention, & que l'on considere bien la situation de ces vingt-quatre Chefs de famille, de ces vingt-quatre Chefs de Village, avant qu'ils ayent fait aucune convention, aucun Traité d'Arbitrage, avant qu'ils soient convenus de se soumettre à aucun Reglement de Police, à aucune Loi; il est évident qu'il n'y a aucun d'eux qui ne puisse dire avec autant de verité que le Czar, *qu'il est Juge, & seul Juge dans sa propre cause & dans toutes ses prétentions, qu'il ne reconnoît aucun Superieur sur la terre, qu'il ne doit compte qu'à Dieu de ses actions, qu'il n'a que Dieu au dessus de lui, qu'il n'est obligé d'apporter d'autre raison de ses entreprises, de son procedé à l'égard de ses voisins & de ses pareils, sinon, que tel est son plaisir.*

Il est certain qu'il peut dire avec le même fondement que le Czar, que s'il convenoit d'un Traité d'Arbitrage permanent, qu'il se donneroit des entraves qui l'empêcheroient d'envahir le bien des autres, qu'ayant des Arbitres au dessus de sa tête, il seroit forcé de leur obéïr, lui qui n'obéït à personne, en un mot qu'il se mettroit ainsi en tutelle, en curatelle, lui qui n'a besoin ni de Tuteur ni de Curateur.

D'où vient donc que tous les premiers Chefs de famille, devant être dans ces sentimens, devant tous faire un si grand cas de cette précieuse *indépendance* qui est si essentielle à leur Souveraineté, ne sont pas toûjours restez de petits Rois voisins, & toûjours ennemis mortels les uns des autres; la raison est sensible, c'est qu'ils ont senti la peine que leur causoit la dépendance fâcheuse & trés-réelle où ils étoient tous les uns à l'égard des autres, dont ils pouvoient se délivrer par une dépendance beaucoup moins fâcheuse d'un Arbitrage permanent.

Ils n'ont pas regardé cette prérogative de l'indépendance d'un Arbitrage, comme un bien, comme une prérogative réelle, mais au contraire comme une prérogative chimerique qui les laissoit dans la plus cruelle situation où l'on puisse être avec des voisins, qui est d'être toûjours à la veille d'être pillez, brûlez, assassinez les uns par les autres, & c'est ce qui a fait que jusqu'à la premiere convention d'un Arbitrage, les hommes ont dû être bien des siécles sans multiplier, puisqu'avant cette salutaire invention tout voisinage étoit une maladie contagieuse & mortelle qui n'épargnoit que les femmes & les enfans, & seulement quand le Vainqueur ou l'assassin croyoit qu'ils pouvoient lui servir sans pouvoir lui nuire.

Enfin il s'est formé une premiere Societé, sur le fondement d'un premier Arbitrage ; je demande, avoient-ils tort ces premiers Chefs de famille, d'aimer mieux dépendre d'un Arbitrage commun, que de dépendre de la fantaisie, de l'avarice, de l'ambition, de la jalousie, de la colere, de la vangeance les uns des autres ; avoient-ils tort d'aimer mieux obeïr à des Arbitres justes & amis, que d'obeïr à des ennemis fiers, insolens, injustes, cruels ?

Avant cette convention, qu'on me dise si ces Chefs de famille n'étoient pas les uns à l'égard des autres, en même proportion que les Chefs de Nation sont les uns à l'égard des autres, & qu'est-ce que je

L iiij

propose à ceux-ci, sinon d'étendre cette salutaire invention des Chefs de famille aux Chefs de Nation; qu'est-ce que je prétens, sinon de faire évanoüir à leurs yeux, & aux yeux de tous mes Lecteurs, des privileges, des avantages chimeriques du *non Arbitrage*, pour faire sentir au doigt & à l'œil, des avantages immenses & trés-réels de l'Arbitrage.

Qu'on ne m'impute point de proposer une nouveauté, je ne sçai rien dans la Société de plus ancien que ce que je propose ; nous sommes nous-mêmes témoins des bons effets que cet Art a produit tout imparfait qu'il est encore parmi nous. Je propose que les Souverains en fassent l'experience seulement vingt ans durant, que craignent-ils ? ne seront-ils pas toûjours les maîtres, si tous le trouvent plus fâcheux que le non Arbitrage, de rompre tous la Société avec la même facilité qu'ils l'ont commencée, s'ils trouvent qu'à tout prendre cet établissement leur est à tous plus desavantageux qu'avantageux, qu'ils ne fassent tous qu'une Trêve de vingt-ans, avec cette seule clause, que pendant ce tems-là ils essayeront des avantages d'un Arbitrage de vingt ans, pour les differens qui surviendront entr'eux dans cette espace.

2. Est-il bien vrai que le Czar soit seul Juge dans ses differens avec ses voisins, chacun d'eux ne pretent-il pas de son côté être comme lui, seul Juge dans sa propre cause ; s'il se croit leur Juge, ne se croyent-ils pas ses Juges ?

Est-il bien vrai qu'il ne doit compte à personne de ses actions, ses voisins n'en peuvent-ils pas dire autant, & n'a-t-il pas lui-même experimenté qu'il doit compte à ses voisins de ses entreprises ?

Est-il bien vrai qu'il n'a & qu'il ne peut jamais avoir aucun Superieur sur la terre, il faudroit pour cela qu'il fût invincible, & n'a-t-il pas experimenté qu'il ne l'étoit pas ? Or le Vainqueur n'est-il pas un veritable Superieur, & Superieur d'autant plus formidable qu'il est ennemi, qu'il cherche à se vanger & à profiter des dépoüilles du vaincu, au lieu que l'Arbitrage ne seroit point un Superieur formidable pour lui, n'étant point son ennemi, au lieu que l'Arbitrage ne chercheroit point à se vanger n'étant point offensé, & que loin de vouloir le dépoüiller, & profiter de ses dépoüilles, il ne se serviroit de sa superiorité que pour lui conserver ses Etats, & le proteger contre son ennemi, c'est tout ce que feroit la superiorité d'un pere à l'égard de ses enfans : or que l'on compare la dépendance où les enfans sont à l'égard de leur pere, Arbitre de leurs differens, à la dépendance où un vaincu est à l'égard de son ennemi, puissant, avide de biens, irrité, & ne trouvant de sûreté entiere pour lui, que dans la destruction totale de la famille du vaincu.

Est-il bien vrai que le Czar n'a d'autres raisons à apporter au Turc, au Suedois, sinon que *tel est son plaisir* ; les autres ne peuvent-ils pas lui tenir le même langage, & qu'est-ce donc qu'une prérogative qui est parfaitement commune à tous les pareils, n'est-ce pas une prérogative trés chimerique ?

A l'égard des entraves, quelles entraves lui donneroit l'Arbitrage, qu'il n'ait pas dans le non Arbitrage : si le Czar veut envahir la Turquie, la Suede, ne trouvera-t-il rien qui l'embarasse dans son chemin, ne trouvera-t-il nulles entraves à ces entreprises, les entraves après tout ne sont dans l'Arbitrage que pour les méchans, que pour les turbulens, que pour les perturbateurs du repos public, pour ceux qui veulent envahir le bien d'autrui : Les Chefs de Nations, sur tout dans les tems de foiblesse, ne sont-ils pas trop heureux d'avoir pû trouver le même secret que les premiers Chefs de famille, de donner des entraves aux voisins méchans, scelerats, voleurs, usurpateurs.

Dans le non Arbitrage, il y a entraves pour tous les voisins ; les méchans, les injustes n'y sont pas plus en sûreté que les bons, que les justes, toutes leurs entreprises sont sujettes à opposition : mais tous sont dans la malheureuse necessité d'être mechans, au lieu que dans l'Arbitrage, les bons, les justes, ont toute liberté, puisqu'ils ne veulent faire mal à personne, & les méchans sont dans la necessité d'être bons, ou du moins justes, parce qu'ils ne peuvent plus esperer d'être injustes &

heureux, d'être meurtriers, voleurs, & de joüir du fruit de leurs meurtres & de leurs voleries : Le Souverain homme de bien n'a nulles entraves qui l'empêchent de s'enrichir innocemment par son travail, par son industrie, c'est-à-dire par son habileté ; il n'y a que le Souverain méchant & injuste à qui l'Arbitrage en donne, pour l'empêcher de piller ses voisins gens de bien, & de s'enrichir à leurs dépens, & pour l'empêcher d'être détruit lui-même par ceux qu'il veut dépoüiller.

Enfin nous venons de démontrer l'avantage immense qu'il y a pour tous les Souverains à convenir de renoncer mutuellement à prendre rien par force les uns sur les autres ; nous avons démontré en même tems que ces renonciations mutuelles, que ces prétenduës entraves étoient le fondement du plus grand bonheur des Souverains : or n'est-ce pas sotise d'appeller du nom odieux d'entraves une convention si sage, si sensée, si utile à tous les interessez, & si glorieuse pour la raison humaine.

3. Le Czar qui a étudié le Commerce, a vû de ses yeux, en Hollan-

de & en Angleterre, que le Commerce peut bien plus facilement enrichir un Souverain que les Conquêtes, & que cinquante millions employez pour faire fleurir le Commerce lui rapporteront bien davantage que le succés d'une Campagne heureuse, que ce profit sera bien plus solide, & hors de tout danger, que la gloire de passer ses pareils en sagesse, en rendant ses peuples opulens & heureux, & sans causer de mal à personne, est bien plus grande, que celle qui ne peut s'acquerir sans faire un grand nombre de malheureux, & sans causer la mort & la ruine d'une infinité de personnes.

4. Que veut-on dire par se mettre en tutelle, en curatelle, n'est-ce pas abuser des termes ; comment peut-on dire que le Czar, en se mettant en Arbitrage se mettroit en tutelle, en curatelle ; dira-t-on que les premiers Chefs de famille, en se mettant en Arbitrage, se sont mis en tutelle, en curatelle; on donne un tuteur à des enfans, un curateur à un imbecille, & on ne les empêche de disposer de leurs biens, que par l'avis d'un homme sage interessé à leur bonheur,

mais on n'en donne point aux majeurs, & à ceux qui ne sont point tombez dans l'imbecilité ; or l'Arbitrage empêchoit-il ces premiers Chefs de famille de disposer de leurs biens à leur fantaisie ; l'Arbitrage Européen empêchera-t-il aucun Souverain, ni petit ni grand, de disposer de ses revenus & de ses biens, tout comme il faisoit & pouvoit faire avant l'établissement de l'Arbitrage.

5. Chaque Nation a son Arbitrage ; or nôtre Arbitrage nationnal nous met-il tous tant que nous sommes de Chefs de famille, en tutelle, en curatelle ; nous ôte-t-il la disposition de nos biens ; au contraire, c'est sous sa protection que nous avons une plus grande liberté d'en disposer que si nous vivions sans protection & dans l'Anarchie.

6. Cet Arbitrage Nationnal fait plus, il protege les mineurs & les imbecilles, il leur donne des tuteurs, des curateurs, & les protege puissamment contre tous ceux qui voudroient attenter à leurs biens ou à leur vie, & c'est ce que feroit l'Arbitrage Européen à l'égard des Rois mineurs & des Rois imbecilles ; il

leur procureroit une entiere sûreté pour leurs perſonnes, pour leurs biens, & garantiroit leurs Etats de toutes Guerres civiles & Etrangeres: Qu'on me diſe donc ce que l'on veut dire par ces grands termes de tutelle & de curatelle dont on veut étourdir les ſots, qu'on reponde aux preuves contraires que j'ai données, que dans l'Arbitrage il y auroit plus de veritable liberté pour chaque Souverain, que dans le non Arbitrage.

7. Loin que le Czar en entrant en Arbitrage diminuë en rien la libre diſpoſition de ſes biens, & l'autorité qu'il avoit de les gouverner ſelon ſon bon plaiſir, il l'augmente au contraire conſiderablement, comme nous l'avons montré ailleurs, en augmentant ſon autorité dans le gouvernement de ſes Etats, en ce que ſûr deſormais du ſecours tout-puiſſant de l'Arbitrage Européen, il ne craindra plus les revoltes de ſes ſujets, lorſqu'il voudra faire parmi eux des établiſſemens trés-utiles pour eux tous; mais dont la grande utilité n'eſt ſouvent apperçûë que par un petit nombre d'eſprits excellens qui

ont l'experience de ces établissemens.

8. Ces idées d'*entraves*, *de tutelle*, *de curatelle*, font partie de l'idée de dépendance ; or comme nous venons de démontrer qu'il y a dans *l'Arbitrage* beaucoup moins de dépendance pour les voisins que dans le *non Arbitrage* ; nous avons démontré en même tems que ce n'étoit là que des noms odieux que l'on veut faire passer pour de bonnes raisons, & faire peur aux Souverains d'une dépendance ou legere ou chimerique pour les empêcher de se délivrer d'une dépendance trés-réelle & trés-fâcheuse.

9. Qui empêchera la Republique de Venise, la Republique de Hollande, & tout autre Etat Republicain, de dire avec le même fondement, & avec autant de verité que le Czar, qu'il est Juge, & seul Juge dans sa propre cause, qu'il ne reconnoît aucun Superieur sur la terre, qu'il n'a que Dieu au dessus de lui, qu'il ne doit compte qu'à Dieu de ses entreprises, & qu'il n'en doit apporter d'autres raisons, sinon que c'est son bon plaisir : ces magnifiques discours délivrent-ils cette Republique, cet Etat

Etat du danger où il est d'être attaqué & envahi par ses voisins, & d'être divisé par des guerres domestiques. Ceux qui gouvernent ces Etats sentent-ils que cette prétenduë prérogative les delivre de toute crainte, de toute dépendance des ennemis qu'ils ont au dehors & au dedans.

10. Peut-on croire que les Ministres de ces sages Republiques seroient détournez d'entrer en Arbitrage permanent avec leurs voisins, par la crainte d'augmenter leur dépendance, de se donner des *entraves*, par la crainte de mettre la Republique en *tutelle*, en *curatelle*; ne voit-on pas au contraire qu'ils seroient portez à entrer dans cet Arbitrage, par le désir de diminuer la terrible dépendance où ils seront toûjours de leurs ennemis, en se mettant sous la toute puissante & mutuelle protection de l'Arbitrage, fondée sur la convention de tous les membres, d'employer leurs forces pour la conservation de chacun d'eux contre toute espece de violence.

11. Que l'on imagine Venise comme un Etat beaucoup plus puissan lui seul que n'est la France; cette Re

publique ne verra-t-elle pas toûjours qu'en entrant dans l'Arbitrage elle n'auroit plus du tout à craindre de la mauvaise volonté de ses voisins & de ses Citoyens, au lieu qu'en demeurant en non Arbitrage, quelque puissante qu'elle fût, elle auroit toûjours à en craindre quelque chose, ce qui est, comme nous avons dit, une veritable & fâcheuse dépendance.

Il n'est donc pas vrai que le Czar perdît rien de sa Superiorité par cet établissement, il l'augmenteroit au contraire en diminuant la dépendance où il est à l'égard de ses voisins, & en faisant habilement ses plus zelez deffenseurs de ses plus grands ennemis.

On peut donc conclure que le seul moyen qu'ayent les Souverains les plus puissans de diminuer les sujets qu'ils ont de craindre & d'augmenter leur sûreté; c'est-à-dire de diminuer leur dépendance, & d'augmenter par consequent leur indépendance, c'est de faire usage de l'Arbitrage permanent, & de se servir ainsi de la même invention qui forma autrefois la premiere Societé permanente entre les premiers Chefs de famille, qui d'ennemis mortels les a rendus utiles les uns aux autres, qui a fait naître entre eux la confiance, la fecurité, le Commerce, les Arts, les Sciences, l'abondance, la Religion, la Juftice, la Charité, l'eftime, l'amitié, l'Indulgence, & toutes les qualitez & tous les talens qui contribuent à rendre les hommes plus vertueux & plus heureux.

N'eft-il pas évident que le plus puiffant Souverain reftant dans l'état barbare & infenfé du *non Arbitrage*, dépend beaucoup, c'eft-à-dire qu'il a beaucoup à craindre des membres de fa famille, des Grands de fon Royaume, de fes Miniftres, de fes Favoris, des peuples de fes Provinces, des efprits féditieux des grandes Villes, & de ceux mêmes qui gardent fa perfonne, au lieu que dans la Police fage & fenfée de l'Arbitrage vivant fous la protection commune du corps des Souverains ; il n'auroit jamais rien à craindre d'aucun de ces côtez, & fe délivreroit ainfi pour toûjours de ces fâcheufes dépendances du dedans.

N'eft-il pas de même évident que

dans le non Arbitrage le plus puissant Souverain a autant de Juges de ses actions qu'il a de voisins, soit separez, soit unis, & qu'il en dépend d'autant plus qu'il a à les craindre, qu'il n'a point de contestation sans Guerre, qu'il n'a point de Guerre où il ne s'agisse de tout pour lui, & que ses Juges sont autant d'ennemis vivement interessez à sa destruction, au lieu que dans l'état d'Arbitrage il en dépend à la verité comme de ses Juges, mais comme de ses Juges amis, alliez, vivement interessez à sa conservation, & que cette dépendance du dehors est d'autant plus diminuée.
1. Que les sujets de contestation seront desormais beaucoup plus rares & beaucoup moins importans. 2. Que ces Juges sçavent qu'il est leur Juge dans leurs differens. 3. Qu'ils sont d'autant plus interessez à lui rendre justice, qu'ils sçavent qu'ils seront jugez conformément aux mêmes regles qu'ils observeront, & aux mêmes principes qu'ils suivront en le jugeant.

Or je demande s'il n'est pas évident que ce Souverain en signant le Traité d'Arbitrage, & diminuant ainsi infiniment sa dépendance du dedans & sa dépendance du dehors n'augmenteroit pas infiniment sa souveraineté & son indépendance.

Si je dis que les sujets de contestation sont beaucoup plus rares dans l'Arbitrage que dans le *non Arbitrage*, c'est que les membres de l'Arbitrage conviennent de regles avec lesquelles il est aisé de discerner le *mien* du *tien*, & ces regles sont d'autant plus invariables & faciles à connoître, qu'elles sont écrites, & qu'elles sont faites sur même poids & sur même mesure, tant pour celui qui demande, que pour celui à qui on demande, au lieu que dans le *non Arbitrage* les prétendans n'ont aucunes regles écrites pour leur aider à faire ce discernement ; ils n'ont pour regle que leur propre équité, qui est d'autant plus variable qu'elle se sert de mesures & de poids trés differens en deffendant, de ceux dont elle se sert en demandant.

On voit donc que ceux qui font cette Objection ne se mettent pas assez à la place du Czar ou de tout autre Souverain ; la raison, c'est qu'étant eux ou leurs enfans sous la protection de l'Arbitrage de la Nation où ils vivent; ils font à couvert de toutes infultes, de tous pillages, de toutes violences, de tout aſſaſſinat de la part de leurs voiſins & de leurs pareils, de leurs Domeſtiques & de leurs ſujets, en un mot de tous leurs ennemis, ſoit du dedans, ſoit du dehors; ils n'imaginent pas que la condition du Czar eſt fort differente de la leur, & qu'il a à craindre tous ſes voiſins, & pluſieurs grands de ſon Etat, comme autant d'ennemis qui ne ſongent qu'à le ſurprendre, à ſe vanger de lui, à envahir ſes Etats, à profiter de ſes dépoüilles, & qu'ils y ſont d'autant plus portez, qu'ils regardent ſouvent ſa deſtruction comme l'unique ſûreté qu'ils puiſſent avoir de leur propre conſervation, ils ne ſongent pas qu'il a à craindre ſes ſujets en cent manieres differentes, ils ne ſongent pas que tous ces ſujets de craindre ſont autant de veritables *dépendances* dont ils croyent le Souverain exempt, parce qu'ils ne les ſentent point.

On voit enfin que toute la force de cette Objection qui embaraſſoit tant d'eſprits ne rouloit que ſur des équivoques & sur des idées confuses de *liberté*, de *dépendance*, d'*indépendance*, & que quand on a un peu éclairci les termes la difficulté s'évanoüit, on la cherche & on ne la trouve plus.

Si les inconveniens que l'on propose dans cette Objection étoient réels, comment n'auroient-ils pas éloigné Henri IV. & vingt autres Souverains, d'établir entre eux une Police generale, cependant Henri la propose & les autres l'aprouvent, il faut donc que loin de croire y perdre quelque chose de leurs esperances d'agrandissement de leur indépendance & de leur liberté, ils ayent vû évidemment au contraire qu'ils ne seroient jamais plus libres, plus riches, moins dépendans, & plus à couvert de toute crainte pour eux & pour leur posterité que par une pareille Police.

Il est incomprehensible comment cet inconvenient, de se mettre en curatelle en se mettant en Police, inconvenient terrible qui se presente si facilement à l'esprit de tout le monde, ne s'est point presenté à l'esprit d'Henri le Grand, durant plus de dix ans qu'il a eu continuellement dans la tête le projet de la Police Européenne; il est incompréhensible comment il n'en a pas vû la réalité, lui qui avoit un si grand sens & un si grand interêt à la chose. Il n'y a à cela qu'une seule reponse pertinente; c'est qu'il n'a point vû cet inconvenient, parce que ce n'étoit rien de réel.

Et effectivement ce n'est qu'un inconvenient imaginaire qui ne peut venir à l'esprit, que de gens, qui étant protegez par une bonne & puissante Police, n'ont rien à craindre ni de leurs voisins, ni de leurs Domestiques, ni des membres de leurs familles, ils n'ont nulle idée juste de la veritable situation de tous ceux qui comme nos Souverains sont encore dans l'impolice entr'eux. Un bon Marchand de Paris, d'Amsterdam, indépendant de ses voisins, tranquille à l'abri des Loix & d'une Police particuliere, voit combien l'on craint les Souverains; mais il ne voit pas combien faute d'une bonne Police generale, ils craignent eux-mêmes, soit de leurs voisins, soit de leurs propres sujets.

Ceux

Ceux qui font l'Objection ne sçauroient que répondre à l'Article d'Henri IV. l'argument les frappe; mais pour s'étourdir & pour ne se pas rendre, ils se trouvent réduits à douter du fait, aussi c'est en partie pour achever de les pousser à bout que j'ai crû à propos de mettre à la fin de ce tome de nouvelles preuves incontestables d'un fait aussi celebre & aussi important.

Je n'ai plus qu'à répondre à un reproche qu'un homme d'esprit de mes amis m'a fait, & que d'autres me feront aparemment. A quoi bon, m'a-t-il dit, ce grand apareil de Considerations, pour répondre à une Objection frivole, & qui n'est dans le fond qu'un sophisme fondé sur quelques malheureuses équivoques; pourquoi nous faire perdre une heure à voir un combat serieux contre un fantôme?

Je reponds donc qu'il faut songer qu'un grand nombre de gens d'esprit ne verront la foiblesse de l'Objection, qu'ils n'appercevront que ce n'étoit effectivement qu'un vrai fantôme, qu'aprés qu'ils auront eu la patience de lire ces Considerations, & qu'il y en aura même, qui faute de les relire, douteront encore si le fantôme n'est pas quelque chose de réel.

Au reste, loin que ces sortes de reproches me fassent de la peine, je ne demande autre chose, sinon que beaucoup de Lecteurs m'en fassent beaucoup de pareils.

J'ai hesité si je ne devois point réduire les cinq Articles de cette Objection sous un seul, qui est de sçavoir si la *dépendance* où ces vingt-quatre Chefs de famille, ces vingt-quatre Chefs de Village, ces vingt-quatre Chefs de Nations qui sont dans le non Arbitrage avec les voisins leurs pareils diminuëroit, ou si elle augmenteroit par l'établissement d'un Arbitrage permanent entre eux, il est certain que j'aurois pû démontrer en quatre ou cinq pages aux Lecteurs d'un esprit superieur, que ces cinq Articles se réduisent effectivement à cette question ; ainsi j'aurois pû leur épargner quatre ou cinq autres pages de Réponses où je suis obligé de repeter en divers termes les mêmes principes ; mais j'ai affaire à une grande quantité de Lecteurs trés-importans qui n'ont pas l'esprit superieur, qui sont extrement en garde contre tout ce qui leur paroît nouveau, & qui veulent qu'en leur répondant je reponde à leurs propres termes ; ils ont besoin qu'on leur demêle les équivoques de ces termes, parce que c'est dans ces équivoques que consiste la force de leur Objection, cette consideration m'a donc déterminé à ne pas contenter les uns pour mieux contenter les autres ; je n'écris pas pour ceux qui voyent comme moi, & mieux que moi, ils n'ont pas besoin de toutes mes considerations & de toutes mes réponses, j'écris au contraire pour ceux qui ne voyent pas comme moi, ils sont encore en grand nombre, je suis forcé de les mener par degré à mon point de vûë, & si je veux qu'ils me suivent, c'est à moi à m'accommoder à leurs allures.

SECONDE OBJECTION.

Vous prétendez établir entre les Souverains une concorde que JESUS-CHRIST n'a pû établir solidement entre les Chrétiens même ; ont-ils cessez d'être divisez, ont-ils cessez de se haïr, de se regarder comme ennemis depuis l'établissement du Christianisme. Les particuliers n'ont pas la paix entr'eux, & vous voulez la donner aux Souverains, & la rendre même perpetuelle ; ne voyons-nous pas encore tous les jours des procez entre les Ecclesiastiques, entre des Religieux, entre des Evêques & des Chapitres, ne voyons-nous pas les Communautez Religieuses plaider contre d'autres Communautez Religieuses. C'est pourtant là l'élite du Christianisme, & les personnes les plus engagées par une profession particuliere à prêcher la paix aux autres, & à l'observer eux-mêmes. Les guerres entre les Princes, sont-ce autre chose que les Procez entre particuliers, prétendez-vous changer le cœur humain, prétendez vous faire avec vos raisonnemens plus que Jesus-Christ lui-même n'a fait jusqu'ici avec ses saintes Loix, avec ses grands miracles, avec ses terribles menaces, avec ses prodigieuses & solides promesses, pouvez-vous esperer que des motifs purement humains suffisent pour vôtre dessein ?

REPONSE.

1. Je ne prétens point changer le cœur humain, je ne prétens point bannir les differens, les contestations, au contraire, en supposant que les Souverains sont des hommes, il faut necessairement supposer qu'étant voisins ils auront des differens, & ce n'est même qu'en supposant ces differens que je leur propose la voye de l'Arbitrage pour les terminer ; mais je prétens montrer deux choses. La premiere, qu'en prenant la voye de l'Arbitrage, ces differens seroient dans la suite en moindre nombre & bien moins importans, & que cette voye seroit bien plus commode, bien moins ruineuse & bien moins dangereuse que la voye des armes ; je me borne uniquement à montrer que la voye de la violence que la nature nous donne commune avec les bêtes, ne doit pas être preferée à la voye de l'Arbitrage que nous tenons de la raison qui nous distingue des bêtes.

Or il est certain que cette preference a été donnée à l'Arbitrage dés les premiers commencemens de toutes les Societez que l'on voit sur la terre, & que pour la persuader aux Sauvages les plus grossiers, quatre mille ans avant l'Evangile, il n'a fallu que les premieres étincelles d'une raison grossiere.

2. Les particuliers, soit Chrêtiens, soit Mahometans, soit Chinois, ont des contestations entr'eux ; ils ont des procés, & ne laissent pas d'avoir la paix, c'est que rien ne se décide entre eux par les armes, ou par la voye de la violence & de la Guerre. Les voisins dans un même Etat ne sont pas toûjours en concorde, mais ils ne laissent pas d'être toûjours en paix.

La Paix signifie donc quelquefois Concorde, Tranquilité, quelquefois aussi ce terme ne signifie qu'exemption de Guerre, exemption de violence. Avant l'Evangile les hommes avoient trouvé le secret dans leurs contestations de n'être pas réduits à user de violence, & ce secret que les Chefs de famille avoient trouvé de faire juger leurs prétentions réciproques par leurs pareils, c'est ce même secret, c'est ce même expedient que je propose aux

Chefs de Nations pour faire juger les leurs par leurs pareils. Cet expedient qui est tout simple, tout naturel dans son origine, change-t-il de nature, devient-il surnaturel en passant des Chefs de famille aux Chefs de Villages, en passant des Chefs de Villages aux Chefs des grandes Villes, en passant des Chefs des grandes Villes aux Chefs de Nations.

3. Il y a une différence essentielle entre un Procez & une Guerre, c'est qu'une famille peut avoir un Procez contre une autre famille pour une succession, un Village contre un Village, pour quelque pâturage, une Ville contre une Ville, pour le partage de quelque bien commun, sans qu'aucune des Parties songe à prendre la voye de la violence pour terminer la contestation. Les Parties ont un Arbitrage, les Arbitres prononcent à la pluralité, & voilà la contestation finie, ils avoient la paix malgré la contestation, malgré la discorde, & ils la conservent toûjours en conservant leur Arbitrage, au lieu que les Souverains n'ont point de Procez entre eux, parce qu'ils ne sont point en Arbitrage. Ils ont de veritables

Guerres, & en auront toûjours, tant qu'ils ne feront point entre eux de *Compromis permanent* qui échangera alors leurs Guerres longues, ruineuses, infiniment importantes, en des Procez courts, de peu d'importance, & dont la décifion ne leur coutera rien. Or ont-ils befoin pour voir clairement cette prodigieufe différence de voye à voye, d'autres lumieres que des fimples lumieres d'une raifon commune à tous les hommes.

On voit donc que cette Objection n'eft fondée que fur une équivoque dans le mot de *Paix*.

Je ne viens pas propofer une exemption perpetuelle, de difcorde & de conteftation, mais feulement une exemption perpetuelle de violences, pour finir les difcordes & terminer les conteftations, & c'eft cette exemption perpetuelle de violences entre les Souverains d'Europe, que j'appelle *Paix perpetuelle* en Europe; or je demande fi pour leur perfuader de faire un Traité qui les garantiffe pour jamais, eux leur pofterité, des plus terribles malheurs où les hommes puiffent tomber dans cette vie, on a befoin d'autres motifs que de motifs purement humains.

TROISIEME OBJECTION.

Les hommes agissent souvent contre leurs interêts évidemment démontrez, témoin les duels, les jeux inégaux, les Lotteries inégales, les Princes sont des hommes, donc ils ne signeront jamais l'Arbitrage, quoique conforme à leurs interêts démontrez.

REPONSE.

1. Il n'est pas vrai que les hommes agissent souvent contre leurs interêts évidemment démontrez ; c'est que ce qui est évidemment démontré pour vous n'est pas évidemment démontré pour un autre, au contraire, ce qui fait agir les hommes, c'est ou une esperance d'être mieux, & par consequent une apparence d'un bien nouveau qu'ils auront en agissant, & qu'ils n'auront point en n'agissant point ; ou une crainte d'être pis qu'ils ne sont s'ils n'agissent point, & par consequent c'est une apparence d'un mal nouveau ; c'est-à-dire qu'ils agissent toûjours, parce qu'ils croyent augmenter leur bon-

heur, ou diminuer leur malheur en agiſſant.

Il eſt vrai qu'ils ſe trompent ſouvent ſur ces apparences de bien à déſirer, & ſur ces apparences de mal à éviter ; mais il eſt toûjours certain que lorſqu'ils ſe trompent & qu'ils agiſſent contre leurs veritables interêts, leur erreur ne leur eſt pas actuellement démontrée ; car alors ils agiroient pour être, à tout prendre, ou moins bien ou plus mal ; ce qui eſt contre la nature de celui qui agit & réellement impoſſible.

Auſſi ce qui fait que l'homme change de conduite, ce n'eſt pas qu'il deſire plus d'être mieux, ou qu'il craigne d'être plus mal dans un tems que dans un autre ; le principe de ſes actions, ſon principal reſſort eſt toûjours le même, mais c'eſt qu'il a changé d'opinion, ſoit par de nouvelles experiences, ſoit par de nouvelles reflexions ſur la nature du bien qu'il déſiroit, & qui lui paroît moindre, ou ſur la nature du mal qu'il craignoit, & qui lui paroît auſſi beaucoup plus petit qu'il ne lui avoit paru, ainſi c'eſt uniquement dans ſes erreurs que conſiſtent ſes folies ; c'est faute de démonstration actuelle qu'il demeure dans l'erreur, & il y a contradiction que quelqu'un demeure dans une erreur, la croyant erreur.

Il est vrai que l'homme agité d'une passion violente ; par exemple, de la fureur de se vanger, agit souvent contre ses interêts, en mettant sa vie dans un trés-grand peril ; mais il n'agit pas pour cela contre ses interêts évidemment démontrez ; car enfin s'ils étoient actuellement démontrez avec évidence, ils seroient apparens pour lui. Ces interêts lui paroîtroient actuellement tels qu'ils sont en effet ; c'est-à-dire qu'il lui paroîtroit qu'il vaut encore mieux pour lui souffrir une offense impunie, que de risquer sa vie : mais comme il met sa vie dans un trés-grand peril, il s'ensuit que dans le moment qu'il la risque il lui paroît qu'il y a pour lui un moindre mal à la risquer pour se vanger, qu'à ne la point risquer en ne se vangeant point ; donc ces vrais interêts ne lui sont pas alors actuellement démontrez.

Il est vrai de même, qu'un homme agité violemment de la passion de l'avarice, risque beaucoup à un jeu inégal & desavantageux pour lui ; mais l'avidité du gain lui fait paroître alors cette inegalité si petite, ce desavantage si peu considerable, & l'esperance du gain fondée sur un desir violent dispose tellement son esprit, que tout mis dans la balance, il lui paroît avantageux de risquer, de perdre vingt pour avoir quinze, & sur de fausses apparences, la crainte de perdre qui pourroit le retenir & l'empêcher de joüer, devient plus foible que l'esperance qui le porte à joüer, & il joüe, il a des experiences que ceux qui joüent & qui parient avec desavantage dans des jeux de hazard gagnent quelquefois, & cela joint au desir violent de gagner, suffit pour lui démontrer qu'il fait mieux alors de joüer que de ne pas joüer.

2. Si celui qui m'a fait l'Objection avoit dit les hommes agissent *toûjours* contre leurs interêts demontrez, il auroit fort bien conclu, *donc les Princes qui sont des hommes ne signeront jamais le Traité de l'Arbitrage :* mais il n'a pas dit *toûjours* parce que lui-mê-

me qui est un homme se feroit déclaré insensé avec tous les autres hommes; mais il a dit que les hommes agissent *souvent*; or de ce qu'ils agissent *souvent* contre leurs vrais interêts non démontrez, il ne s'ensuit nullement qu'ils ne conviendront *jamais* de signer un Traité qui seroit trés-conforme à leurs interêts démontrez.

3. De ce que les Souverains sont quelquefois agitez violemment d'ambition, d'avarice, d'amour, de vangeance, qui les font agir contre leurs plus grands interêts; il ne s'en suit nullement qu'ils n'ayent pas aussi quelques intervalles de raison où ils puissent agir conformement à leurs interêts démontrez, ainsi ce n'est pas perdre son tems que de travailler à leur bien démontrer qu'il seroit de leur interêt de signer ce compromis perpetuel, cet Arbitrage qui est l'unique moyen qu'ils ayent pour se garantir des suites funestes de leurs propres passions & des malheurs qu'ils ont à craindre des passions des autres, soit leurs pareils, soit leurs sujets?

4. L'Arbitrage n'est pas un preser-

vatif contre les passions ; mais c'est un préservatif sûr contre les suites funestes de ces passions, & c'est beaucoup ; l'Arbitrage peut bien ne pas rendre les hommes justes interieurement par rapport aux autres ; & c'est beaucoup puisque cette justice exterieure suffit aux hommes pour entretenir la Societé, & pour leur procurer les avantages immenses qui leur reviennent d'un Commerce permanent.

QUATRIEME OBJECTION.

Vous avez beau vous efforcer à montrer aux Souverains qu'il leur est infiniment plus avantageux de signer ce Traité d'Arbitrage, que de ne le pas signer, il leur restera toûjours quelque doute qu'ils n'ayent à y perdre plus qu'ils n'y pourront gagner, & ce doute suffira pour les empêcher de rien signer.

REPONSE.

1. Quand on leur demontre que ce traité ne leur ôte rien de réel, rien d'effectif, & qu'il leur donne beaucoup de choses qu'ils n'auroient pas

dans ce Traité ; pourquoi leur resteroit-il quelque doute ?

2. Ils ont fait divers Traitez ; ils ont balancé ce qu'ils perdoient par ces Traitez à ce qu'ils gagnoient, & quoiqu'ils n'eussent pas demonstration entiere, qu'ils eussent tout préveu, tout comparé ; ont-ils laissé de passer outre ; c'est que pour engager les hommes à traiter ensemble, il n'est pas necessaire qu'ils ayent des demonstrations si évidentes du profit ; il suffit qu'il y ait beaucoup plus d'apparence de profit d'un côté que de l'autre. Il reste des doutes dans le choix des deux Parties, mais on ne laisse pas dans ce doute d'en choisir un, c'est que les doutes ne sont pas égaux des deux côtez, & le parti dans lequel les avantages futurs paroissent plus grands, & dans lequel les doutes paroissent moins bien fondez est bientôt preferé.

CINQUIEME OBJECTION.

Dans le cours de plusieurs siécles, aprés que l'établissement de l'Arbitrage sera formé ; il peut arriver que les Rois de France, d'Espagne &

d'Angleterre se mettent en tête de conquerir & de partager l'Europe.

REPONSE.

Cette Objection ne contient presque rien que ce que contiennent les Objections 42. & 46. du second Tome ; ainsi on peut joindre la reponse suivante aux autres reponses.

1. Il faudroit que ces trois Rois fussent absolument insensez : or trois insensez sur ces trois thrônes en même tems est un évenement qui n'arrivera peut-être pas en cent mille ans. Ils seroient insensez, car enfin le motif unique de leur union, c'est 1. Le partage des Etats de l'Europe. 2. La conservation de leurs Etats héréditaires. 3. La conservation de leurs Etats conquis. Or quelle sûreté suffisante ont-ils d'executer leur Traité de partage, & aprés qu'ils auront partagé, quelle sûreté que l'un n'ait pas une contestation avec son voisin, & qu'il n'ait pas à s'en plaindre, soit pour le passé, soit pour le present, soit pour l'avenir, soit pour les Frontieres, soit pour le Commerce, soit pour le Ceremonial ; car on se broüille même pour des bagatelles

telles ; ainſi quelle ſûreté ſuffiſante qu'ils n'entrent pas bien-tôt en Guerre. Or cependant ſans cette ſûreté ſuffiſante, que leur ſervira d'avoir fait des Conquêtes avec beaucoup de peines, de ſoins, de dangers, de dépenſe, & chargez de l'execration publique, ſans avoir aucune ſûreté ſuffiſante de pouvoir conſerver ni ces Conquêtes, ni même leurs Etats héreditaires, ſeulement autant de tems qu'ils ont été à les conquerir, quelle folie, que de ſortir de la ſûreté & de la protection ſuffiſante que donne l'Arbitrage ; car enfin, pourroient-ils compter pour ſûreté ſuffiſante de leurs engagemens réciproques, leurs ſermens, eux qui violent les ſermens ſolemnels qu'ils ont fait à leur avenement à la Couronne, & qu'ils ont ſouvent réiterez de ne jamais rompre l'union, & d'en executer toûjours toutes les conventions fondamentales, & les jugemens particuliers, & d'un autre côté ont-ils autre ſûreté que de pareils ſermens.

2. Si deux entrent en Guerre, quelle ſûreté pour eux de conſerver leurs Etats, toute leur fortune eſt

en l'air, ils n'ont rien d'assûré, pas même leur ancien Patrimoine, & leurs anciens Etats héreditaires; ils n'ont nulle sûreté suffisante, ni pour leurs biens ni pour leur famille, ni même pour leur propre vie; car alors le Vainqueur craindra de laisser la vie au vaincu, de peur que dans certaines révolutions il ne pût armer les mécontens, & se rendre ainsi redoutable, & cependant sans pareille sûreté suffisante; quelle folie dans une pareille entreprise.

3. Quand chacun de ces jeunes Conquerans se croiroit sûr de vaincre son Associé, & même ses deux Associez l'un aprés l'autre, & de devenir ainsi seul maître de l'Europe; ne seroit-il pas insensé de croire qu'il n'aura jamais rien à craindre, ni de ses enfans, ni des Princes de son Sang, ni des Gouverneurs de ses Provinces, ni d'aucun de ses Ministres, ni d'aucun de ses Generaux, ni d'aucun de ses Favoris. Or cependant sans pareille sûreté, quelle folie de se mettre en pareil danger.

4. Si ces trois Souverains sont inferieurs en forces à tous les autres Alliez de l'Arbitrage; quelle folie

de les attaquer, puisque ces Alliez seront d'autant plus unis, & que leurs peuples feront d'autant plus d'efforts pour vaincre, qu'il s'agit de leur conservation, & que les hommes agissent avec bien plus de force pour leur conservation que pour leur agrandissement.

5. S'il n'y en a que trois liguez ils seront sûrement inferieurs en forces, & de beaucoup inferieurs; c'est que leurs sujets, sans lesquels ils ne peuvent rien, seront tous taxez pour une pareille entreprise, & que loin de profiter dans la Guerre ils en perdroient leur Commerce, ainsi ce seroit double perte pour ces sujets, & du côté de la taxe, & du côté de la diminution de leur revenu pendant plusieurs années : or étant sûrs d'être protegez par le reste de l'Arbitrage, les Provinces, & sur tout les Provinces frontieres des Rois insensez & infideles se rangeroient bien-tôt du côté & sous la protection des Princes sages & fideles.

6. S'ils sont assez extravagans pour former un pareil dessein, leur extravagance paroîtra en d'autres choses : or quel crédit auront sur leurs M-

niſtres & ſur leurs Peuples, des Princes qui ne ſe feront remarquer que par leurs extravagances.

7. Si au lieu de trois Souverains inſenſez & infideles vous en ſuppoſez quatre, l'évenement eſt d'autant moins à craindre qu'il eſt moins poſſible, & il n'y a qu'à ſuppoſer tout d'un coup qu'un eſprit de vertige s'emparera en même jour de tous les Souverains d'Europe, cent ans après l'Arbitrage formé, & qu'ils voudront tous ſe faire la Guerre, cela n'eſt pas abſolument impoſſible; que conclure de cette poſſibilité abſoluë, direz-vous que les hommes ſoient fous de commencer un établiſſement trés-avantageux, parce qu'il peut être ruiné dans dix mille ans, dans cent mille ans, par un évenement auſſi extraordinaire que feroit une folie univerſelle. Il n'eſt pas abſolument impoſſible que toutes les Villes de France ne ſoient renverſées dans cinq cens ans par des tremblemens de terre; en conclurez-vous qu'il ne faut ni bâtir de nouvelles Villes, ni augmenter les Anciennes : Il n'eſt pas abſolument impoſſible qu'en un beau matin tous

les hommes deviennent auſſi fous que les fous des petites maiſons, & les loix ſont inutiles à de ſemblables fous ; direz-vous que la poſſibilité de cet évenement doit empêcher qu'on ne cherche à perfectionner la Police & les autres Loix.

8. Il n'y a jamais eu dans aucune Societé, aucun Chef de famille riche qui ait jamais ſongé à faire un Traité avec quelques autres Chefs de familles riches pour dépoſſeder leurs voiſins par violence ; c'eſt qu'ils n'ont garde de riſquer tout ce qu'ils ont de certain & de neceſſaire pour avoir quelque choſe d'incertain & de ſuperflu ; il n'y a point de voleurs de grands chemins qui ſoient riches, & comme il ne peut y avoir de Rois en état de faire des Conquêtes, à moins qu'ils ne ſoient riches, on peut dire que de pareils Princes ne ſeroient non plus à craindre comme Conquerans dans l'Arbitrage Européen, que de riches Bourgeois d'Amſterdam ſont à craindre preſentement comme voleurs dans l'Arbitrage Hollandois.

SIXIEME OBJECTION.

Les Souverains penfent tout differemment de l'Auteur, ils font dans des opinions entierement oppofées; leurs Miniftres font dans des préjugez trés contraires à fes fentimens.

REPONSE.

1. Je fuis fi perfuadé de la différence qu'il y a entre leurs opinions & les miennes, que c'eft uniquement pour les faire changer d'opinion que j'écris, & perfonne en lifant un ouvrage n'a-t-il jamais quitté fon opinion pour prendre celle de l'Auteur.

2. Pour ne pas fortir du fujet; la plûpart de ceux qui ont lû le premier Difcours du premier tome, ne conviennent-ils pas qu'avant que de le lire ils croyoient plus de folidité dans les Traitez de Paix, de Commerce, d'Alliance, qu'ils n'y en trouvent prefentement; ne conviennent-ils pas que le fyftême de l'Equilibre ne leur paroiffoit pas fi défectueux, fi plein d'inconveniens, fi peu propre à maintenir la paix qu'il leur a paru depuis; ils ont donc en lifant changé

d'opinion, & de préjugé sur ces Articles : or pourquoi ne pourroient-ils pas encore en changer sur d'autres en les relisant, sur tout si je puis les leur présenter encore plus éclaircis.

3. Avant que d'avoir lû l'ouvrage aucun des Lecteurs ne doutoit que le projet ne fût impossible dans l'execution, cependant il est arrivé que la plûpart en sont venus à douter de cette possibilité, & que d'autres en grand nombre sont parvenus à le croire possible & trés-praticable ; ils ont donc changé d'opinion, & pourquoi ce qui est arrivé aux uns aprés une simple lecture, ne pourroit-il pas arriver à plusieurs autres, si à la lecture ils joignent la meditation.

4. Si des Lecteurs moins interessez que les Souverains à examiner les avantages du projet, & les moyens de l'executer, ont cependant changé d'opinion en le lisant ; pourquoi les Souverains eux-mêmes, qui y sont plus interessez ne pourroient-ils pas aussi en changer en l'examinant?

SEPTIEME OBJECTION.

Il y a à craindre que l'Empereur

des Chinois ne veüille envahir la Moscovie.

REPONSE.

1. Si depuis plus de 70 ans que ces Etats sont frontieres, cet Empereur n'a fait nulle tentative de ce côté-là lorsque le Czar n'avoit point d'Alliez qui pussent le secourir, lorsqu'il avoit à craindre des voisins, & par consequent lorsqu'il étoit obligé de faire une grande depense pour se tenir sur ses gardes : Si cet Empereur n'en a pas été tenté depuis 15. ans que le Czar est en Guerre ouverte ou contre les Suedois ou contre les Polonois, ou contre les Turcs ; est-il vrai semblable que cette tentation lui vienne lorsque le Czar n'aura plus aucun voisin à craindre, & même lorsque tous ses voisins & que tous les autres Potentats d'Europe seront obligez par leur propre interêt à le secourir.

2. L'Empereur des Chinois a eu un demêlé avec le Czar vers l'an 1695. pour le reglement de leurs Frontieres, & l'affaire fut terminée par un Traité: or de deux choses l'une, ou il craignoit alors de s'engager dans une Guerre

re avec le Czar, ou il ne se soucioit pas de conquerir les Frontieres du Czar avec tant de dépense : or ces deux motifs qui ont suffi alors pour le détourner d'une pareille entreprise croîtront & deviendront d'autant plus forts pour en detourner ses succeſſeurs, que le Czar, aprés la formation de l'union deviendroit incomparablement plus puiſſant par la jonction des forces de toute l'Europe, soit par terre soit par mer.

Si on fait semblable Objection pour le Roi de Perse contre le Turc, on fera semblable reponse ; voilà donc la Perse & la Chine voisins de la Republique Européenne, en paix avec elle, & même on peut supposer que ces deux puiſſans voisins ne demanderont pas mieux que de faire avec elle une Ligue deffensive contre leurs ennemis communs, avec cette seule clause, qu'ils renonceroient à augmenter leur Territoire ; & voilà toute l'Asie en paix ; car aprés une pareille Ligue, quel Prince oseroit attaquer ou le Persan ou le Chinois, ou exciter des séditions & des revoltes dans leurs Etats.

Or s'il n'y a plus du tout de Guerre, ni en Europe ni en Asie, on n'aura pas à en craindre en Afrique ni en Amerique, il n'y aura pas même à craindre qu'il y ait quelque Souverain qui aguerrisse ses Troupes, tandis que les Troupes de l'Union demeureront sans s'aguerrir.

Enfin de deux choses l'une, ou bien il y aura Guerre en quelque endroit de la Terre, & alors les Troupes de la Republique Européenne s'aguerriront comme les autres, puisqu'elle sera voisine de tous ceux qui pourront entrer en Guerre, & qu'elle prendra le parti de celui qui voudra bien la prendre pour Arbitre, ou bien il n'y aura Guerre en aucun endroit de la terre, & alors il n'y a plus à craindre pour la Republique Européenne des Troupes plus aguerries que les siennes, & cette Reflexion sert à confirmer la reponse que j'ai faite à la 53. Objection du second Tome.

Fin de la premiere Partie.

INTEREST
DE CHAQUE SOUVERAIN
EN PARTICULIER
DE SIGNER UN TRAITE'
DE POLICE DURABLE,
ET,
D'ARBITRAGE
PERMANENT.

SECONDE PARTIE.

PREFACE.

IL parût en 1643 un Ouvrage qui a pour Titre, de *l'Interêt des Princes & Etats de la Chrêtienté*: il est imprimé sous le nom d'Henri Duc de Rohan, excellent Capitaine & habile Politique, mort en 1638. quel qu'en soit l'Auteur, l'Ouvrage a eu en son tems beaucoup de succez, il le meritoit, & s'il a diminué de prix, ce n'est pas faute de solidité dans les raisonnemens, mais faute de solidité dans la Fortune des Souverains & des Etats qui étoient le fondement & la matiere de ces raisonnemens.

Il parut vers la fin de 1688. un autre Ouvrage de même espece, & sous un Titre à peu prés semblable; *Nouveaux interêts des Princes de l'Europe*, qui étoit aussi different du premier, que la situation des affaires generales de 1638. étoit differente de la situation où elles étoient en 1688. Il

PREFACE.

y eût une Edition du même Ouvrage en 1690. à Cologne, fort differente de la premiere ; c'est que la révolution arrivée en Angleterre au commencement de 1689. avoit changé confiderablement les divers interêts des Princes, les uns à l'égard des autres. Il en a paru une troisiéme Edition en 1712. fort differente en beaucoup de chofes de celle de 1690. c'est qu'en vingt-deux ans les affaires generales avoient déja bien changé, & s'il s'en faifoit une quatriéme Edition, il feroit neceffaire d'y faire encore beaucoup d'autres changemens confiderables.

Comme les Guerres Etrangeres & les Guerres Civiles caufent fouvent des révolutions generales, ou du moins de grands changemens, dans les affaires des Princes : il faudroit tous les dix ans un nouveau plan pour raifonner jufte des interefts des Princes, à moins que par l'établiffement d'une Police durable, d'un Arbitrage permanent, on ne trouve le moyen en mettant des bornes immuables aux Etats, de rendre folide la Fortune des Souverains, & cette vûë de Police generale d'Arbitrage

PREFACE.

Européen est un plan tout nouveau des interêts des Princes ; chacun remarquera facilement dans la suite ce que ces autres plans ont de commun & de different avec celui-ci.

Le Duc de Rohan commence ainsi son Discours : *Les Princes commandent aux peuples, & l'interêt commande aux Princes*: Qu'est-ce que cet *interêt* qui commande si souverainement aux Souverains, & auquel ils obeïssent avec tant d'exactitude & d'empressement ? C'est d'un côté *la crainte d'être pis*, & de l'autre *le desir d'être mieux* ; mais en ce sens *l'interêt* ne commande-t-il pas également à tous les hommes, & ne peut-on pas dire que c'est parce qu'il commande à tous les hommes qu'il commande aux Princes.

J'adopte cependant sans peine la maxime du Duc de Rohan, je suppose même comme lui que les Souverains obeïssent volontiers à leur *interêt démontré* ; & à dire vrai, ce n'est que sur cette supposition que j'ai employé jusqu'ici tous mes soins à leur démontrer qu'il est de leur interêt ; c'est-à-dire que *l'interêt* leur commande de signer entre eux un

PREFACE.

Traité de Police generale, d'Arbitrage permanent, un *Compromis perpetuel*, un Contrat de Societé & de protection reciproque & perpetuelle. 1. Pour terminer fans Guerre, avec le plus d'équité qu'il eſt poſſible aux hommes, leurs differens avenïr. 2. Pour diminuer beaucoup plus le nombre & l'importance de ces differens. 3. Pour ſe préſerver à jamais de toutes conſpirations & de toutes Guerres civiles. 4. Pour joüir tranquillement des avantages immenſes d'un Commerce perpetuel & univerſel. 5. Pour affermir à perpetuité leur Maiſon ſur le Trône, malgré les Minoritez, les Regences, & les autres tems de foibleſſe. 6. Pour augmenter leurs richeſſes, leur indépendance & leur ſûreté incomparablement davantage qu'ils ne peuvent jamais faire ſans un pareil Traité.

Le Duc de Rohan & l'Anonyme ſuppoſent les Souverains en Guerre actuelle ou prêts à y rentrer; ils ſuppoſent qu'ils ne peuvent jamais avoir d'autre voye pour terminer leurs differens que par la voye de la Guerre; ils ſuppoſent que par aucun établiſſement nouveau, leurs Ligues, leurs

PREFACE.

Alliances & leurs autres Traitez ne peuvent jamais avoir aucune folidité. Pour moi, dans le plan d'Arbitrage d'Henri IV. je fais des fuppofitions toutes oppofées. Je fuppofe que comme Affociez d'une même Societé, ils peuvent avoir des interêts communs & des interêts oppofez, que les interêts oppofez peuvent les faire ennemis, fans cependant les obliger d'avoir de Guerre, & qu'ils peuvent finir leurs differens par Arbitrage, fans rien perdre de ce qu'ils ont d'interêts communs dans la confervation du Commerce, & dans la protection mutuelle, foit contre les invafions, foit contre les revoltes; je fuppofe qu'il eft poffible de rendre leurs Traitez folides. On verra aifément que ce nouveau plan des interêts des Princes, diminuë infiniment les foins, les inquietudes des Souverains, dans les negociations avec leurs voifins, & même les précautions, foit contre ces voifins, foit contre leurs propres fujets, & c'eft particulierement par ces endroits que mon plan eft fort different des leurs, mais cette difference n'importe guere au Lecteur ; ainfi je reprens

PREFACE.

mes vûës, sans avoir égard aux leurs.

Il s'agit d'établir une Police generale entre les Nations d'Europe, de former une Societé de protection mutuelle de Commerce perpetuel, d'Arbitrage permanent entre les Chefs de ces Nations, j'en avois proposé un projet composé de 12. Articles fondamentaux dans lesquels il y avoit plusieurs sous Articles; mais comme gens plus habiles que moi pourront en retrancher quelques-uns, ou y en ajoûter d'autres; il m'a paru plus convenable de mettre en Articles separez, ce qui étoit en sous Articles, & de les distinguer tous par des chiffres differens: je les rapporte ici sans éclaircissemens, afin qu'on puisse les voir d'un coup d'œil, & que l'on puisse s'épargner la peine de les aller chercher dans le premier tome ; d'ailleurs j'y ai fait quelques changemens; il a bien fallu, par exemple, convenir de l'exécution des Articles du Traité d'Utrecht & de Bade qui ont été faits depuis l'impression des deux premiers Tomes, & retrancher par consequent les Articles qui y étoient contraires; il a bien fallu inserer le

PREFACE.

fameux Article des renonciations de la part des uns à la Couronne d'Espagne, & de la part des autres à la Couronne de France, puisque cet Article est regardé comme le fondement de la sûreté & de la liberté de l'Europe ; mon premier principe est de laisser les conventions, les Loix que les Souverains ont faites dans leurs derniers Traitez, en l'état où je les trouve, & mon but est de les rendre tous incomparablement plus solides & plus durables qu'elles n'ont été jusqu'à present.

ARTICLES FONDAMENTAUX.

Premier Article.

Les Souverains presens par leurs Deputez Plenipotentiaires soussignez sont convenus des Articles suivans : Il y aura de ce jour à l'avenir une Police permanente, une Societé de protection réciproque & perpetuelle entre lesdits Souverains, & même entre ceux qui dans la suite signeront le present Traité ; cette Societé s'appellera la Societé Européenne, établie pour términer sans Guerre & par voye d'Arbitrage leurs

PREFACE.

differens avenir, pour dminuer de beaucoup plus le nombre & l'importance de ces differens, pour se préserver à jamais de toutes Guerres civiles, pour joüir tranquilement des avantages immenses d'un Commerce perpetuel & universel, pour affermir à perpetuité leur maison sur le Trône, & pour augmenter incomparablement davantage leurs richesses, leur indépendance & leur sûreté.

II. ARTICLE.

Les derniers Traitez signez à Utrecht, à Bade en Suisse & à B... entre les Couronnes du Nord seront executez pour toûjours dans toute leur étenduë, à moins que toutes les Parties n'y fassent dans la suite quelques changemens d'un concert unanime, & la Societé en garantira l'execution.

REMARQUE.

Je ne sçai point encore quel sera le lieu où se fera le Traité de paix des Couronnes du Nord, & si ce sera Brunsvik, ainsi il a fallu en laisser le nom en blanc.

PREFACE.
III. ARTICLE.

Comme dans le Traité d'Utrecht le feu Roy de France Loüis XIV. de glorieuſe memoire, en faveur de la paix, a renoncé pour le Roy de France Loüis XV. ſon arriere petit fils mineur, à preſent regnant, & ſes deſcendans, aux Royaume & Couronne d'Eſpagne, comme réciproquement le Roi d'Eſpagne Philipes V. en faveur de la même paix, a renoncé pour lui & pour ſes deſcendans, aux Royaume & Couronne de France, Renonciation qu'il a depuis ſolemnellement renouvellée; & comme le Duc d'Orleans petit fils de France, à preſent Regent du Royaume, en conſequence dudit Traité d'Utrecht, a renoncé pareillement pour lui & pour ſes deſcendans, aux Royaume & Couronne d'Eſpagne; il a été convenu pour la ſureté commune, que ces renonciations auront à l'avenir leur plein & entier effet.

IV. ARTICLE.

En cas que ſur l'execution deſdits

PREFACE.

Traitez, ou fur quelqu'autre fujet, il naiffe quelque different entre les Souverains Affociez, ils ont déclaré & déclarent, que pour les terminer ils renoncent pour toûjours à la voye de la violence & des armes, & qu'ils acceptent pour toûjours pour eux & leurs fucceffeurs, la voye de l'Arbitrage, en la maniere dont ils font convenus, & qui fera fpecifiée cy-aprés, ils font même convenus, que celui qui malgré cette convention prendroit les armes, & feroit des actes d'hoftilité contre un des Affociez, fans l'autorité & le confentement par écrit de la Societé, feroit regardé & traité comme perturbateur du repos public, & comme ennemi de la Societé.

V. Article.

Il y aura à Utrecht, ou telle autre Ville dont les Affociez conviendront à la pluralité des voix, une Affemblée perpetuelle de vingt-deux Deputez Plenipotentiaires, ou Senateurs, qui reprefentant chacun leur Souverain, n'auront chacun qu'une voix, & formeront un Se-

PREFACE.

nat repréſentatif apellé le Senat des Souverains, ou le Senat Européen, qui terminera par ſa premiere Sentence, à la pluralité des voix, & pour la proviſion, & par la ſeconde Sentence, aux trois quarts des voix pour la définitive, tous les differens qui naîtront entre les Aſſociez, & qui n'auront pû être conciliez par l'entremiſe des Commiſſaires du Senat.

VI. ARTICLE.

Le Senateur ne pourra opiner que ſuivant les inſtructions de ſon Souverain, & ſera revocable toutes fois & quantes par ſon maître.

VII. ARTICLE.

La Ville de Paix où s'aſſemblera le Senat des Souverains ſera gouvernée en toute Souveraineté, avec ſes dépendances, par le Senat, de maniere cependant que tous les intereſſez, comme les Magiſtrats, la Nobleſſe, le Clergé, & les autres Citoyens, trouvent des avantages plus grands à ce nouveau Gouvernement, qu'au Gouvernement précedent.

PREFACE.

VIII. ARTICLE.

Pour la plus grande sûreté de la Societé Chrétienne, pour diminuer la dépense commune, & pour l'avantage du Commerce par terre & par mer, avec les Souverains non Chrêtiens ; le Senat conclura avec chacun d'eux des Traitez par lesquels il sera convenu que les derniers Traitez faits entr'eux, & les Souverains Chrêtiens, pour le Commerce & pour les Frontieres, & même entr'eux & leurs autres voisins, seront toûjours executez, que s'il arrivoit entr'eux des differens pour cette execution, ou pour d'autres causes, ils ne prendroient jamais les armes & ne feront aucun acte d'hostilité, mais qu'ils s'en rapporteront au Jugement du Senat qui demeurera garant de l'execution des Traitez, & qui contribuëra de tout son pouvoir à l'execution de ses Jugemens, & à cet effet le Senat prendra desdits Souverains non Chrêtiens, & leur donnera toutes les sûretez possibles reciproques.

PREFACE.
REMARQUE.

On peut ôter cet Article du nombre des Articles fondamentaux, & le mettre parmi les Articles importans. Je croyois qu'il étoit impossible de chasser le Turc de l'Europe; mais après avoir quelque tems medité ce sujet, je croi la chose possible, mais seulement après l'établissement de l'Arbitrage Chrêtien. J'en donnerai un petit projet à la fin de ce volume.

IX. ARTICLE.

La Société Européenne ne se mêlera point du Gouvernement interieur de chaque Etat, elle donnera seulement ses soins, & employera son autorité & ses forces pour prévenir ou pour arrêter les Guerres civiles.

X. ARTICLE.

La Société Européenne employera de même son autorité & ses forces, pour empêcher que pendant les Minoritez, les Regences, & autres tems de foiblesse, il ne soit fait aucun préjudice au Souverain, ni en

PREFACE.

sa personne, ni en ses biens, & pour maintenir la concorde, la subordination & le bon ordre dans le Gouvernement.

XI. ARTICLE.

Les Souverainetez héreditaires demeureront héreditaires, les électives demeureront electives, le tout selon l'Usage de chaque Nation, & parmi les Nations où il y a des Traitez, des Conventions entre le Souverain & le Peuple, entre le Chef & les Membres, entre le Roi & la Republique; comme les Conventions Parlementaires, les Capitulations Imperiales, les *Pacta conventa*, &c. Ces Traitez seront exactement observez, & le Senat en garantira l'observation.

XII. ARTICLE.

Les Souverainetez Chrêtiennes auront toûjours les mêmes limites qu'elles ont presentement, suivant les derniers Traitez; ainsi aucun Territoire ne pourra être demembré d'aucune Souveraineté, ni aucun autre n'y pourra être ajoûté.

PREFACE.
XIII. ARTICLE.

Le Roi d'Angleterre, & le Roi de Pologne pourront retenir leurs Souverainetez d'Allemagne ; mais ils n'auront chacun qu'une voix au Senat, de même un Electeur ou autre Prince Souverain de l'Empire pourra être êlû Empereur ; hors ces cas nul Souverain ne pourra posseder ou gouverner deux Souverainetez, & il ne pourra point entrer dans les Maisons Souveraines regnantes, d'autres Souverainetez que celles qui y sont actuellement, soit par succession, Pactes de Maisons, Election, Donation, Testament, Cession, Vente, Conquête, soumission volontaire ou autrement.

REMARQUE.

Je suppose que le Roi George, Electeur d'Hanover, soit Roy d'Angleterre, & que le Roi Auguste, Electeur de Saxe, soit Roi de Pologne lorsqu'il sera question de signer ce projet. Je sçai bien qu'il y a deux autres Princes qui prétendent avoir le droit le plus legitime à ces deux Couronnes ; mais je suppose que par

PREFACE.

les derniers Traitez qui se feront les deux Electeurs soient reconnus Roys par tous les autres Souverains Chrétiens, c'est ce qui me paroît de plus apparent lorsque j'écris cecy ; mais si contre cette apparence les choses étoient changées, & dans une autre situation, il seroit aisé de suppléer à l'Article précedent & à l'Article vingt, & d'y faire les changemens necessaires.

Comme je ne veux déplaire à personne, & que je voudrois au contraire, s'il m'étoit possible, plaire à tout le monde, je ne veux prendre aucun parti, si ce n'est le parti de maintenir la paix, qui est un grand avantage commun pour tout le monde. Or le moyen le plus facile & le plus sûr de la maintenir en Europe, c'est certainement d'y laisser les choses en l'état où on les trouve, & de les y maintenir.

La seule chose que l'on pourroit conseiller aux Grands Princes qui demeureront en possession de l'Angleterre & de la Pologne, & dont la possession sera parfaitement affermie par ce Traité, ce seroit d'en user noblement envers d'Illustres

PREFACE.

malheureux, & de laisser à la Societé Chrêtienne à estimer & à regler une sorte d'équivalent, au moyen duquel ils renonceront à leurs droits en faveur des Rois regnans.

On peut faire dans cet Article une exception, une restriction à la Loi generale, en faveur du Prince Electoral de Baviere, semblable à celle qui est faite en faveur du Roy George & du Roi Auguste, & cela en cas que par mariage ou par quelque pacte de famille, il vint à posseder un jour, tout ou partie des Etats hereditaires de la Maison d'Autriche.

XIV. Article.

Les Souverains ne pourront demander l'execution d'aucune échange de Territoire, ni d'aucun autre Traité, qu'il n'ait été agreé & ratifié par la Societé dans le Senat, & elle demeurera garante de l'execution.

XV. Article.

Nul ne pourra prendre le titre de Souverain d'aucun païs ou terri-

PREFACE.

toire s'il n'en est en actuelle possession suivant les derniers Traitez.

XVI. ARTICLE.

Les Souverains qui vont signer le present Traité ont déclaré s'être mutuellement tenus quittes de toutes dettes actives, de toutes prétentions & de tous droits qu'ils pourroient exercer les uns contre les autres, & particulierement sur le territoire les uns des autres ; ce qui a été promis par leurs derniers Traitez sera executé, & s'il y avoit quelque contestation sur cette execution, le Senat en demeurera Arbitre. Ils ont de plus déclaré qu'ils tenoient dés à present quittes de pareilles dettes, droits & autres prétentions, tous les Souverains qui signeront le present Traité, comme réciproquement ceux qui signeront seront censez en signant avoir tenu quittes de pareilles prétentions, ceux qui l'auront déja signé & qui le signeront aprés eux.

XVII. ARTICLE.

Le Senat offrira sa médiation & son Arbitrage aux Souverains non Associez qui seront en Guerre, &

PREFACE.

fera agir ses forces contre celui qui refusera son Arbitrage, & si tous deux l'acceptent, tous deux seront obligez de licencier leurs Troupes, & le Senat reglera leurs prétentions réciproques.

XVIII. ARTICLE.

Le Senat Européen établira en différentes Villes frontieres des Etats voisins, des Chambres de Juges deputez pour juger en dernier ressort les contestations qui naîtront entre les Sujets des differens Souverains.

XIX. ARTICLE.

Le Senat travaillera incessamment à rédiger par Articles, à la pluralité, un Reglement pour ces Chambres frontieres, que l'on y observera par provision; mais ces Articles pourront être changez aux trois quarts des voix, & en attendant ce Reglement on y observera les Loix ordinaires & les Articles dont on est convenu sur le Commerce dans les derniers Traitez.

XX. ARTICLE.

Les vingt-deux voix qui compo-

PREFACE.

feront le Senat Européen feront 1. France, 2. Espagne, 3. Portugal 4. Angleterre & Hanovre, 5. Hollande, 6. Dannemarck, 7. Suede, 8. Prusse, 9. Pologne & Saxe, 10. Curlande & Associez, 11. Moscovie, 12. Autriche, 13. Palatin & Associez, 14. les Archevêques & Electeurs & Associez, 15. Lorraine & Associez, 16. Baviere & Associez, 17. Suisse & Associez 18. Sicile & Savoye, 19. Genes & Associez, 20. Florence & Associez, 21. Rome, 22. Venise.

XXI. ARTICLE.

Les Souverains Associez contribuëront à la dépense necessaire pour maintenir la Societé, & pour la conservation commune & particuliere des Associez, à proportion chacun du revenu de leur Etat, déduction faite des Charges.

XXII. ARTICLE.

Les contingens ou contributions annuelles & ordinaires feront réglées par provision à la pluralité ; mais aprés que les Commissaires du Senat auront pris dans chaque Etat les éclair-

éclaircissemens necessaires, on fixera pour trente ans aux trois quarts des voix ces contingens ordinaires sur lesquels se regleront toûjours les contingens extraordinaires.

XXIII. ARTICLE.

Si aprés le Reglement definitif des contingens, il se trouve que quelque Souverain a trop payé par provision, & que quelqu'autre ait payé trop peu, celui qui aura trop payé sera remboursé par le Senat, avec interêt, des mêmes deniers que fournira, avec interét, celui qui aura trop peu payé.

XXIV. ARTICLE.

On ne changera rien aux Articles fondamentaux cy-dessus exprimez, sans le consentement unanime de toutes les voix ; mais à l'égard des autres Articles dont on pourra convenir cy-aprés, le Senat des Souverains pourra toûjours, aux trois quarts des voix, y ajoûter ou y retrancher, pour l'utilité commune des Associez, ce qu'il jugera à propos.

Tels sont les Articles fondamentaux du Traité que je propose, dés qu'ils

PREFACE.

feront fignez le Senat conviendra enfuite facilement, à la pluralité des voix, des autres Articles, comme des moyens les plus propres pour l'entier établiffement de l'Arbitrage Chrétien.

Il me refte à montrer dans cette Seconde Partie, qu'il feroit incomparablement plus avantageux à chaque Souverain en particulier, de figner ces 24 Articles, que de ne les pas figner.

Je commence par les Republiques & par les Souverainetez qui tiennent le plus du Gouvernement Republicain : c'eft que dans ces Etats il y a un grand nombre de perfonnes dont le devoir eft de s'inftruire à fond de tout ce qui regarde le Gouvernement, qui d'un côté ont affez de loifir pour lire & relire les memoires importants, & qui de l'autre ont affez d'autorité pour les faire examiner dans les Confeils. Il n'en eft pas de même dans les Monarchies ; il n'y a qu'un petit nombre de Miniftres qui ayent l'autorité, & ceux-là accablez du nombre des affaires journalieres, n'ont point le loifir de lire, & bien moins le loifir de reflechir fur ce qu'ils ont lû ; d'ail-

PREFACE.

leurs les passions de vangeance, d'ambition empêchent quelquefois les Princes de voir leur vrai interêt dans une proposition qu'on leur fait, les Conseils des Republiques ne sont pas de même dans les Déliberations, les Passions y dominent bien moins que l'interêt de la Republique.

Aprés avoir adressé la parole aux Conseils des Republiques, je l'adresserai ensuite aux Conseils des Monarques les moins puissans, comme à ceux qui ayant le plus à craindre des suites fâcheuses du *non Arbitrage*, seront plus disposez, à l'exemple des Republiques, à convenir avec elles du Traité d'Arbitrage, & à prendre ensemble des mesures pour montrer avec succés à chacun des plus puissans, les grands avantages qu'il en tireroit.

J'adresserai enfin la parole à chacun des Conseils des Souverains les plus puissans d'Europe, afin d'amener ainsi par degré le Lecteur à une parfaite conviction, que les Monarques moins puissans, aussi bien que les Republiques, & que les Monarques les plus puissans, aussi bien que les

PREFACE.

moins puissans, n'ont aucune affaire à negocier qui soit tout ensemble si facile, si avantageuse & si pressée, que le Traité d'Arbitrage.

fol. 197.

PAIX AUX HOMMES SUR LA TERRE

ARBITR. EUROP
ANN. 1737

Maximilien de Bethune duc de Sully principal ministre de Henri IV nous a conservé dans ses précieux memoires le merveilleux projet de ce grand Roy pour rendre par un arbitrage permanent la paix inalterable en Europe et le Commerce perpetuel entre tous les etats de la terre.

IB Scotin Sculp

INTEREST
DES
SOUVERAINS
D'ETABLIR ENTRE EUX
UNE POLICE
DURABLE.

SECONDE PARTIE.

VENISE.

NTRE les Republiques qui subsistent aujourd'hui sur la terre, la Republique de Venise est sans contestation la plus ancienne, & de beaucoup la plus ancienne, elle a même cet avantage sur celles qui ont fait autrefois tant de bruit, & qui depuis long-

R iij

tems ne subsistent plus, c'est qu'elle a déja duré beaucoup plus que celles d'entr'elles qui ont le plus duré.

Cependant elle a presque toûjours été environnée de Monarques héréditaires, qui pour l'ordinaire sont plus ambitieux que justes, la plûpart plus puissans qu'elle. Les Turcs, par exemple, ont depuis long tems une puissance dix fois plus grande que la sienne, & à l'ambition des Sultans se joignoit encore la haine vive & implacable de leurs Soldats Mahometans contre les peuples Chrêtiens, la Republique s'est neanmoins bien maintenuë, & subsiste encore presentement avec éclat.

On a beau dire pour diminuer la réputation de sagesse de son Gouvernement, que la fortune s'est trés-souvent déclarée en sa faveur ; je conviens que dans les divers évenemens des Etats, il entre beaucoup de hazard ; mais on m'avoüera aussi qu'il est impossible que ces hazards heureux se rencontrent toûjours justes du même côté, la mauvaise fortune succede quelquefois à la bonne; Or qui peut suppléer au moindre desordre que cause la mauvaise fortune dans un état auffi inferieur en force, fi ce n'eft en la fuperiorité de genie, de prévoyance, d'habileté, de fermeté, de conftance, en un mot une fuperiorité de fageffe dans celui qui fe deffend, proportionnée à la fuperiorité de force de l'ennemi qui attaque.

Si la longue durée de cette Republique, malgré la fuperiorité des ennemis du dehors, eft un préjugé légitime de la fuperiorité de fa fageffe, on peut dire que cette même durée n'eft pas une moindre preuve de cette grande fageffe, quand on confidere que cet Etat a été en tout tems, & fur tout en tems de paix, continuellement expofé aux ennemis du *dedans*, ainfi il a fallu que les Venitiens ayent pouffé plus loin que les autres Nations les attentions fcrupuleufes contre l'inquietude perpetuelle des Citoyens, qui s'étant ruinez follement cherchent de nouveaux établiffemens dans un bouleverfement general, il leur a fallu ufer de grandes précautions, foit pour empêcher les confpirations de naître, foit pour les étouffer promptement dans leur naiffance.

Les Cabales, les Factions, les

Guerres civiles qui s'entreprennent sous le nom & l'apparence du bien public, sont des maladies d'Etat assez ordinaires, & souvent mortelles, les Republiques y sont même plus sujettes que les Monarchies; cependant la Republique de Venise, malgré ces maladies intestines, a duré plus longtems qu'aucune autre, ainsi il me semble que la grande durée de ce gouvernement doit être regardée comme une *demonstration sensible* de la Superiorité de sa sagesse. Voilà ce qui m'a déterminé à m'adresser d'abord à elle pour lui presenter un projet inventé par un Grand Roi son Allié, & contre lequel une des plus grandes Objections, c'est que les vûës en sont sages.

Proposition à démontrer.

Si dans l'Etat de non Arbitrage où sont les Souverains & les Souverainetez d'Europe, il n'y a aucun avantage pour la Republique de Venise qui ne soit pour elle dans l'état d'Arbitrage Européen; si dans l'état d'Arbitrage il y a pour elle des avantages immenses qu'elle ne sçauroit trouver dans le non Arbitrage, elle n'a rien à negocier avec eux qui foit en même tems plus important & plus preffé que les 24. Articles fondamentaux du Traité.

Or dans le non Arbitrage il n'y a aucun avantage pour la Republique de Venife, qui ne foit pour elle dans l'Arbitrage permanent, il y a même pour elle dans l'Arbitrage des avantages immenfes qu'elle ne fçauroit jamais trouver dans le non Arbitrage.

Donc cette Republique n'a rien à negocier avec les Souverains, qui foit en même tems plus important & plus preffé que ce Traité.

Divifion des membres de la demonftration.

On peut confiderer l'Etat de Venife, ou par raport au dedans, c'eſt-à-dire à la maniere de gouverner les Citoyens qui le compofent, ou par rapport au dehors; c'eſt-à-dire par rapport à ce que cet Etat peut ou craindre ou efperer des voifins qui l'environnent, ou avec qui il eſt en commerce, il eſt évident que ces deux rapports comprennent tous les autres rapports.

Considerations par rapport au dedans.

Tout le Gouvernement du dedans consiste en six Articles.

1. La Police, qui a soin des établissemens publics, qui maintient la forme & l'autorité des Conseils, & qui regle ce que chaque Citoyen doit au Public, & ce que le Public doit à chaque Citoyen.

2. La Justice qui regle ce que chaque Citoyen doit à un autre Citoyen, & ce qui lui est dû par cet autre.

3. Les Finances & les dépenses Publiques ou de l'Etat, soit ordinaires, soit extraordinaires.

4. Le Commerce interieur, soit par terre, soit par mer, qui multiplie les richesses des Citoyens.

5. La Milice entant qu'elle est necessaire contre les seditions pour la tranquillité & la sûreté du dedans.

6. L'Autorité & l'indépendance à l'égard des Sujets.

Voilà ce me semble tous les côtez par où l'on peut considerer l'Etat de Venise, & tout autre Etat, par rapport au dedans, & il n'y a rien qu'on ne puisse rapporter à ces six Articles; or on va voir sur chaque Article que la signature du Traité d'Arbitrage n'oteroit aucun avantage à l'Etat de Venise, & qu'au contraire cet établissement lui en procureroit plusieurs nouveaux & trés considerables.

POLICE.

Je comprens sous ce titre l'éducation de la Jeunesse, la conservation pacifique de la veritable Religion, l'observation des Réglemens qui regardent la commodité, la propreté, la subsistance des Villes, la santé, les plaisirs, les mœurs des Citoyens, les Colleges, les Hôpitaux, les Communautez, les Metiers, les Arts, les Sciences, la distribution des Emplois à ceux qui ont le plus de talens & le plus de zele pour le bien Public. Or 1º. il est évident d'un côté, que l'établissement de l'Arbitrage ne nuira en rien à toutes ces choses, puisqu'il laissera & qu'il maintiendra la forme du Gouvernement qui y est établie, & toute l'autorité des Conseils & du Senat.

2. N'est-il pas évident de l'autre,

que cet établissement délivrant pour toûjours les Citoyens de toute crainte de Guerre : ceux qui Gouvernent auront sept ou huit fois plus de loisir, c'est que les soins des Guerres actuelles, ou les précautions contre les Guerres imminentes, occupent les trois quarts & demi du tems qu'on employe dans les Conseils, ainsi ils auront assez de loisir pour examiner à fond les memoires qu'on leur presentera, soit pour perfectionner l'éducation des enfans, soit pour conserver la Religion dans sa pureté, soit pour rendre les Villes plus commodes aux Etrangers & aux Bourgeois, soit pour favoriser davantage les Arts & les Metiers, à proportion qu'ils sont plus importans au bonheur des Citoyens, soit pour parvenir à trouver les moyens de peser encore plus exactement les differens degrez de merite de ceux qui se presentent pour les emplois publics.

3. Comme les depenses publiques, même les depenses ordinaires, seront fort diminuées, l'Etat pourra bien plus facilement faire de nouveaux établissemens, soit pour les Hôpitaux, soit pour les Manufactures,

des Souverains. 205

soit pour les Colleges, & pour une infinité d'autres choses dont l'utilité sera beaucoup plus grande que la dépense.

4. Les Conseils delivrez de toute crainte de sedition & de revolte, auront plus d'autorité pour perfectionner tous les jours les Reglemens.

5. Le Senat dans la situation presente, regarde ses voisins comme autant d'ennemis prêts à lui faire la Guerre, & regarde par consequent les étrangers ; & sur tout les Ambassadeurs, comme autant d'Espions ; ainsi il a sagement établi que les Citoyens, & sur tout les Senateurs, n'auroient aucun commerce avec les Ambassadeurs, & que les Senateurs n'auroient que fort peu de commerce avec les autres Etrangers ; il a même sagement établi, que les Senateurs n'entretinssent presque aucun commerce de lettres dans les païs Etrangers : mais on m'avoüera que cette Police, que cette précaution qui est si sage, est en même tems bien contraignante pour les honnêtes gens, & qu'elle prive & les Venitiens & les Etrangers d'un

grand agrément, & même de beaucoup d'avantages qu'ils retireroient de ce commerce. Or par l'établissement de l'Arbitrage, le Senat n'ayant plus de besoin de semblables précautions contre ses voisins, dont il n'aura plus rien à craindre par la protection de la Societé Chrétienne, laissera liberté entiere de commerce à tous ses Citoyens, avec tous les Etrangers.

6. Outre le fleau de la Guerre dont l'Arbitrage délivreroit pour toûjours les Venitiens, il reste encore deux fleaux à craindre, c'est la peste & la famine : or les Senateurs étant beaucoup moins occupez des affaires du dehors, & l'Etat beaucoup plus riche par le retranchement des dépenses de la Guerre, le Senat pourroit bien plus facilement prendre les précautions necessaires contre les maladies contagieuses, & faire des magasins suffisans contre la famine.

7. Il naît de tems en tems des Genies sublimes & merveilleux pour perfectionner les diverses parties du Gouvernement qui ont beaucoup de zele pour le bien public, constans, laborieux, aimables d'ailleurs

par leurs manieres douces, polies, insinuantes ; ils s'acquierent bien-tôt un grand crédit, car on loüe & l'on fait valoir volontiers les talens de ceux qu'on aime; mais la Republique en l'Etat de danger où elle se trouve perpetuellement par rapport à l'ambition de ses Citoyens, & à la mauvaise volonté de ses voisins, craint de donner de l'autorité à un Grand homme, ou s'il en a elle la lui ôte, de peur que piqué de quelque refus, ou offensé de quelque défiance, il ne vint à en abuser pour se faire Roi avec le secours du peuple, & de quelque Prince voisin.

Cette situation de crainte perpetuelle, de danger perpetuel, met le Sage Senat dans la fâcheuse necessité de se priver souvent du secours des Conseils & de l'autorité de ces Grands Hommes, en les éloignant des grands Emplois où ils mettroient tous les jours au profit du Public, l'autorité publique. Cette Police est necessaire pour la sûreté du Gouvernement, j'en conviens, mais quelle perte pour un Etat, car on sçait que tel Genie, qui est au fait des affaires, trouveroit souvent lui seul en un an plus de remedes & plus convenables aux maux, & plus d'expédiens admirables pour multiplier les biens des Citoyens, que cent autres esprits mediocres ne feroient en dix ans; or ôtez à cette Republique tout sujet de crainte par la protection mutuelle de la Societé Chrêtienne, elle n'exercera plus cette espece d'Ostracisme envers ses plus excellens Ministres, & elle tirera ainsi tout le fruit qu'elle peut se promettre de leurs grands talens.

8. Il n'y a personne qui connoisse tant soit peu le Gouvernement de Venise qui n'ait oüi parler du terrible Tribunal du Conseil des *Dix*, établi pour veiller contre les esprits seditieux, sur les moindres apparences de commerce avec les Etrangers, sur la moindre parole qui marque du mécontentement du Gouvernement, sur la déposition d'Espions ou trompez, ou trompeurs, un Noble, homme de bien, homme habile, est arrêté, on lui fait son procez, sans observer les formes ordinaires, sans lui donner les moyens ordinaires de se justifier, on ne lui confronte point de témoins, nul n'ose ni plaider, ni

ecrire, ni folliciter pour lui, fouvent, il ne fçait pas précifément ce dont on l'accufe ; cependant quand les innocens n'ont point de moyens de prouver leur innocence, les meilleurs Citoyens font dans une crainte perpetuelle, ce qui eft un tres-grand mal & une trés-grande fervitude pour les plus gens de bien ; mais c'eft un mal neceffaire que ce Tribunal qui n'obferve point les formes ordinaires, pour éviter un plus grand mal, qui eft la Sedition ; or l'établiffement de l'Arbitrage donnant à la Republique leur fûreté fuffifante contre les Séditieux, délivreroit les nobles de ce terrible efclavage, & ils feroient fûrs étans innocens de n'être jamais punis comme coupables. Malheur arrivé à tant de gens de bien, & entre autres à Antoine Foscarini, un des plus grands hommes qui ayent été dans la Republique.

Donc l'établiffement de cette Societé de Protection mutuelle, loin de rien ôter à l'Etat de Venife, au fujet de la Police lui procureroit de ce côté-là un trés-grand avantage.

S

JUSTICE.

Une des choses les plus importantes pour le bonheur des Citoyens, c'est de faire des Loix si claires sur toutes les matieres, & sur tous les cas qui peuvent faire naître les procez que le nombre en diminuë tous les jours; mais il ne faut pas le dissimuler, les Loix Civiles, en l'état que nous les voyons, sont encore bien éloignées de cette perfection où elles regleroient clairement tous les cas possibles; cette perfection ne peut s'acquerir qu'avec beaucoup de tems, & par le travail assidu d'un certain nombre de Juges, qui outre une longue experience de ces sortes d'affaires, ayent encore une certaine superiorité de Genie, une exactitude, une neteté & une justesse d'esprit absolument necessaires pour prendre, toûjours ou presque toujours, le parti le plus équitable, & pour composer chaque Article des Loix, de sorte que l'une loin de paroître opposée à l'autre, semble la supposer & faire partie necessaire d'un même tout.

Or pour payer ce travail de ces Grands Hommes, pour donner le loisir aux Conseils Superieurs d'examiner mûrement les Articles que l'on proposera d'ajoûter ou de retrancher dans les loix civiles & criminelles avec toutes les raisons de part & d'autre. Il faut d'un côté que l'Etat puisse faire un fond pour une pareille dépense, & que les Ministres qui ont seuls l'autorité Legislative ayent le tems de lire ces memoires. Or comment auroient-ils ce fond & ce tems-là tant qu'ils seront dans la necessité de consommer les fonds de l'Etat en Troupes, en fortifications, en Vaisseaux, & les trois quarts & demi du tems destiné aux Conseils, à prendre des précautions & à donner des ordres pour se garentir des ennemis du dedans & du dehors.

Au lieu que par l'établissement de la protection mutuelle, les Venitiens délivrez de tout sujet de crainte, de toutes sortes d'ennemis, auront tout le loisir & tout le fond necessaire pour perfectionner leurs Loix & l'administration de la Justice entre les Citoyens.

Donc l'établissement de cette Société loin de rien ôter à l'Etat de Venise par rapport à l'administration de la Juſtice, lui procureroit de ce côté-là un trés-grand avantage.

FINANCES.

1. A l'égard des ſubſides ordinaires que la Republique de Veniſe eſt obligée de lever ſur les Citoyens pour chaque Guerre, non ſeulement l'Arbitrage ne les augmenteroit point; mais il eſt viſible au contraire qu'il les diminuëroit au moins des trois quarts, puiſque la Republique n'auroit beſoin de lever des ſubſides extraordinaires que dans le cas où l'Europe entiere auroit à faire ou à ſoutenir quelque Guerre contre quelque ennemi de la Societé Européenne, ce qui n'arriveroit pas deux fois en deux cens ans.

2. A l'égard des finances ordinaires pour les garniſons, pour les fortifications, pour les vaiſſeaux de Guerre, comme il n'y auroit plus aucune Guerre à craindre de la part des voiſins, ces depenſes ordinaires, loin d'augmenter diminueroient conſiderablement, puiſque la Republique ne payeroit que cent mille écus par an pour l'entretien de la Ville de Paix, environ deux cent mille écus

pour les Troupes actuelles qu'elle entretiendroit dans l'Etat, & autres deux cens mille écus qu'elle payeroit pour son contingent de Troupes entretenuës sur les Frontieres d'Europe; ainsi des trois millions que je suppose que lui coûtent ces dépenses de précaution, elle y gagneroit encore la moitié, ce seroit cinq cens mille ecus d'épargne.

3. De ce fond de cinq cens mille écus d'épargne, l'Etat pourroit d'abord en quatre ans en faire un Trésor de six millions, & employer ensuite les années suivantes cinq cens mille écus de rente à faire des canaux, des ponts, des chemins pavez, & d'autres établissemens dont l'utilité est trois fois plus grande que la dépense.

4. Outre les dépenses que les Guerres causent à la République de Venise, elles causent encore de grandes inquiétudes aux Citoyens, & sur tout aux Habitans des Frontieres, & ce sont de grands maux dont les subsides qu'ils payent ne les exemptent pas.

5. Les Provinces frontieres qui sont si souvent ruinées par les courses,

par les incendies, par les contributions, par les fouragemens, & qui par conséquent payent beaucoup moins à l'Etat que les autres, deviendroient les plus riches par le Commerce étranger, & payeroient à l'Etat plus que les autres parcequ'elles payeroient à proportion de leur Commerce.

Donc l'établissement de cet *Arbitrage Protecteur*, loin de rien ôter à la Republique de Venise, par rapport aux Finances, lui procureroit encore de ce côté-là un trés-grand avantage.

COMMERCE INTERIEUR.

1. Le Commerce interieur des Venitiens se fait la plus grande partie par mer, & par consequent en tems de paix, même leurs vaisseaux Marchands ont besoin de convois contre les Corsaires, & ces Corsaires, malgré les convois, ne laissent pas de prendre encore le long de l'année plusieurs Vaisseaux; il faut que ces pertes payent & au delà la dépense & les avances des Corsaires : or ces pertes, la dépense des Vaisseaux de

convoi, la crainte de ces Corsaires, tout cela diminuë fort le Commerce de mer entre les Venitiens même. Or par l'établissement de l'Arbitrage Protecteur, loin qu'il y eût un plus grand nombre de Corsaires à craindre, il n'y en auroit point du tout, ni dans la Mediterranée ni ailleurs.

2. Dans les tems de Guerre, c'est bien pis, parce que les Vaisseaux de Guerre de l'ennemi sont autant de Corsaires ; ainsi il est absolument necessaire que le Commerce maritime des Venitiens, sur leurs propres terres, ne souffre beaucoup davantage, & ne diminuë trés-considerablement.

3. On sçait qu'en Italie il s'eleve de tems en tems des troupes de Bandits qui en rendant les chemins & les canaux peu sûrs, & les maisons de campagne dangereuses à habiter, diminuent fort aussi le Commerce interieur de terre. Or loin que l'Arbitrage augmentât le nombre de ces Bandits, il est visible qu'il n'y auroit plus de reforme parmi les Troupes, & que c'est de ces reformes dont naissent les Bandits : il est certain que les Troupes entretenuës dans l'Etat étant

alors toutes occupées à exterminer ces voleurs, les chemins seroient parfaitement sûrs, & les habitations de la Campagne n'auroient plus rien à craindre

4. Il est certain, comme nous l'avons déja remarqué, que si l'Etat étoit déchargé des dépenses de la Guerre, il pourroit employer partie des deniers publics à faire de nouveaux canaux, à réparer les anciens, & à rendre les chemins plus commodes en toute saison, ce qui doubleroit le Commerce interieur de terre.

Donc l'établissement de l'*Arbitrage Protecteur*, loin de rien ôter à l'Etat de Venise, par rapport au Commerce interieur, lui procureroit de ce côté-là un trés-grand avantage.

Milice contre les Rebelles.

Il est certain que s'il falloit entretenir toûjours quatre mille hommes dans l'Etat de Venise, pour appaiser les seditions, lorsque les séditieux peuvent esperer du secours des voisins de l'Etat, il n'en faudra pas le quart, lorsque

lorsque d'un côté les seditieux ne pourront esperer aucun secours étranger, & lorsque de l'autre la Republique sera sûre d'un secours étranger tout puissant contre les seditieux : Or voilà une trés grande difference entre les effets du *non Arbitrage*, & les effets de *l'Arbitrage*.

Donc l'établissement de *l'Arbitrage Européen*, loin de rien ôter à la Republique de Venise, par rapport au nombre de la milice qu'elle entretient pour sa sûreté, contre les seditieux, & loin de diminuer cette sûreté, procureroit de ce côté-là un trésgrand avantage aux Venitiens, en leur donnant beaucoup plus de sûreté, & à beaucoup moindres frais.

Autorité & Indépendance à l'égard des Sujets.

Plus celui qui commande est à craindre par les Inferieurs, plus il a *d'autorité*, moins le Souverain a à craindre de ses Sujets, plus il a *d'independance*.

Or 1º. aprés l'établissement de l'Arbitrage les Conseils, les Magistrats de Venise, seurs en tout tems du secours tout puissant de la Société, seront plus à craindre par ceux même qui seroient les plus portés à la resistance & à la revolte, donc les Conseils, les Magistrats auront plus *d'autorité* dans l'Arbitrage qu'ils n'avoient dans le *non arbitrage*.

2º. Par la même raison les Conseils, les Magistrats de Venise aprés l'établissement de l'Arbitrage, seurs d'une protection toute puissante n'auront plus rien à craindre des esprits les plus disposez, à la sedition & à la revolte

3º. Le Peuple & les Citadins n'ont pas oublié qu'en 1298. ils élisoient tous ceux qui devoient entrer dans le Grand Conseil & qui devoient remplir les magistratures, & que cette année là le droit d'entrer au Grand Conseil d'Electif qu'il étoit devint hereditaire. Il y a presentement environ 2500. Nobles qui y ont entrée; mais ce n'est pas la centiéme partie du reste du Peuple, ainsi les Nobles ont toûjours à craindre que quelque séditieux comme Tiépole ne mette le Peuple en mouvement sous pretexte de le faire r'entrer dans ses anciens Droits.

Donc aprés l'établissement de l'Arbitrage, ils seront dans une *indépendance* encore plus parfaite à l'égard des

des Souverains. 219
Sujets qu'ils n'étoient dans le *non Arbitrage*.

Donc du côté de *l'Autorité* & de *l'Indépendance*, le Senat loin de perdre quelque chose à l'établissement de l'Arbitrage Protecteur, en tirera un avantage considerable.

Considerations par rapport au dehors.

On a consideré l'Etat de Venise par raport au dedans, & l'on vient de voir que par quelque côté qu'on le considere loin que cette Republique puisse rien perdre des avantages qu'elle a dans le *non Arbitrage*, elle ne feroit que les augmenter tous très-considerablement par l'établissement de *l'Arbitrage*. Il nous reste à la considerer par raport au dehors c'est-à-dire par raport à ses voisins, & par raport à ceux avec qui elle est en commerce. Voyons dans laquelle des deux situations de l'Arbitrage ou du non Arbitrage elle auroit moins à en craindre & plus à en esperer.

Dans le non Arbitrage, c'est-à-dire, dans l'Etat d'impolice, où sont encore les Nations les unes à l'égard des autres on peut considerer les voisins de la Republique de Venise.

T ij

1º. Par raport au profit qu'elle peut faire avec eux par le commerce ou de Terre ou de Mer dans les tems de Paix ou plûtôt dans les tems de Trêve.

2º. Par raport aux Ligues de mutuelle protection qu'elle peut faire avec quelques-uns d'entre-eux pour leur commune conservation.

3º. Par raport aux Conquétes que ses Ennemis peuvent faire de partie de son Territoire.

4º. Par raport aux Conquêtes qu'elle peut faire sur le Territoire de ses Ennemis.

5º. Par raport à l'entretien des Troupes & aux autres précautions qu'elle peut prendre contre un Ennemi puissant, perfide & irreconciliable.

6º. Enfin par raport à la dépendance ou à l'indépendance où la Republique est à l'égard de ses voisins & où ses voisins sont à son égard.

Voilà tous les côtés par lesquels on peut considerer la Republique, par raport *au dehors*. Or je soûtiens, & il est facile de demontrer qu'à l'égard des deux premiers & des deux derniers Articles, l'Arbitrage loin de lui rien ôter, lui procureroit des avantages considerables, & que si à l'égard de quatriéme, cet établissement lui ote quelque chose en lui ôtant l'esperance de conquerir, il lui rend autant & même plus dans le troisiéme en la délivrant pour jamais de toute crainte d'être envahie; mais voyons la chose plus en détail.

Commerce Etranger.

Les Venitiens conviennent que le Commerce Etranger aporte un très-grand profit à leur Etat. Or il est évident qu'il seroit incomparablement plus grand, s'il n'étoit plus jamais interrompu par les guerres étrangeres, & si chacun des Negotians pouvoit s'assurer qu'il ne seroit jamais interrompu,& que dans les chambres frontieres on leur rendroit justice exacte dans leurs differens avec les Negocians Etrangers. Or il n'y auroit plus de guerres étrangeres après l'établissement de l'Arbitrage & personne ne pourroit plus les craindre.

Si le Commerce Etranger de la Republique en l'état qu'il est, aussi souvent interrompu qu'il l'est & où l'on craint toûjours qu'il ne le soit, rend quatre millions de profit à la Republique, il est certain qu'étant devenu inalterable, il lui rendroit bien-tôt huit millions & iroit toûjours en croissant & croitroit beaucoup plus dans l'Arbitrage que dans le non Arbitrage, par trois autres raisons 1°. Il y auroit beaucoup de Venitiens qui étoient employés à la guerre dans le non Arbitrage qui seroient obligés de s'employer au Commerce. 2°. l'argent qui s'employe à la guerre s'employeroit au Commerce. 3°. Le tems que les Conseils employent à diriger la guerre ils l'employeroient à mieux diriger & à favoriser le Commerce. On peut y en ajoûter une quatriéme, c'est qu'il meurt beaucoup de Citoyens à la guerre, qui ne mourroient pas si-tôt durant la Paix, & l'on sçait que la multitude des Citoyens sert beaucoup à multiplier le Commerce & par consequent les richesses de l'Etat.

Donc l'établissement de l'Arbitrage loin de rien ôter à l'Etat de Venise, par raport au *Commerce Etranger* lui procureroit de ce côté là un très-grand avantage.

Ligues.

Le Republique n'étant pas assés puissante pour conserver ses Etats, est dans la necessité de faire des Ligues: mais dans le *non Arbitrage* ces Ligues ont de très-grands inconveniens qu'elles n'auroient point dans *l'Arbitrage*.

1°. C'eſt qu'en conſideration de ce ſecours les Venitiens ſont obligés en beaucoup d'occaſions d'acorder à leurs Alliés pluſieurs demandes ou onereuſes ou injuſtes qu'ils n'acorderoient point ſans cela, & d'acheter ainſi par des complaiſances preſentes des ſecours avenir.

2°. C'eſt que cette protection, ces ſecours ne les diſpenſent pas de faire une prodigieuſe dépenſe en tems de guerre.

3°. C'eſt que cette protection n'eſt pas aſſés puiſſante ou du moins n'eſt pas aſſés conſtante & aſſés certaine pour les preſerver de la crainte de perdre & de la perte même de pluſieurs parties de leur Etat, on s'en ſouvient en ſe ſouvenant de la perte de Cypre & de la perte de Candie.

Au lieu qu'aprés l'établiſſement de l'Arbitrage les Venitiens ne feront plus obligez qu'à accorder les demandes que l'Arbitrage trouvera juſtes, ils ne feront plus obligez à des dépenſes extraordinaires & avec la ſixiéme partie de la dépenſe extraordinaire, ils feront à couvert & de la crainte de rien perdre & de la perte même. Enfin ils n'auront plus à craindre ni que leurs Alliés soient trop foibles pour les secourir puissamment, ni qu'ils manquent de constance dans leur bonne volonté.

Donc l'établissement de l'Arbitrage Protecteur, loin de rien ôter à l'Etat de Venise par raport aux utilités qu'il peut tirer des *Ligues*, lui procureroit de ce côté là même un très-grand avantage.

Conquêtes Passives.

Les Venitiens n'ont à craindre que deux choses de leurs voisins, la premiere l'interruption d'un Commerce qui leur aporte du profit & la seconde, que quelque voisin ne fasse quelque Conquête sur eux. Quant au premier sujet de crainte. On a déja vû que dans le *non Arbitrage*, le Commerce seroit fort resserré & fort inconstant, & qu'il n'y a que dans l'Arbitrage permanent que le Commerce seroit universel & perpetuel.

A l'égard des Conquêtes passives il est évident que l'Etat de Venise environné d'Ennemis beaucoup plus puissans qu'elle & fort interessés à s'acroitre à ses dépends, a presentement dans le *non Arbitrage*, un très-grand sujet de craindre la perte de tout ou partie de son Territoire au lieu qu'il est visible que dans *l'Arbitrage*, les limites des États & de leurs Territoires devenant absolument immuables, cet Etat n'auroit plus à craindre les invasions c'est-à-dire les Conquêtes passives.

Que les plus habiles Senateurs y pensent & repensent, ils ne trouveront jamais aucun moyen d'avoir seureté sufisante contre les invasions, si ce n'est cet établissement d'Arbitrage Protecteur que leur a déja proposé Henry IV. leur ami, témoin les dépêches de Canaye son Ambassadeur à Venise & témoin les Memoires du Duc de Sully son premier Ministre.

Reflexion.

Si trois ou quatre gens d'un esprit excellent & de diferentes Nations eussent été payé alors par le Senat pour défricher, pour éclaircir les dificultés de ce beau projet, ils l'auroient sans doute mieux éclairé & plus aprofondi que je n'ai pu faire, & l'auroient en dix ans mis en tel état de clarté qu'il n'y eût aucun Souverain si puissant qu'il eût été qui lisant ces Ouvrages dans sa langue n'eût vû qu'il lui étoit incomparablement plus avantageux de ſigner un pareil traité que de ne le pas ſigner, la Societé Chrêtienne ſe feroit formée & les Venitiens n'auroient pas fait les dépenſes prodigieuſes qu'ils ont faites en Troupes & en Fortifications depuis prés de cent ans, ils n'auroient pas perdu Candie que je regrete toûjours, & que toute la Chrêtienté doit toûjours regreter.

Si les Venitiens, dis-je, il y a cent ans firent une faute de n'avoir pas fait foüiller cette Mine ſi riche que leur indiquoit Henri IV. Les Venitiens d'aujourd'hui en feroient une beaucoup plus grande à preſent que ce projet eſt bien plus éclairci, & qu'ils peuvent pour ainſi dire faire l'eſſai eux-mêmes des morceaux de cette riche Mine que je leur preſente.

Conquêtes Actives.

10. Il eſt vrai que dans le non Arbitrage la Republique de Veniſe abſolument parlant peut faire des Conquêtes ſur l'Empereur & ſur les Turcs: mais il n'eſt pas dificile de voir qu'elle renonceroit bien volontiers à en faire ſur ces puiſſans voiſins, ſi ces puiſſans voiſins donnoient *ſeureté ſufiſante*, de leur

côté de n'en jamais faire sur elle.

2°. Les Conquêtes que la Republique pourroit faire sur chacun de ces puissans Princes dont elle est toute environnée, seroient si peu de chose & lui coûteroient si cher en comparaison de ce qu'elles lui raporteroient, que renoncer à un pareil avantage c'est renoncer à faire une perte.

3°. Elle ne peut garder l'esperance de faire des Conquêtes sur ces deux puissans voisins, qu'elle ne leur laisse en même tems l'esperance d'en faire à ses dépens: Or en leur laissant pareilles esperances ne demeureroit-elle pas dans un très-grand danger d'être un jour envahie si elle choisissoit de demeurer dans le non Arbitragé. Elle feroit comme un jouëur insensé qui hazarde tout pour gagner très-peu & qui hazarde à un jeu dont les frais sont beaucoup plus grands que ce qu'il peut raisonnablement esperer de gagner. Or un pareil parti convient-il à la sage Republique, c'est pourtant le parti que prendra ce Senat si prudent s'il continuë à demeurer dans la même indolence & dans la même inaction que le Senat il y a cent ans.

4°. Si la Republique de Venise étoit

égale en forces à l'un ou à l'autre de ſes voiſins, il y auroit encore à perdre pour elle à demeurer dans l'état de *non Arbitrage*, c'eſt-à-dire, dans l'état de Conquête, active & paſſive, puiſque à hazards égaux, à fortune égale aprés cent ans de Trêves & de guerre chaque Etat ſe trouvera à peu prés dans les mêmes limites, & que les frais de la guerre qui ſont immenſes ſeroient pour elle au bout de cent ans en pure perte ; mais il s'en faut bien qu'elle ſoit égale en force, ainſi il eſt extrêmement de ſon interêt de n'être pas forcée de joüer à un jeu ſi dangereux & ſi deſavantageux pour elle, & elle y peut être toûjours forcée tandis que l'*Arbitrage Protecteur*, ne ſera point établi.

Je ſai bien que cette Republique a pluſieurs pretentions légitimes, ou qu'elle croit légitimes contre pluſieurs de ſes voiſins, & par ce Traité qui n'eſt que confirmatif des Traités precedens elle renonce en faveur de ſes voiſins à toutes ſes pretentions en conſideration des avantages immenſes d'un Commerce perpetuel & d'une ſeureté ſufiſante & reciproque, elle ſe contente du Territoire qu'elle poſſede actuellement ; mais ces mêmes voisins n'ont-ils pas plusieurs pretentions qu'ils croyent légitimes sur quelques parties du Territoire dont elle est en actuelle possession. Le Pape ne prétend t-il rien sur la Polesine, l'Empereur comme Duc de Milan, ne pretend t-il rien sur Crême, sur Bresse, sur Bergame, &c. & cependant par ce Traité en consideration des avantages immenses d'une Paix perpetuelle ne renoncent-ils pas tous en sa faveur à toutes ces pretentions. Ces païs raportent à la Republique plus de cinq millions de revenu. L'Empereur n'a-t'il pas encore des pretentions sur le Frioul, sur la Dalmatie qui raportent plus de cinq cent mille écus.

Donc l'établissement de *l'Arbitrage Protecteur*, loin de rien ôter à la Republique de Venise, par raport aux Conquêtes actives & passives, lui procureroit de ce côté-là même un avantage inestimable.

Milice contre les Etrangers.

La crainte perpetuelle où doit être la Republique contre les invasions de ses voisins la met dans la necessité d'entretenir un nombre de Troupes d'autant plus grand & à faire d'autant plus de dépense en Fortifications, en Magazins, en Vivres, en Munitions, que son Ennemi est plus puissant & plus armé. Or si cette depense est déja très-grande en tems de paix, combien devient-elle plus grande en tems de guerre. Si je savois à peu près la dépense que fait la Republique dans le tems de paix je le metrois icy. Si je savois la dépense qu'elle a faite pour conserver Candie j'en parlerois, & il est certain que ces sommes assemblées feroient bien plus d'impression sur les Lecteurs, cette ignorance où je suis diminuë à la verité quelque chose de la force du raisonnement, mais elle ne diminuë rien de la justesse.

Je dis donc que dans l'état d'Arbitrage la précaution contre ses voisins puissans ne couteroit à la Republique que son contingent pour entretenir la Ville de Paix, & que la dépense pour les guerres étrangeres ne lui coûteroit que son contingent pour garentir la Societé d'Europe des ennemis de cette Societé ; Or qui ne voit que ces deux sortes de contingens n'iroient pas à la moitié ni même au quart ni même à la huitiéme partie de ce qu'il

des Souverains. 231

lui en coûte année commune & qu'-avec huit fois plus de dépense elle a huit fois moins de seureté de sa conservation qu'elle n'en auroit si la Societé Chrêtienne étoit établie.

Je viens d'aprendre d'un homme instruit que la Republique tire plus de vingt millions de subsides ordinaires de ses Etats, j'en ai vû le détail, j'ay apris que pendant la guerre de Candie, elle tiroit un tiers de plus, & que par dessus cela elle s'étoit encore endettée de soixante-quatre millions. D'ailleurs on peut croire que de ces vingt millions, il y en a du moins les deux tiers, c'est-à-dire, plus de treize millions employés aux précautions contre les ennemis du dehors, ainsi en retenant les subsides ordinaires ils épargneroient au moins dix millions sans compter l'épargne des subsides extraordinaires qui va au moins en chaque siecle à cinq millions par année commune de guerre.

Donc l'établissement de l'Arbitrage loin de rien ôter à la Republique de Venise, par raport à la milice contre les étrangers, ne feroit que lui procurer de ce côté-là un profit immense & tel qu'elle n'en peut jamais esperer un pareil, par aucun Traité possible.

Dépendance & Indépendance à l'égard des Voisins.

Nous avons montré que la Republique de Venise quoi qu'independante à l'égard de ses sujets, est d'autant plus dépendante de ses voisins qu'elle a plus à en esperer & plus à en craindre, il est vrai que ses voisins en dépendent à leur tour soit par les biens qu'elle peut leur procurer par son Commerce, soit par les dommages qu'elle peut leur causer par la guerre, sur tout étant unie avec des Associés puissans. Ainsi on peut dire qu'il y a entre elle & ses voisins une *Dépendance mutuelle* quoi qu'il y ait aussi entre ces Souverains une sorte d'Indépendance, en ce que chacun d'eux peut se gouverner chez soi comme il lui plaît, sans avoir à en rendre compte à ses voisins.

Nous avons montré qu'à l'égard de cette sorte *d'indépendance d'autorité* & de Souveraineté sur les sujets, l'Arbitrage n'en ôteroit rien à la Republique; mais même qu'il l'augmenteroit encore.

A l'égard

des Souverains. 233

A l'égard de la *Répendance mutuelle*, où la Republique est à l'égard de ses voisins, il est certain qu'elle n'augmenteroit pas par l'établissement de l'Arbitrage puisque ces Souverains n'augmenteroient pas le pouvoir de lui nuire,& qu'au contraire cet établissement afermissant pour toûjours le Commerce & posant des bornes immuables au Territoire de chaque Etat, elle n'auroit plus rien à craindre des invasions de leur part, elle dépendroit à la verité desormais de ses voisins comme de ses Juges; mais 1°. Elle ne dépendroit pas de ses seuls ennemis comme elle fait. 2°. Elle n'en dépendroit que pour des sujets de contestation très-peu importans, au lieu que ses ennemis étant ses Juges aussi dans le non Arbitrage & des Juges animés d'un esprit de vengeance & d'avarice, ils sont pour elle d'autant plus redoutables qu'ils sont plus puissants & plus interessés à sa destruction, au lieu qu'elle ne dépendroit plus que de Juges ses Associés & ses Protecteurs interessés à sa conservation & à ne rien juger contre elle en faveur d'un de ses voisins que ce qu'elle voudroit en pareille occasion être jugé pour elle

V

contre un autre voisin. 3°. Elle est aussi leur Juge & ils dépendroient autant d'elle qu'elle dépendroit d'eux. Or il n'y a qu'à comparer la sorte de *Dépendance mutuelle*, où la Republique est presentement avec ses voisins dans le *non Arbitrage* avec la *Dépendance mutuelle*, où elle seroit avec ces mêmes voisins dans l'*Arbitrage*, & l'on verra clairement que de ce côté-là loin que l'établissement proposé, lui ôtât rien il lui procureroit au contraire par une protection reciproque toute puissante & perpetuelle une independance aussi grande & aussi parfaite que les hommes, que les Nations, que les Souverains en puissent jamais avoir sur la Terre.

PREMIERE OBJECTION.

Le Projet de Traité que vous proposés est dans le fonds très-avantageux à nôtre Republique, m'a dit un Venitien, mais il y a un grand obstacle. C'est que les dix ou douze Senateurs les plus habiles & les plus autorisés de la Republique sont tellement occupés d'afaires journalieres importantes & pressées que l'on ne peut presque pas esperer qu'ils ayent jamais le loisir de lire vôtre Projet & de l'examiner à fonds. Il faudroit que chacun d'eux pût pendant dix ou douze jours, travailler deux heures de suite à cette affaire. Or le moyen d'obtenir d'eux un pareil travail, un pareil examen, cependant sans cette Lecture, sans cet Examen, ils ne prendront jamais aucune resolution sur ce Projet de Traité. D'ailleurs la plûpart de ces Ministres n'entendent pas la langue où l'Ouvravrage est écrit.

RE'PONSE.

1°. Je conviens qu'avant que vos principaux Ministres entendent parler du Projet d'*Arbitrage Protecteur*, il faut qu'un grand nombre de Senateurs & d'autres Citoyens l'ayent lû & aprouvé, & qu'il faut pour le leur faire lire qu'il y en ait à Venise un grand nombre d'Exemplaires en Italien, mais n'est-il pas vrai que ces sortes de Livres qui interessent tout le monde & sur tout les gens de Lettres trouvent par tout à la longue des traducteurs, des Imprimeurs & des Auteurs. Il manque même à l'Ouvrage des Notes Historiques où des Observations Politiques que les Traducteurs plus instruits des affaires de son païs que ne peut jamais être l'Auteur, pourroient facilement y ajoûter & qui embeliroient fort l'Ouvrage.

2°. Les Senateurs qui auront aprouvé le Projet, ne pourront-ils pas en parler aux principaux Ministres comme de l'affaire la plus importante de la Republique, puisqu'elle embrasse toutes les affaires du dedans & du dehors, & qu'elle les abregeroit & les faciliteroit infiniment, ne peuvent-ils pas en parler à ces Ministres comme d'une affaire très-pressée. Car enfin s'il est vrai que cet établissement épargneroit à la Republique au moins deux millions d'écus par année commune, il est visible que le retardement coûteroit à la Republique deux cens milles écus par mois. Or que l'on trouve dans l'Etat une affaire qui presse davantage à finir.

3°. Dés que cette affaire sera presentée aux Ministres par plusieurs Senateurs comme l'affaire la plus importante & la plus pressée de la Republique, seroit-il possible que ces Ministres

des Souverains.

ne vouluſſent pas donner le tems neceſſaire pour l'examiner & même pour trouver les moyens de lever les difficultés qui ſe rencontreroient dans l'execution & que font-ils autre choſe ſur chaque affaire dans leurs differens Conſeils que lever des difficultés pour des affaires incomparablement moins importantes & moins preſſées.

4°. Ce n'eſt pas ici une de ces affaires qui pour réüſſir demande d'être traitée avec beaucoup de ſecret; au contraire plus on la traite publiquement, plus elle devient facile à executer, parce que chacun étant intereſſé à l'execution d'un pareil Projet chacun aide à trouver les expediens les plus propres à l'executer, & ſi les principaux Miniſtres n'ont pas le loiſir d'examiner ces expediens, ils peuvent facilement former une Congregation, un Bureau, une Jonte pour cet examen, & s'il ſe trouvoit encore quelque choſe à éclaircir, promettre des récompenſes honorables & utiles à ceux qui donneront de meilleurs memoires ſur la matiere, afin que les Commiſſaires de la Congregation ayant plus de facilité à l'aprofondir, puiſſent prendre de plus juſtes meſures pour rendre le Projet plus facile à executer.

5°. S'il arrivoit que les Turcs attaquaſſent la Republique n'eſt-il pas de ſon interêt tandis qu'avec ſes armes elle fera tous ſes efforts pour ſoutenir la guerre, elle tache de l'autre pour la ſoutenir plus longtems & pour obtenir une Paix avantageuſe, de commencer à propoſer une Ligue, une aſſociation generale aux Chrêtiens & peut-elle jamais en propoſer une plus avantageuſe à chaque Societé que le Traité dont eſt queſtion, peut-elle la propoſer dans un tems plus favorable, puiſque la guerre ne diviſe plus les plus puiſſans. A-t-elle une Negotiation plus importante & plus preſſante que de ſe procurer un ſecours tout puiſſant qui ne lui coûtera rien ? A-t-elle une negociation plus facile à faire réüſſir que celle qui aportera à chaque Allié un très-grand avantage en ce que cela leur produira une Societé permanente, une ſeureté & une protection reciproque, une exemption perpetuelle de toute guerre, & par conſequent un commerce qui ne ſera jamais interrompu.

Si durant la Paix elle peut craindre une guerre prochaine a-t-elle rien de plus pressé à negocier qu'un Traité qui la metroit entierement à couvert d'une pareille crainte, il n'est donc pas à craindre que ni durant la Paix ni durant la Guerre ce Traité ne paroisse pas assés important ou assés pressé pour être examiné par les principaux Ministres de la République ou par ceux qui seront à ce Deputez par le Senat. J'écrivois ceci avant la guerres des Turcs contre les Venitiens & j'aprens que la Republique a déja presque entierement perdu la Morée.

II. OBJECTION.

Pour former entre les Souverains Chrêtiens une Societé de protection mutuelle pour établir entre eux un Arbitrage permanent, un Commerce perpetuel, il ne sufit pas, m'a dit le Venitien, que nôtre Republique soit toute disposée à signer les Articles fondamentaux du Traité, il faut encore que les autres Souverains & sur tout les plus puissans y soient aussi disposés. Un Traité ne se signe que par differentes parties qui ont plus interêt, & qui trouvent plus d'avantages à le signer qu'à ne le pas signer. Or qui d'entre eux le voudra signer avec nous

& comment oserons-nous le leur proposer?

RE'PONSE.

A l'égard des Republiques & des Souverains qui ont pour voisins & par consequent pour ennemis quelques Souverains plus puissants, il est évident qu'ayant autant d'interêt de signer ces Articles fondamentaux du Traité qu'en a la Republique de Venise, ils seront autant disposés qu'elle à les signer, & tels sont les Holandois, le Roy de Portugal, les Génois, le Roy de Sicile, les autres Princes d'Italie, les Suisses, la plûpart des Electeurs, les autres Princes d'Allemagne moins puissans & le Roy de Dannemarck. Donc les Venitiens ne signeront pas eux seuls ces Articles ou ne les proposeront pas en vain à signer à d'autres Potentats; l'Interêt de ces Potentats se verra dans la suite & se verra si clairement qu'il faudroit qu'ils fussent insensés si à l'aspect de tous les grands avantages qu'ils tireroient de ce Traité ils refusoient de le signer, & c'est ce que l'on ne peut pas suposer; il ne faut donc pour avoir la hardiesse de le leur proposer que leur faire l'honneur l'honneur de ne les pas croire des insensés.

III. OBJECTION.

Mais quand les Holandois, le Roy de Portugal, les Genois, le Roy de Sicile, les autres Princes d'Italie, les Suisses, la plûpart des Electeurs, les autres Princes l'Allemagne moins puissans & le Roy de Dannemarck auroient signé à Utrecht ce Traité fondamental, qu'est-ce que leur servira un semblable Traité si les Princes les plus Puissans refusent de le signer & comment oser le leur proposer.

REPONSE.

1. On verra dans la suite que les autres Souverains quoique plus Puissans ont de très-puissans motifs pour signer ce Traité, & que ces motifs leur paroîtront d'autant plus puissants qu'ils les examineront avec plus de soin, qu'ils leur seront proposés par une Ligue déja puissante & toute formée.

2. Si quelqu'un de ces puissans Princes étoit en guerre avec un voisin plus puissant ou victorieux, n'est-il pas évident que pour conserver son Territoire tel qu'il étoit avant la Guerre, il n'auroit rien de

plus pressé que de signer un Traité qui lui donneroit tout d'un coup tant d'Alliés, & une si grande superiorité non pour conquerir mais pour conserver ce qui lui est aquis par le dernier Traité.

Ainsi pour oser leur proposer un pareil Traité il n'y a qu'à suposer qu'ils sont assés sensés pour preferer de très-grands avantages à de très-grands inconveniens, de très-grands biens à de très-grands maux.

Un Traité pour être conclu, pour être signé a-t-il besoin d'autre chose que d'être desiré par toutes les parties & pour en être desiré a-t-il besoin d'autre chose que d'être pour eux évidemment fort desirable.

AVERTISSEMENT.

Si j'étois un peu mieux instruit des maux que peut craindre le Senat ou des établissemens avantageux qu'il voudroit faire s'il en avoit les moyens, je les proposerois comme de nouveaux motifs, j'espere que le Traducteur Italien y supléera par ses observations pour fortifier encore cette demonstration.

CONCLUSION.

On ne peut confiderer la Republique de Venife que par raport au *dedans* & par raport au *dehors*, & l'on ne fauroit dans ces deux raports y remarquer aucun côté qui ne fe puiffe raporter à ceux que nous venons d'examiner. D'autre part on a vû clairement qu'à la confiderer de tous ces côtés loin que l'établiffement de *l'Arbitrage* lui ôtât rien des biens qu'elle a prefentement dans le *non Arbitrage*, il ne feroit que les augmenter infiniment, & que loin d'augmenter les maux où elle eft fujette dans la fituation prefente, il ne feroit que les diminuër infiniment. On verra de même clairement dans la fuite qu'il y a pour chacun des Souverains Chrêtiens des avantages immenfes à figner le même Traité fondamental de l'Arbitrage.

On peut donc conclurre 1°. qu'il eft infiniment plus avantageux à cette Republique de figner les Articles fondamentaux de ce Traité que de ne les pas figner. 2°. qu'elle n'a rien à negocier avec les Souverains Chrêtiens qui foit en même tems plus important, plus preffé & plus facile que ce Traité

& c'est ce que je m'étois proposé de démontrer.

HOLANDE.

La Republique de Holande a plusieurs choses semblables dans son Gouvernement avec la Republique de Venise, mais il faut l'avouër elles different entre elles beaucoup plus qu'elles ne se ressemblent. Venise n'est qu'une Souveraineté au lieu que la Holande est un composé de Souveraineté, c'est une Republique composée de sept Republiques qui ont trouvé le moyen de faire par leurs Deputés un seul Corps Politique dont les membres se protegent mutuellement contre les Ennemis du dehors & joüissent d'un Commerce perpetuel au dedans, c'est ce qui prouve que plusieurs Potentats par une consideration à peu prés semblable pour se proteger de même mutuellement contre les ennemis du dedans & du dehors, & pour avoir les avantages d'un Commerce perpetuel entre eux, peuvent former un nouveau Corps politique de toute l'Europe.

Il s'agit quant à present de montrer que les Holandois n'ont rien à negocier qui soit en même tems si important & si pressé que la formation de ce nouveau Corps Politique avec tous les Potentats Chrêtiens.

PROPOSITION A DE'MONTRER.

Il n'y a dans le *non Arbitrage*, aucun avantage pour les Holandois qui ne se rencontre pour eux dans l'Arbitrage, & il y a pour eux dans *l'Arbitrage* des avantages immenses qu'ils ne sauroient jamais trouver dans le non Arbitrage.

Je ne saurois rien changer à la division de ma preuve. On ne sauroit considerer cette Republique que par raport *au dedans* & par raport *au dehors*. Cette Division est exacte & entiere: mais comme ce que j'ai dit sur plusieur Articles de Venise est commun pour la Holande je ne parlerai que de quelques Articles qui peuvent avoir quelque chose de different.

Consideration par raport *au dedans*.

Que l'on examine en détail les avantages que les Holandois tirent présentement de leur Police, de l'administration de la Justice & des finances, de leur Commerce interieur, de leur Milice contre les seditieux de l'autorité & de l'independance de chacune des sept Republiques sur leurs sujets, & l'on verra que non-seulement l'établissement de l'Arbitrage Européen ne diminueroit rien de ces avantages mais au contraire qu'il les augmenteroit infiniment.

I. OBSERVATION.

L'autorité du Stathouder ne sera plus à craindre.

Rien n'est plus à craindre pour la Holande, que la trop grande autorité d'un Stathouder, ils en ont eu diverses experiences & que seroit devenuë la Republique si le fameux Roy Guillaume avoit eu moins de moderation & qu'il eût laissé des enfans grands & ambitieux ? Or comme cela dependoit du hazard, on peut dire que les Holandois l'ont échapé belle, & qu'ils ont commis une grande faute d'avoir laissé ainsi dependre leur Gouvernement du hazard. Les Venitiens n'eussent pas fait une pareille faute.

D'un autre côté les affaires de la Guerre demandent qu'un General soit fort autorisé & fort acredité pour agir avec plus de force & pour profiter des occasions qui s'échapent presqu'aussi-tôt qu'elles se presentent, & un pareil General qui est si necessaire à la Republique dans les tems de Guerres devient pour elle un sujet très-dangereux quand il a une fois les armes à la main. Les Histoires en fournissent quantité de preuves, & sans avoir recours à l'Histoire, on voit assés qu'un homme accoûtumé à commander avec tant d'autorité a bien de la peine à se racoutumer à obeïr avec la même soumission qu'un simple Citoyen. On voit assés que les gens de Guerre pensent tous comme lui & sont autant de Citoyens disposés par leur interêt particulier à contribuer à son élevation aux dépens de l'interêt public. Or n'est-il pas évident que dans l'établissement de l'Arbitrage, les Holandois ou n'auront plus besoin de Stathouder perpetuel ou n'auront plus rien à craindre de l'autorité qu'ils lui donneront, ce qui est certainement un très-grand avantage pour la seureté & pour la durée de la Republique.

II. OBSERVATION.

La Guerre entre les sept Provinces ne sera plus à craindre.

Je ne sai s'il n'est point né de contestation entre ces sept Provinces, entre ces sept Republiques pour les Limites, pour le Commerce, pour la Religion, pour le Reglement des Contingens, &c. mais je sai bien qu'il y en peut naître dans la suite, témoin les contestations qui sont arrivées depuis quelques années entre les Cantons Suisses. Ces divisions, ces contestations pourroient produire la Guerre ce qui seroit très-préjudiciable à la Republique. Or par l'établissement de l'Arbitrage, ces contestations seroient jugées dans le Senat Européen, & ne produiroient aucun mal, aucun préjudice à l'union Belgique.

III OBSERVATION.

Les Guerres de Religion ne seront point à craindre.

Tout le monde sçait qu'au commencement du siécle passé il ne s'en falu presque rien que les disputes des Gomaristes & des Arminiens n'alumassent une Guerre Civile en Holande. Ces deux partis subsistent encore, & l'on sçait qu'il est naturel que les Theologiens pour se vanger de leurs ennemis cherchent à les rendre odieux, & qu'il est établi entre eux que c'est chose sainte & glorieuse de décrier & d'exterminer ceux que leur haine leur fait regarder comme Héretiques. Il est vrai que l'Arbitrage Chrêtien ne peut pas prévenir entierement la haine & la division que causent les disputes des Theologiens, mais il est évident qu'il peût en empêcher les suites facheuses en empêchant tous les partis de prendre jamais les armes, ils auront des Disputes, mais ils n'auront que des Disputes & jamais de Guerres Civiles, & n'est-ce pas un très-grand mal de moins à craindre. Or c'est uniquement de l'Arbitrage Chrétien de la Police Européene, que les Holandois peuvent avoir seureté parfaite contre toutes les especes de Guerres Civiles.

IV. OBSERVATION.
Les Dettes de l'Etat diminueront.

Les Holandois se sont fort endettés dans les deux dernieres Guerres, ils ont été forcés de prendre de grosses sommes à gros Interêt, il leur seroit très-avantageux de pouvoir rembourser ces Capitaux. Le seul moyen d'en venir à bout c'est de garantir l'Etat des malheurs de la Guerre, pour un très-long tems, mais comment l'en garentir *seurement* que par l'établissement de l'Arbitrage Européen. Avantage que la Republique ne peut jamais esperer en demeurant dans le *non Arbitrage*.

V. OBSERVATION.
Les Travaux publics se feront.

Il y auroit divers Travaux très-utiles à faire dans l'Etat par exemple, ils voudroient faire de nouvelles Digues, de nouvelles Ecluses, perfectionner les anciennes, ouvrir de nouveaux Canaux, netoyer les anciens, paver de nouveau quelques chemins, reparer les anciens, perfectionner les Ports, &c. mais les dépenses de la Guerre, les Dettes de l'Etat ne permettent pas de fonger à des Travaux si utiles. Or par l'établissement de l'Arbitrage ces dépenses diminueroient beaucoup, ainsi l'Etat auroit en abondance les moyens de faire des Travaux si utiles au public.

Si j'avois un Memoire de ces Travaux & de ces établissemens qui seroient si avantageux aux Holandois, j'en parlerois ici en détail, j'espere que le Traducteur Flamand pourra supléer par ses Observations au peu de connoissance que j'ai de l'interieur de l'Etat.

Considerations par raport au dehors.

Comme il y a plusieurs articles dans ce que l'on vient de lire sur Venise qui sont communs à la Holande, j'y renvoye le Lecteur pour lui épargner des repetitions ennuyeuses, je me contenterai des Reflexions suivantes.

VI. OBSERVATION.

Le Commerce du dehors ne sera plus interrompu.

1. Le profit que les Holandois font par le commerce du dehors monte à

plus de deux cens millions, dont il y en a environ cent millions qui viennent du commerce avec la France & avec l'Espagne. Or si l'on supose comme il est vrai que dans le *non-Arbitrage* de 40. années il y en ait la moitié en guerre avec l'Espagne & avec la France ils perdroient année commune 50. millions par an par l'interruption de leur commerce, ce qui est la sixiéme partie de leur revenu total, il est evident que du côté du commerce du dehors l'Arbitrage, loin de diminuer leur revenu l'augmenteroit au moins d'un sixiéme.

2. On peut dire que si les Holandois dans le *non-Arbitrage* font un profit de deux cens millions dans les tems de paix avec tous leurs voisins lors même qu'ils sont fort incertains de la durée de cette Paix, ce profit augmenteroit d'un quart s'ils avoient *sureté sufisante* que la guerre n'interrompra plus le commerce, & cette *seureté sufisante* ils ne peuvent jamais l'avoir dans le *non-Arbitrage* comme je l'ai demontré dans le premier Discours du premier tome, & ils l'auroient certainement dans *l'Arbitrage*. Donc *l'Arbitrage* loin de diminuer le profit du

commerce exterieur l'augmenteroit encore d'un quart.

Pour se convaincre combien la seule incertitude de la dureé de la paix nuit au commerce, il n'y a qu'à faire les Reflexions suivantes.

1. Les Negocians ne font pas des Envois aussi forts parce qu'il faut un certain tems pour le debit d'une certaine quantité de merchandises & ils craignent la confiscation si la guerre recommençoit.

2. Pour la même raison le Negociant ne confie pas de si grosses sommes en païs étranger pour faire des achats.

3. Moins de Negocians ont commerce en païs etranger parce qu'ils cōnoissent peu de Correspondans dans chaque Ville de commerce d'une assés grande probité pour mettre à couvert des confiscations, les effets des Ennemis, & pour les faire valoir pendant la guerre : or on sait que le commerce qui ne se fait qu'en tremblāt est la moitié plus foible que celui qui se feroit si le negociant seur de la justice & de la protection des Chambres frontieres n'avoit jamais

rien à craindre du défaut de probité d'aucun correspondant,

4. Le Marchand qui vend ses manufactures en païs etranger incertain de la durée de la paix employe un quart moins d'ouvriers qu'il n'en employeroit s'il étoit seur de cette durée.

5. A l'Egard des vins & d'autres denrées qui durent peu d'années & qui se consomment en partie en païs etranger, cette incertitude fait que l'on cultive beaucoup moins de Vignobles & d'autres terres & d'autres plantes.

6. On sait que les mariages qui se font sur les frontieres entre nations diferentes augmentant la confiance reciproque, augmentent aussi beaucoup le commerce, mais la crainte de la guerre diminue fort le nombre de ces mariages, parceque durant la guerre, le mari craint que l'on ne confisque le bien de sa femme ou que l'on ne paye plus sa dotte.

7. Cette incertitude est cause que l'on fait moins de moulins & d'autres batimens utiles sur les frontieres parce qu'ils sont sujets à être brulés & ruinés.

des Souverains. 255

8. Cette incertitude est cause que l'on y plante moins de bois parce qu'ils y sont souvent coupés & moins de Vignes parce qu'elles y sont souvent ravagées.

9. A l'egard des terres à bled on les laboure avec moins de dépense & plus mal, parce que les proprietaires craignant les fouragemens sont souvent forcés de les laisser en friche. Cependant ces Frontieres sont souvent une liziere de trois ou quatre lieuës de profondeur de chaque côté, de sorte que sur cent lieuës de longueur, c'est six à sept cens lieuës quarrées mal cultivées ainsi cette seule incertitude cause visiblement une perte immense aux Nations limitrophes.

10. Le change est beaucoup plus fort à cause de cette incertitude, parce que les Banquiers de part & d'autre sont forcés de voiturer beaucoup plus d'especes & de hazarder davantage, & plus le Change est fort moins le Commerce est grand.

11. Cette incertitude met une grande diminution dans les Fermes publiques & donne occasion aux Fermiers de faire des demandes excessives pour

des diminutions s'ils les ont à forfait ou bien elle donne occaſion à de nouvelles fraudes ſi on les leur donne en regie.

VII. OBSERVATION.

Les Traités de Commerce ſeront executés.

Il y a une autre Conſideration à faire ſur le Commerce des Holandois, c'eſt qu'ils ont beau faire des traités de Commerce avec une Nation, il peut arriver que cette Nation n'en veüille plus obſerver certains Articles qui leur produiſoient le quart du profit du Commerce entier. Rompront-ils tout Commerce & ſe reſoudront-ils à avoir une Guerre dans laquelle ils perdront encore les trois autres quarts durant la Guerre, & dans laquelle ils feront encore une dépenſe très-grande & très-certaine pour un ſuccés très-incertain & pour faire un nouveau Traité pour l'execution duquel il n'y a *nulle ſeureté, nulle garantie ſufiſante*, non plus qu'il n'y en avoit point pour le premier dont l'inexecution a cauſé la Guerre.

Ce défaut de ſeureté & la neceſſité

de rentrer en guerre pour quelque inexecution sera toûjours un très-grand malheur pour le commerce des Holandois, & les Nations qui font moins de commerce qu'eux feront d'autant plus portées à profiter de la crainte qu'ils doivent avoir de rompre tout commerce, qu'elles savent que cette République est assés sage pour sacrifier le quart du revenu de leur commerce à la joüissance des trois autres quarts.

Or il est évident que l'Arbitrage loin de diminuer les seuretés & les garanties qu'ont les Holandois de l'execution de tous les articles de leurs Traités de commerce ne seroit que les augmenter.

VIII. OBSERVATION.

La Barriere ne sera plus necessaire.

Quelles sommes prodigieuses les Holandois n'ont-ils point dépensés en consideration de cette Barriere, cependant ils ne l'ont pas & quand ils l'auroient, il est évident qu'ils n'en tireroient pas la dixiéme partie de la seureté qu'ils tireroiët de la protection toute puissante & certaine de *l'Arbi-trage*.

IX. OBSERVATION.

Les Ligues defensives seront sufisamment puissantes & parfaitement constantes.

Les Holandois ont beau faire des ligues défensives avec les Anglois & les Allemans, l'experience nous aprend qu'elles peuvent se rompre même durant la guerre, & la raison nous prouve qu'il est impossible que deux nations qui ont tous les jours autant de sujet de differens sur le commerce qu'en ont les Anglois & les Holandois, se fassent toûjours assés de justice pour ne pas user de represailles les uns contre les autres pendant la paix, & par consequent pour ne pas entrer bien-tôt en guerre sur tout si les Holandois se liguent avec les François. Ces sortes de ligues ne sauroient donc être durables tant que ces nations n'auront point les autres souverains d'Europe pour arbitres, & tant que ces arbitres ne declareront point rebelle celui qui prendra les armes; & quel est l'éfet de

des Souverains. 259
l'Arbitrage proposé si ce n'est de rendre ces ligues beaucoup plus puissantes & parfaitement constantes.

X. OBSERVATION.
Conquêtes actives & passives.

Les preuves que j'ai aportées pour la Republique de Venise sont égales pour prouver que la Republique de Holande loin de rien perdre en renonçant à s'agrandir aux depens du Territoire de ses voisins, y gagnera par la renonciation reciproque que feront leurs voisins de s'agrandir aux dépens de son Territoire.

XI. OBSERVATION.
Diminution de depense pour la milice.

Les Holandois soit en paix soit en guerre dépensent année commune en vaisseaux de guerre, en Convois, en Troupes, en fortifications dans le *non-Arbitrage* plus de 40. millions, au lieu que dans *l'Arbitrage*, ils en dépenseront beaucoup moins, & ils auront cependant une seureté beaucoup plus grande & parfaitement sufisante

Y ij

pour la conservation de leur Etat & pour le maintien de leur commerce, ils epargneroient plus de dix huit millions, c'est à dire cinq cens mille ecus par mois. Or ont-ils negociation plus pressée, en ont-ils une dont le retardement leur coute plus cher presentement qu'ils ne sont point en guerre.

XII. OBSERVATION.

A l'egard de l'autorité & de l'independance.

Je ne croi pas que l'on veüille soutenir que par un pareil Traité les Holandois se mettroient en *Curatelle*, puisqu'il est evident par tout ce que nous avons dit tant sur Venise en réponse à la premiere objection qu'ils diminueroient considerablement la sorte de dépendance où ils sont à l'égard de leursvoisins, & par consequent qu'ils augmenteroient leur autorité & leur indépendance.

XIII. OBSERVATION.

Interêt des Particuliers.

Comme l'Etat en general feroit

par ce Traité un profit immense, & que pour le faire reüssir, il est à propos que personne ne soit intéressé à le traverser & qu'au contraire il est necessaire que tous ceux qui y peuvent contribuer le plus puissamment soient interessés personnellement à le faire réüssir, mon avis seroit 1. Que tous les Officiers de Guerre qui ont acheté fussent remboursés. 2. Que les apointements & les pensions leur fussent conservés à eux & aux autres qui n'ont point acheté. 3. Que les apointemens ou les pensions des Ministres, des Ambassadeurs & de tous les Conseillers de l'État fussent doublés durant leur vie. 4. Qu'il y eût pour les Ministres principaux quelque marque exterieure d'honneur & de distinction sur leur habit, par exemple le droit de porter la medaille qui sera frapée pour l'établissement de l'Arbitrage Européen, qui pasât à perpetuité à l'aîné de la branche aînée de leur posterité. Ceci soit dit pour Venise, & pour tous les autres Etats soit Republicains, soit Monarchiques.

PREMIERE OBJECTION.

Ce n'eft point la coûtume, m'a-t-on dit, de prendre dans un Imprimé, dans un Livre le fujet de la deliberation des Etats generaux, & moins encore de negocier en public & fans aucun fecret avec les nations etrangeres.

REPONSE.

I. Il eft vrai que le fujet de deliberation qui eft le *traité fondamental de l'Arbitrage Chrétien* fe prendroit dans des Livres imprimez tel qu'eft le Livre de Maximilien Duc de Sully qui raporte encore d'une maniere fort informe le projet de ce Traité, il eft vrai que je l'ai éclairci & que je l'ai rendu encore une fois public, mais pour être public en eft-il moins important.

II. Il eft certain que cette negociation fe peut faire tout publiquement & à decouvert, c'eft que ceux qui la feront n'auront point à craindre que quelque Souverain venant à l'examiner puiffe croire qu'il eft de son plus grand interêt d'en eloigner la Conclusion.

III. Qu'est-ce que je propose aux Holandois & à tous les autres souverains si ce n'est une nouvelle assemblée à Utrecht même pour aviser aux moyens de rendre la paix de l'Europe solide, au lieu qu'il n'y a personne qui ne la voye trés peu solide en la situation où sont les choses, c'est même ce peu de solidité qui les constitue tous en si grans frais pour se précautionner & qui les met en si grand mouvement pour former de nouvelles Ligues ou pour renouveler les anciennes.

IV. Qu'est-ce que je leur propose au sujet d'une Ligue si ce n'est de la faire totale avec un Arbitrage, au lieu de ne la faire que partiale & sans Arbitrage, parcequ'elle ne sera jamais indissoluble qu'elle ne soit totale & qu'elle ne mette en œuvre pour se maintenir le principal lien de toute alliance le plus solide fondement de toute société permanente qui est *l'Arbitrage permanent*.

V. Quand je leur propose des Contingens pour la Ligue totale est-ce une proposition où ils ne soient pas acoutumés dans leurs ligues partiales.

VI. l'Alliance avec tous les Souverains d'Europe que je leur propose ne peut pas leur paroître impossible, puisque dans la derniere guerre ils avoient dans leur Ligue contre la maison de France presque tout le reste de l'Europe, du moins n'ont-ils pas cru impossible d'y faire entrer tous ceux qui se sont tenus neutres, & ils y auroient reussi facilement si au lieu de les Liguer contre la maison de France, ils avoient proposé d'y faire entrer la maison de France elle même en lui conservant tous les Etats dont elle etoit en possession, ils eussent pû déslors negocier ouvertement, sans aucun chifre, sans aucun mystere & par ce moyen ils se seroient & à leurs alliés épargné des dépenses immenses, une infinité de peines très facheuses & de très grans malheurs.

II. OBJECTION.

Il est vrai, m'a dit un Holandois, que rien n'est plus equitable que toutes les nations ayent egale liberté de trafiquer

trafiquer par tout ; mais si cela a lieu, les Privileges exclusifs de certaines Compagnies de Commerce comme celle de Batavia, n'auront point de lieu.

RE'PONSE.

1. Cette Compagnie a deux sortes de Privileges ; les uns lui sont accordés par les Etats pour un tems à l'exclusion des autres Holandois pour trafiquer avec tel & tel Souverain. Ces Privileges peuvent demeurer dans leur force pendant tout le tems que les Etats Generaux le jugeront à propos puis qu'ils sont les Maîtres de faire observer entre leurs Sujets tels Reglemens qu'il leur plaira. Les autres Privileges exclusifs sont accordés à cette Compagnie par les Souverains des Indes avec qui cette Compagnie trafique & cela par des Traités. En ce cas comme la Societé est particulierement établie pour faire observer les Traités des Souverains, ces Privileges exclusifs doivent être executés pour tout le tems porté par les Traités & ils le seront bien plus exactement & bien plus certainement puisque l'Arbitrage Européen deviendra garand de cette execution.

Mais si cette Compagnie sans avoir aquis de droit par des Traités a taché d'exclure par la force les autres Nations du Commerce sur certaines côtes, avec certains Souverains & malgré eux, il est vrai qu'il ne lui sera plus permis d'user de la voye de la force, & que par consequent elle perdra quelque chose de ce côté là à l'établissement de la Societé: mais cette perte ne sera pas considerable, parce qu'il lui en coutoit beaucoup pour entretenir cette superiorité de forces; ainsi cette dépense étoit à diminuer sur le profit. D'ailleurs cette perte sera avantageusement reparée en ce que cette Compagnie étant comme toutes les autres sous la protection de la Societé Européenne elle n'aura plus rien à craindre & par consequent elle n'aura plus de Vaisseaux à armer, plus de Garnisons à entretenir contre les Souverains d'Asie ou d'Affrique, avec qui la Societé Européenne aura pris des seuretés susisantes pour le Commerce d'Europe. Enfin s'il y a des Armées & des Garnisons à entretenir ce sera aux dépens de la Societé Européenne qui ne manquera jamais de faire dedommager entierement tous ceux qui étant fous fa protection auront fouffert injuſtement quelque dommage de la part des Souverains d'Aſie ou d'Affrique.

Or que l'on ſupute les ſommes que la Societé Européenne épargnera à cette Compagnie pour ces deux Articles, & l'on verra qu'elles ſe montent au triple ou du moins au double de cette eſpece de gain injuſte, que cette Compagnie auroit pû faire par la superiorité de ſes forces au préjudice des autres Nations, car pour le gain juſte qu'elle peut faire ſoit par les voyes volontaires ſoit en conſequence des Traités qu'elle a faits avec les Souverains d'Aſie, ce gain ne peut qu'augmenter par l'augmentation de la ſeureté & de la liberté du Commerce, & par l'aſſurance que ſes membres auront qu'il ne ſera jamais interrompu & qu'on leur rendra toûjours juſtice exacte dans les Chambres Souveraines du Commerce.

2. Les Interêts d'une Compagnie qui change inceſſamment de membres ne ſont pas les uniques Interêts de toute une Nation, ainſi quand il ſeroit vrai que l'établiſſement de la Societé Européenne diminueroit ſon

gain d'un sixiéme, d'un quart même en retranchant cette espece de gain injuste & tyrannique dont nous avons parlé, si le reste de la Nation est quatre fois, dix fois plus nombreux & plus considerable que cette Compagnie, si cet établissement leur épargne des maux infinis, il assure pour toûjours leur gouvernement & qu'il double le revenu du reste des Citoyens, n'est-il pas évident qu'alors entre Citoyens égaux il faut accepter le moindre mal & le mal du moindre nombre pour éviter le plus grand mal & le mal du plus grand nombre.

3. Ceux qui sont interessés à cette Compagnie, ont la plûpart la plus grande partie de leurs autres biens ou en d'autres Commerces ou en terres ou en rentes; Or s'ils perdent trois, du côté de cette Compagnie par l'établissement de la Societé, ils gagneront trois, quatre, cinq, six de l'autre par une Paix perpetuelle, effet necessaire de ce même établissement.

4. Non seulement cette Compagnie fait des frais immenses en Asie & en Affrique pour sa conservation, mais elle fournit encore de prodigieuses contributions en Europe pour soute-

nir l'Etat dont elle fait partie. Or n'eſt-ce pas faire un profit prodigieux que de trouver le moyen de s'exempter de contributions prodigieuſes.

5. Cette Compagnie ne ſçauroit ſubſiſter qu'autant que l'Etat ſubſiſtera. Or il peut être renverſé & par des cauſes internes & par des cauſes externes tant que l'on ne formera point *l'Arbitrage Chrêtien*, ainſi quand ſon Privilege excluſif ſeroit pour toûjours elle ne peut jamais être afermie, elle ne peut jamais être ſolidement établie qu'en ſupoſant la formation d'une Societé permanente qui ſeule peut aſſurer aux Etats une durée perpetuelle.

CONCLUSION.

Je n'ai donc plus qu'à conclure que de quelque côté que l'on regarde la République de Holande, ſoit par raport *au dedans*, ſoit par raport *au dehors*, loin de perdre par l'établiſſement de la Police generale ou de l'Arbitrage Européen aucun des avantages dont elle joüit dans *l'Impolice*, dans le *non Arbitrage*, elle ne feroit que les augmenter tous infiniment, & qu'a inſi cette Republique n'a rien à negocier avec ses voisins qui soit à tout prendre si important & si pressé que le Traité fondamental de l'Arbitrage Européen. *Et c'est ce que je m'étois proposé de demontrer.*

PORTUGAL.

Proposition à démontrer.

Il n'y a dans le *non Arbitrage* aucun avantage pour le Roy de Portugal qui ne se rencontre pour lui dans l'Arbitrage, & il y a pour lui dans *l'Arbitrage* des avantages immenses qu'il ne sauroit jamais trouver dans le *non Arbitrage*.

On ne peut considerer ce Royaume que par raport aux affaires du dedans & aux affaires du dehors. Celles du dedans se reduisent à six, Police, Justice, Commerce Interieur, Finance, Milice & autorité sur ses Sujets, les affaires du dehors se reduisent ou à des Traités, ou à des Guerres, Traités de Paix ou de Trêve avec ses voisins, Traités de Commerce, Traités de Ligues contre les invasions, Traités de Ligues pour conquerir, Guerres deffensives

Guerres offensives. Enfin chaque Souverain a pour but d'avoir moins à craindre de ses voisins, c'est à dire d'augmenter son indépendance.

Or il me semble que lors qu'on a vû ce que je viens de dire sur chacun de ces Articles à l'égard de Venise, il est facile d'en faire l'aplication au Roy & au Royaume de Portugal, & de voir que l'Arbitrage loin de diminuer aucun des avantages qu'il tire de tous ces côtés dans le non Arbitrage ne feroit que les augmenter infiniment, ainsi il ne me reste qu'à faire encore quelques observations un peu plus particulieres pour le Portugal.

I. OBSERVATION.

Le Royaume de Portugal est cinq ou six fois moins puissant que le Royaume d'Espagne, il en faisoit même partie avant la revolution de 1640. Or un Roy d'Espagne ne peut-il pas avoir en vûë de reconquerir ce qui est si à sa bienseance & ce qu'il croira lui apartenir si legitimement.

1. Jusqu'en 1700. Le Roy de Portugal a eu dans le Roy de France un Alié constant & suffisamment puissant: mais les choses depuis ce tems là ont

bien changées. D'un autre côté il ne peut atendre de fecours que des Anglois & des Holandois, mais ces fecours feront lents & de grande dépenfe, parce qu'il faut tout tranfporter fort loin & par Mer. Enfin les Anglois & les Holandois tireront-ils un affés grand profit de cette alliance avec le Portugal pour abandonner le Commerce qu'ils font avec l'Efpagne, il n'y a nulle aparence. Le Portugal n'a donc jamais été en fi grand danger de rentrer fous l'obeïffance du Roy d'Efpagne.

2. Les Anglois & les Holandois ne peuvent-ils pas fe broüiller pour leur Commerce fur tout s'ils n'avoient rien à craindre de la France. Dans une Minorité ou dans des Guerres Civiles. Or fi le Roy d'Efpagne prend ce tems-là pour ataquer avec toutes fes forces le Portugal, il ne durera que deux Campagnes & fera conquis avant qu'il ait pu être fecouru de perfonne.

3. Si le Portugal pour fe tenir fur fes gardes veut entretenir des Troupes fuffifantes pour fe défendre, il fe ruïnera & dans la Paix en Garnifon, en Fortification, & dans la Guerre en

Troupes pour tenir la Campagne.

Telle eſt la ſituation du Roy & du Royaume de Portugal dans le non Arbitrage. Or n'eſt-il pas plus clair que le jour que le Traité d'Arbitrage lui donneroit à lui & à ſa poſterité ſeureté entiere contre les pretentions des Rois d'Eſpagne.

I. OBJECTION.

Mais me dira-t-on ſi l'Arbitrage eſt ſi avantageux au Roy de Portugal il eſt par conſequent très-deſavantageux au Roy d'Eſpagne.

RE'PONSE.

Je conviens que ſi dans le *non Arbitrage*, l'Eſpagne ne pouvoit jamais rien perdre par la Guerre ni en Europe, ni en Aſie, ni en Amerique, je conviens que ſi la Conquête de Portugal ne lui devoit rien coûter, je conviens que s'il ne lui coûtoit rien ni pour ſe tenir ſur ſes gardes en tems de Paix, ni pour mettre des Troupes ſur pied, & armer des Vaiſſeaux en tems de Guerre contre ſes ennemis, je conviens que ſi l'Eſpagne étoit ſeure d'avoir toûjours ſon Commerce libre;

je conviens que si elle n'avoit jamais aucune revolte à craindre dans aucune des parties de ses Etats elle trouveroit quelque desavantage à abandonner pour jamais par le Traité d'Arbitrage ses pretentions sur le Portugal, mais nous verrons bien-tôt à l'Article d'Espagne, qu'il s'en faut beaucoup que cela ne soit ainsi, & que quoique le Roy d'Espagne comme plus puissant trouve moins d'avantages à l'établissement de l'Arbitrage & de la Police, que le Roy de Portugal moins puissant, il ne laisse pourtant pas d'y en trouver incomparablement plus & de plus grands que dans le *non Arbitrage* & dans *l'Impolice*.

II. OBSERVATION.

Tout le monde sçait que les Anglois souhaiteroient fort le Bresil, que ce païs vaudroit le double entre leurs mains & beaucoup davantage sur tout depuis que l'on y a découvert des Mines d'Or. Personne ne doute que les Anglois ne pussent faire facilement cette Conquête & qu'étant aussi puissans sur Mer, ils ne la conservassent encore plus facilement.

des Souverains. 275

De même l'établissement des Portugais à Goa nuit fort au Commerce des Holandois, ils ont même incessamment des querelles pour le Commerce. Or les Holandois unis avec les Rois voisins & ennemis des Portugais à Goa ne peuvent-ils pas s'emparer de cet établissement comme ils se sont déja emparés sur eux de plusieurs établissemens semblables, & que c'en est-il falu que cela ne soit déja arrivé. Or dans l'Arbitrage, le Roy de Portugal n'auroit jamais rien à craindre de ce côté-là ni pour lui ni pour sa posterité.

III. OBSERVATION.

Dans cette situation le Roy de Portugal dans le *non Arbitrage*, est forcé de souffrir comme plus foible beaucoup d'injustices que l'on fait ou à lui ou à ses sujets, de peur de s'atirer un mal beaucoup plus grand ou par les Represailles ou par une Guerre ouverte qui est la suite naturelle des represailles. Or dans l'Arbitrage il y auroit des chambres frontieres où ses sujets pourroient esperer d'obtenir des dedommagemens des torts qu'ils auroient soufferts des autres Nations.

IV. OBSERVATION.

Plus les Provinces d'un Etat sont éloignées l'une de l'autre moins elles se protegent, plus elles sont environnées d'Ennemis & plus il faut de Garnisons, de Fortifications, de Vaisseaux & d'autres dépenses pour les conserver. De sorte que si ces dépenses dans le *non Arbitrage*, montent en tems de Paix à six millions, elles ne monteront pas à deux dans *l'Arbitrage*; Or je suis persuadé que les Etats Generaux du Royaume donneroient volontiers au Roy ces quatre millions d'épargne par an, si le Roy à la garantie de l'Arbitrage, leur promettoit qu'ils ne payeroient jamais aucun subside extraordinaire que leur contingent pour les Guerres que la Société Européenne pourroit entreprendre ou pour des établissemens avantageux aprouvés par les Etats, ainsi & le Roy & ses Sujets trouveroient un grand avantage à cette convention.

V. OBSERVATION.

Si le Roy de Portugal pour les dépenses de sa maison & pour d'autres dépenses ordinaires de l'Etat, léve un Subside qui ait une proportion fixe avec le revenu de chaque sujet par exemple de vingtiéme du revenu de ses Sujets & que cette somme monte à six millions presentement, il est visible que le Commerce venant à augmenter très-considerablement, les Subsides extraordinaires venant à cesser, les Sujets en moins de vingt ans doubleroient leur revenu, ainsi le revenu du Roy ou subside ordinaire augmentant à proportion doubleroit aussi en moins de vingt ans.

Si je supose que le subside ordinaire ait une proportion fixe au revenu de chaque Sujet, c'est qu'il est à propos que le Roy soit fort interessé à augmenter le revenu de ses Sujets tant par de bons Reglemens que par des établissemens avantageux & des travaux publics fort utiles.

Et à cette occasion je dirai que comme le Roy a besoin pour le secourir dans son travail de beaucoup de bons Ministres & qu'il est naturel qu'ils travaillent d'autant plus qu'ils verront que leur travail produit d'utilité & au Roy & à eux, il me paroît que les apointemens devroient aussi augmenter tous les ans à proportion que le revenu du Roy augmenteroit, & que si le revenu du Roy augmentoit d'un dixiéme en un an le leur augmentât aussi d'un dixiéme. Car enfin il ne faut point se flater, quoique les valets, quoique les domestiques, quoique les Officiers, quoique les Ministres puissent travailler quelquefois avec ardeur par honneur, par reconnoissance ou excités par des caresses. Cependant il faut avoüer qu'on ne peut pas toûjours les caresser & qu'à la longue les ressorts de l'honneur & de la reconnoissance s'affoiblissent, mais que le ressort de l'Interêt journalier, du gain journalier subsiste chaque jour dans toute sa force. Or en fait de Reglemens on se trompe quand on compte sur des ressorts constans, durables autres que le gain journalier, pour les besoins journaliers.

Ces vûës ne sont pas si étrangeres à mon sujet que l'on diroit bien, c'est que si les subsides ordinaires de Portugal n'ont pas presentement cette proportion fixe avec le revenu de chaque sujet, ce qui seroit fort souhaitable pour le Roy & pour les sujets ; On pourroit très-facilement l'établir dans l'Arbitrage où l'on n'auroit nulle crainte de revolte : au lieu que dans le *non Arbitrage*, les revoltes caufées par de nouveaux Reglemens font d'autant plus à craindre qu'elles font ordinairement favorifées & foutenuës par les voifins qui font toûjours des Ennemis ou couverts ou declarés.

II. OBJECTION.

Vous voulez nous faire peur, dira un Portugais, en nous faifant paroître la Guerre fi facile à alumer avec l'Efpagne, comme fi nous n'avions pas fait quantité de Traités de Paix avec elle depuis quarante ou cinquante ans. Les Rois d'Efpagne n'ont-ils pas renoncé folemnellement par ces Traités à toutes pretentions fur le Royaume de Portugal, & ces renonciations fi folemnelles ne font - elles pas des Barrieres fuffifantes contre l'ambition d'un Roy d'Efpagne.

RE'PONSE.

1. Ce Roy d'Efpagne pour déclarer la Guerre au Portugal ne prendra pas

pour pretexte son droit ancien sur le Portugal, mais dix autres pretextes, & quand il voudra chagriner la Cour de Portugal par differentes entreprises. Cette Cour ni ses sujets ne repousseront-ils jamais la force par la force, cederont-ils toûjours sans resistance tout ce qu'on leur demandera d'injuste ? Or à la moindre resistance, à la moindre represaille voila la Guerre allumée, enfin les pretextes bons ou mauvais, ont-ils jamais manqué au plus fort pour dépoüiller le plus foible ?

Or dés que la Guerre est allumée le plus fort tant pour se dedommager des frais de la Guerre, que pour satisfaire à son ressentiment, ne se croit-il pas en droit de depossed́er son ennemi & faire alors revivre ses anciens Droits.

2. Qui est-ce qui a tant soit peu de connoissance des Affaires generales qui ne sache que les promesses les plus solemnelles faites dans les Traités ne sont rien moins que des *Barrieres suffisantes* contre l'ambition, l'avarice ou la colere d'un voisin sur tout lorsqu'il se croit de beaucoup le plus fort.

3. Le

des Souverains.

3. Le plus foible stipule presentement assés souvent des garanties dans ses Traités avec le plus fort: mais que servent ces sortes de garanties si le garant n'a pas un Interêt assez fort pour se mettre en grands frais afin de secourir le plus foible, au lieu que dans l'*Arbitrage*, la Societé Chrêtienne s'obligeant à la garantie des derniers Traités & chacun étant interessé à être maintenu dans son Territoire, nul n'oseroit prendre les Armes contre son voisin de peur d'être mis au Ban de l'Europe comme ennemi de la Societé & comme perturbateur du repos Public.

III. OBJECTION.

Les Ministres de Portugal sur tout ceux qui ont le departement de la Guerre de Terre & de Mer s'opposeront à un Traité qui leur ôteroit presque toutes leurs fonctions & s'ils ne s'y opposent pas ouvertement de peur de devenir odieux à leur patrie, ils s'y opposeront sous main.

RÉPONSE.

1. Quoique ces Ministres ayent interêt de prolonger la Guerre, il ne

laisse pas de se faire des Traités de Paix, ainsi il faut ou qu'ils ne soient pas les Maîtres d'éloigner la Paix ou qu'ils ne croyent pas qu'il soit de leur interêt particulier de s'y oposer, ou enfin qu'ils veüillent bien sacrifier leur interêt particulier, à l'interêt de leur Maître & au bien de leur Patrie; Or pourquoi n'ariveroit-il pas une de ces trois choses dans le Traité que je propose non pour finir une Guerre mais pour faire toûjours durer la derniere Paix pour convertir en Paix solide & perpetuelle une Trêve courte & incertaine.

Je sçai bien que ces Ministres en donnant les mains à une Paix passagere jugent que la crainte perpetuelle où est leur Maître de rentrer en Guerre les lui rend necessaires pour leur fonction, au lieu que cette fonction deviendroit presque à rien aprés l'Arbitrage Chrêtien, mais des Ministres habiles & de confiance auroient facilement d'autres fonctions importantes dans le ministere Public.

2. Quand les Ministres de la Guerre de Terre & de Mer s'uniroient pour détourner leur Maître de signer le Traité d'Arbitrage, les Ministres du

Commerce, des Finances, de la Police generale, de la Justice, de la Religion, des affaires Etrangeres en qui leur Maître n'auroit pas moins de confiance, ayant une si bonne cause à soutenir & si aisée à défendre pour l'interêt du Roy, pour sa tranquilité, pour sa reputation, pour la durée de sa Maison sur le Thrône, pour l'augmentation de son revenu, pour l'interêt de leur Patrie n'auroient pas de peine à persuader le Roy.

3. Le sujet de déliberation, qui est un Traité pour rendre la derniere Paix perpetuelle sera proposé publiquement par l'Ambassadeur de Venise, par l'Ambassadeur de Holande ou par quelqu'autre Ambassadeur. Celui qui le proposera n'en fera mistere à personne, tous les Portugais de la Ville Capitale & des Provinces en seront informés, chacun pourra lire le Livre & la Proposition. Or est-il croyable que des Ministres, gens d'esprit, osent s'oposer aux yeux de tout le monde sans aucune aparence de raison à un Traité si desirable & si évidemment desirable pour le Roy & pour la Nation, ne seroit-ce pas se rendre suspects d'infidelité envers le

Roy & trés-odieux à tous les gens de bien.

4. Quand les Ministres de Portugal sçauront qu'en Holande, qu'à Venise & ailleurs les pensions & les apointemens des principaux Ministres ont doublé, dés que les Articles fondamentaux du Traité d'Arbitrage ont été arrêtés, il y a aparence que dans l'esperance de joüir d'un pareil benefice, ils seront moins disposés à traverser ce Traité.

IV. OBJECTION.

Le Roy de Portugal se lieroit les mains, il ne pourroit plus faire aucune conquête sur aucun de ses voisins, il ne pourroit plus prendre les Armes pour se vanger.

RÉPONSE.

Le Roy de Portugal ne se lieroit pas les mains tout seul, le Roy d'Espagne, les Anglois, les Holandois & tous les autres Souverains se lieroient également les mains en sa faveur, c'est un engagement reciproque, il est bien certain que ceux qui font un Traité se lient reciproquement les mains à l'égard des choses qu'ils se

des Souverains. 285

promettent, à l'égard des renonciations reciproques, à certaines pretentions, à certains droits, c'est de ces renonciations reciproques ou tacites ou expresses que naît la proprieté que chacun a de sa Maison, de sa Terre, &c. C'est par ces renonciations que se font les partages de biens où chacun pretend avoir sa part & c'est parceque les premiers chefs de famille se sont ainsi liés les mains à l'égard des Droits qu'ils avoient ou qu'ils croyoient avoir sur certaines portions de Terre que nous voyons aujourd'huy des proprietaires de quelques morceaux de Terre.

Il est vrai que nonobstant ces Traités & ces Renonciations reciproques ces proprietés ne seroient gueres assurées dans un Etat si l'Etat lui même n'étoit garant de l'execution de ces Traités & si la societé n'avoit pas & la puissance & la volonté de les faire executer entre les membres de la Societé, ainsi la *Seureté* de la proprieté ne vient proprement que de cette garantie à laquelle la societé où vivent les Contractans est obligée.

Je ne disconviens donc pas que

faire un Traité & se lier les mains sur quelque Article c'est la même chose: mais comme il y a une infinité de Traités fort avantageux à toutes les parties contractantes on ne disconviendra pas non plus qu'il y a une infinité d'occasions où il leur est à tous fort avantageux de se lier reciproquement les mains sur certains Articles. Il est evident par exemple qu'il est avantageux au Roy de Portugal de renoncer à prendre les armes pour decider ses pretentions contre les autres souverains pourveu qu'ils renoncent tous en même tems à prendre les armes pour decider leurs pretentions contre lui. Donc en cette ocasion rien n'est plus sage & plus selon ses interêts que de *se lier les mains* pour l'interêt des autres quand les autres se lient les mains de leur coté pour nôtre interêt.

V. OBJECTION.

S'imposer la necessité de faire decider ses pretentions par des Arbitres au lieu de les decider par la force c'est se metre en *Tutelle*, en *Curatelle*, c'est augmenter sa dépendance. Le

des Souverains. 287

Roi de Portugal ne dépendoit d'aucun juge, il n'en reconnoiffoit aucun fur la terre à qui il fût obligé d'obeïr, & par le Traité d'arbitrage il en reconnoitroit.

RE'PONSE.

1. Un fouverain ennemi du Roi de Portugal ne commence-t-il pas par juger que ce Prince a tort dans les pretentions qui font le fujet de la guerre, il eft donc certain qu'il a autant de Juges que d'ennemis qui peuvent lui faire la guerre foit qu'il les reconnoiffe pour fes Juges ou qu'il ne les reconnoît pas.

2. Il depend de fes ennemis autant qu'il a fujet de les craindre, & cette dependance eft trés réelle foit qu'il la reconnoiffe, ou qu'il ne la reconnoiffe pas.

4. S'il eft vaincu ou s'il craint de l'être, n'eft-il pas forcé de faire un Traité de Paix & d'obeïr ainfi au jugement de fon ennemi & de fon juge, il eft alors bien pis qu'en *Tutelle*, qu'en *Curatelle*, car il a pour Tuteur, pour Curateur, un ennemi victorieux qui le peut impunément

dépouiller: au lieu que les Tuteurs, les Curateurs dans une societé dans un Arbitrage ne sauroient faire de tort à leurs pupilles.

Or puisque le Roi de Portugal est dans la necessité d'avoir ses Voisins pour Juges, ne lui est il pas infiniment plus avantageux de les avoir pour Juges interessés à sa conservation, interessez à juger selon l'equité dans l'*Arbitrage Européen*, que de les avoir pour Juges très-interessés à sa destruction, très-interessés à juger injustement toutes ses pretentions contre eux & toutes leurs pretentions contre lui dans le non-Arbitrage.

CONCLUSION.

Il demeure donc constant que de quelque côté que l'on regarde les interêts du Roi & du Royaume de Portugal soit par raport *au dedans*, soit par raport *au dehors*, loin de perdre par le *Traité d'Arbitrage*, il ne feroit que les augmenter infiniment & par consequent que ce Prince n'a rien à negocier avec les autres Souverains d'Europe qui soit à tout prendre si important & si pressé que le Traité fondamental

tal de l'Arbitrage Européen & *c'est ce que je m'étois proposé de démontrer.*

Je ne dis pas presentement que ce Prince n'a rien de si facile à negocier que ce Traité c'est qu'il faut pour cela que j'aye demontré auparavant pour chacun des autres souverains avec qui il a à faire cette negociation, qu'ils n'ont aucun Traité ni plus important ni plus pressé & cela ne peut être fait qu'à la fin de l'ouvrage.

Gennes, Luques, Raguse &c.

Il n'y a personne qui ne voye que ces Republiques comme moins puissantes ont encore plus d'interêt à l'établissement de l'Arbitrage que les Republiques les plus puissantes, elles ont des voisins trés-puissans & qui ont des prétentions sur leur Territoire, elles ont même à craindre que la division entre leurs Citoyens ne soit un acheminement à leur ruine.

Les Gennois ont encore un interêt particulier, c'est que plusieurs d'entre eux ont des biens & des sommes considerables en païs etranger : or tant que la paix ne sera pas plus solide qu'elle l'est dans le non Arbitrage, tant qu'il n'y aura réellement que des Tréves entre les souverains, ces sortes de biens n'auront gueres de solidité & auront beaucoup moins de valeur.

D'ailleurs ces Republicanis sont fort incommodés des Corsaires, dans le *non Arbitrage* leur commerce en est beaucoup diminué: au lieu que dans l'arbitrage ils n'auroient plus de Corsaires à craindre.

Interêt du Roi de Sicile, à l'établissement de l'Arbitrage.

Ce Prince n'a pas moins à craindre ses voisins que le Roi de Portugal les siens, ses voisins sont même plus puissans, ils ne manquent pas de pretentions; l'on ne sait que trop que les Traités de paix les plus solennels ne durent gueres & que quand la guerre est declarée les prétentions ne sont plus bornées par les Traités precedens, on peut donc dire en general qu'il n'a pas moins d'interêt que le Roi de Portugal à soliciter l'établissement de l'Arbitrage.

Je n'ai plus que quelques observations à faire.

I. OBSERVATION.

Le Prince qui regne aujourd'huy est trés habile & trés courageux, il a ajoûté la Sicile à ses Etats mais jusqu'à present ce nouveau Royaume n'a fait qu'augmenter ses soins sans augmenter son revenu ; il ne peut pas même se promettre que si la France étoit un jour agitée de divisions & de guerres civiles, il ne se trouvât bien-tôt depossedé par l'Empereur. Or comme un des Articles fondamentaux du Traité d'Arbitrage est que les souverains demeureront en possession de ce qu'ils possedent actuellement, n'est il pas evident que le Roy de Sicile pour se conserver son Royaume n'a rien de plus important & de plus pressé à negocier que ce Traité.

II. OBSERVATION.

La Sicile est un bon & beau païs, fertile, plein de ports heureusement situé pour le commerce, fort peuplé, mais faute d'une bonne police, les habitans n'y font point laborieux, ni par conséquent industrieux. C'est une maladie intérieure & invétérée qu'il n'est pas possible de guérir que par de nouveaux Reglemens, & l'on sait que toute nouveauté peut d'autant plus facilement causer une revolte dans ce gouvernement encore mal afermi, que les revoltés sont à portée d'être promptement secourus & bien soutenus par l'Empereur. Or dans *Arbitrage* le Roy de Sicile n'ayant point à craindre de revolte pourroit facilement par des Reglemens sages & par des établissemens utiles faire rentrer dans cette Ile si fameuse l'emulation, le travail, le commerce & par conséquent l'opulence qui en est bannie depuis si longtems.

III. OBSERVATION.

Si les subsides qu'il tire du Royaume de Sicile & de ses autres États ont une proportion fixe avec le revenu de chaque sujet n'est-il pas évident qu'à mesure qu'il augmenteroit le revenu de ses sujets il augmenteroit le sien.

IV. OBSERVATION.

La dependance où il est à l'égard de ses puissans voisins seroit beaucoup diminuée, il dépend d'eux comme juges interessés à profiter de ses dépouilles & il n'en dependroit plus que comme de Juges interessés à le conserver & à lui rendre Justice & aussi atentifs à la faire rendre à ses sujets qu'aux leurs, il ne dependroit d'eux que pour ses procés qui seroient rares & de trés peu d'importance & comme l'Empereur & la France n'auroient chacun qu'une voix il ne dependroit pas plus d'eux dans ces petits differens que du Roy de Danemark & du Roy de Portugal qui auroient chacun la leur dans le senat.

V. OBSERVATION.

Il tire un trés grand subside ordinaire pour la depense ordinaire des Troupes & des fortifications en tems de paix. Cette depense ordinaire de précaution diminueroit des trois quarts par l'Arbitrage & les peuples conviendroient facilement avec leur souverain qu'il mît à son profit & au profit de sa maison cette épargne des trois quarts de la dépense ordinaire de la guerre en tems de paix à condition 1. que de son côté ce Prince leur promît de ne lever plus de subsides extraordinaires que du consentement des Etats soit pour les guerres où la societé Européenne seroit obligée d'entrer, soit pour être employés à des travaux publics & à des établissemens beaucoup plus utiles que la depense 2. De faire rendre compte de ces subsides extraordinaires devant les Etats generaux. 3. qu'il consentît que *l'Arbitrage* fût garant de l'execution de ses promesses envers son peuple. Il est évident que le Roy de Sicile & ses sujets gagneroient beaucoup à une pareille convention, le Prince doubleroit son revenu & les sujets doubleroient le leur.

VI. OBSERVATION.

Il est evident que ce Prince n'ayant plus aucune revolution à craindre dans son Etat ni de la part de ses voifins ni de la part de fes fujets il auroit une feureté beaucoup plus grande de la durée de fa pofterité fur le trône.

CONCLUSION.

De quelque côté que le Roy de Sicile regarde *l'Arbitrage* loin que cet établiffement diminue en rien les biens & les avantages qu'il poffede prefentement, il les augmenteroit au contraire infiniment, il me femble donc que l'on peut conclure qu'il n'y a aucun Traité fi important & fi preffé à negocier que le Traité fondamental de *l'Arbitrage* Européen & *c'eft ce que je m'étois propofé de demontrer.*

Florence, Parme, Modene, &c.

Ces fouverains font moins puiffans que le Roi de Sicile, que l'Empereur & par confequent encore plus dépendans. Or par l'etabliffement de l'Arbitrage ils n'auroient qu'une dépendance femblable à celle où fera l'Empereur & auroient encore tous les autres avantages que le Roi de Sicile y trouveroit par proportion à la grandeur de leurs Etats. Donc de quelque côté qu'ils regardent l'Arbitrage ils n'ont rien de plus important & de plus pressé à faire que d'en negocier le Traité fondamental.

Interêt du Pape à l'etablissement de l'Arbitrage Chrétien.

On a vû les grands avantages que la Republique de Venise tireroit de cet établissement, on peut facilement en faire l'aplication & au Pape & à l'Etat Ecclesiastique, j'ajouterai seulement encore quelques Observations particulieres.

I. OBSERVATION.

l'Etat Ecclesiastique est frontiere des Turcs, il n'a pour barriere que le mer Adriatique que l'on peut traverser en un jour, il y a cinquante lieües de côtes exposées aux descentes, aux incursions & aux invasions de ces Infideles personne, ne disconviendra que ce voisinage est dautant plus à craindre pour le Pape que les Turcs le haïssent davantage comme chef des Chrétiens, & qu'ils font dix fois plus puiſſans que lui. Or les Turcs ſous un Empereur guerrier feroient d'autant plus formidables pour lui que les Princes Chretiens vivans dans le non Arbitrage ſont ſouvent diviſés, l'on peut dire même que ces Infideles n'ont fait de Conquêtes en Europe que par la jalouſie & la diviſion qui étoit entre les Princes Chrêtiens. Or qu'eſt-ce que l'Arbitrage que je propoſe ſi ce n'eſt une Ligue indiſſoluble de tous les Princes Chrêtiens pour ſe proteger tous mutuellement non ſeulement contre les Turcs mais encore contre tous leurs autres ennemis.

II. OBSERVATION.

Si l'on peut jamais eſperer une Ligue offenſive pour exterminer les Turcs, une Ligue ſufiſamment puiſſante & durable, une pareille entrepriſe ne peut jamais être executée qu'après l'établiſſement de l'Arbitrage Chrêtien. Je montrerai bientôt que ce projet d'exterminer les Turcs eſt moins difficile qu'on ne croit. Or y a-t-il jamais eu fous aucun Pontificat une affaire plus grande, plus glorieufe & plus importante au Chriftianifme que de pacifier d'un côté pour toûjours tous les Princes Chrêtiens & de les engager de l'autre à exterminer ces Infideles.

III. OBSERVATION.

l'Empereur a des pretentions de fouveraineté fur plufieurs Villes de l'Etat Ecclefiatique, fur Rome même & fur les Elections des Papes. Ces pretentions font d'autant plus à craindre que l'Empereur eft devenu plus puiffant en Italie & qu'à caufe du voifinage, il peut avoir fouvent des demêlés temporels avec les Papes. Or comme l'Arbitrage Chrêtien conferveroit chaque Etat dans les droits actuels, dans l'independance actuelle, dans l'exemption actuelle dont il joüit actuellement foit à la fuite de quelque Traité connu foit fimplement à la fuite d'une longue poffèffion les Papes feroient pour toûjours à couvert de ces facheufes pretentions.

Interêt du Duc de Lorraine pour foliciter le Traité d'Arbitrage.

Il n'y a perfonne qui ne voye clairement que s'il y a quelque Prince fortement intereffé à metre cette negociation en mouvement, c'eft le Duc de Lorraine, parce qu'il peut être ou chaffé très-facilement de fes Etats, & même pris prifonnier toutes les fois qu'un Roy de France le voudra depoffeder, il eft vrai qu'il eft independant de fes Sujets comme tous les autres Souverains. Mais la dépendance où il eft à l'égard de fes voifins & fur tout à l'égard de la France eft affés fenfible & l'on voit clair comme le jour qu'en ne dépendant deformais que du Corps des Souverains formé en Arbitrage, & feulement pour des differens très-rares, & très-importans qu'il peut avoir avec eux, fa dépendance feroit infiniment moindre qu'elle n'eft prefentement, auffi je ne m'arrêterai pas davantage à prouver qu'il n'a rien de plus important & de plus preffé à negocier que le Traité fondamental de l'Arbitrage, je me contenterai de répondre à une dificulté.

OBJECTION.

Les Ministres de Lorraine m'a-t-on dit, conseilleront sans doute tout d'une voix à leur Souverain de signer les Articles fondamentaux du Traité; mais n.a-t-il point à craindre que la Cour de France ne trouve mauvais qu'il les signe avant que de les lui avoir communiqués.

RE'PONSE.

1. Ce Traité n'est pas une Ligue Offensive pour conquerir, pour ataquer quelqu'un, ce n'est qu'une Ligue Deffensive pour se conserver & pour se proteger mutuellement chacun dans ses possessions actuelles fondée sur les derniers Traités, ce n'est qu'une garantie mutuelle que chacun des Alliés sollicite par ces Traités.

2. Cette Ligue n'est pas une Ligue partiale d'une partie de l'Europe contre une autre partie. C'est une Ligue totale où chacun est invité & où chacun a grand interêt d'entrer & loin qu'elle soit faite pour ataquer quelqu'un elle se fait au contraire uniquement pour empécher qu'aucun ne soit jamais ataqué.

3. Tout le monde sçait que ce n'est pas un projet nouveau & qu'il n'est pas contre les interêts des Rois de France puisque c'est un Roy de France, un des plus puiffans, un des plus vaillans & un des plus fages Rois qui ayent gouverné ce Royaume qui en est l'inventeur & qui en a été le premier foliciteur.

4. Les avantages de tout Roy de France font fi grands & fi évidens à figner ces Articles fondamentaux, comme on le verra dans la fuite, que le Duc de Lorraire ne rifque rien de déclarer publiquement en fignant ce Traité qu'il s'oblige à faire connoître ces avantages au Regent qui gouverne aujourd'huy.

5. Jamais Duc de Lorraine n'aura l'occafion fi belle que celui qui regne prefentement pour faire agréer ce projet à toute l'Europe, il a d'un côté pour beau-pere le Regent du Royaume de France, plus capable que perfonne d'entrer dans le grand Projet du Roy fon Bifayeul, & de l'autre l'Empereur eft fon coufin germain, ils ont été élevés enfemble, l'Empereur connoît parfaitement fes interêts, & l'établiffement d'une Police gene-

rale est évidemment très-avantageuse pour lui & pour toutes les maisons Souveraines.

Suisse & Genéve.

Tandis que Genêve joüit de sa liberté elle a un grand interêt de se l'assûrer pour toûjours. Plus le Roy de Sicile devient puissant, plus elle a à craindre ses prétentions. Or rien ne peut donner seureté suffisante que l'établissement d'une protection mutuelle d'une Ligue totale, & qui peut trouver mauvais qu'elle presse les autres Republiques d'examiner ce Projet quand il est évident que s'il étoit executé il seroit très-avantageux à tous, & au Roy de Sicile lui-même.

A l'égard des Suisses outre tous les avantages qu'ils ont communs avec la Republique de Venise dans l'établissement de l'Arbitrage, ils auroient encore seureté entiere que leurs Cantons ne seroient jamais forcés de prendre les Armes pour terminer leurs differens & ils viennent d'esseyer les maux d'une Guerre Civile, je dis esseyer : car la diversité des Religions & l'animosité des Théologiens, &

des Souverains. 303
leur credit sur le Peuple peut leur causer incessamment de nouveaux malheurs beaucoup plus longs & beaucoup plus grands que ceux dont ils viennent d'essuyer.

OBJECTION.

Les Suisses perdroient quelque chose à l'établissement d'une Paix perpetuelle, puis qu'il sort tous les ans plus de dix mille hommes plus qu'il n'y en rentre & cela pour faire des recruës dans les Regimens Suisses qu'entretiennent les Princes leurs voisins.

RÉPONSE.

1. Il est certain qu'il sort plus de Suisses de leur païs qu'il n'y en rentre, & ceux qui n'y rentrent point s'établissent ailleurs. Or je ne sçai si ce n'est pas une perte pour ce païs de perdre pour toûjours des habitans.

2. S'il convient à leur Etat de laisser sortir beaucoup d'hommes il n'en sortira pas moins pour être employés dans les Travaux, dans les Manufactures, dans les Voyages, dans le ser-

vice des Maisons, dans le Labourage & dans toutes les parties du Commerce, dans la Paix qu'il en sort pour servir de Soldats dans la Guerre.

3. Dans le Plan proposé la Ligue Européenne entretiendroit sur ses frontieres beaucoup de Troupes & comme elle auroit moins à craindre la revolte des Soldats de cette Nation que d'aucune autre elle y en employeroit un plus grand nombre à son service que tous les Princes n'en employent presentement au leur.

Donc les Suisses pour conserver leur liberté pour augmenter leurs richesses, pour avoir seureté suffisante contre les Guerres Civiles, n'ont rien de plus important à negocier que cette Ligue totale d'où naîtra la protection mutuelle & la Paix perpetuelle.

Interêt de l'Electeur de Baviere à l'etablissement de l'Arbitrage.

l'Electeur de Baviere n'a pas moins d'interêt à cet etablissement que le Roy de Sicile, que le Roy de Portugal & il est evident, que de quelque côté que l'on regarde ce Traité

il

des Souverains.

il auroit d'un côté beaucoup plus de seureté c'est à dire d'independance & de l'autre qu'il doubleroit son revenu en doublant le revenu de ses sujets & retrenchant la plus grande partie des dépenses de la guerre je n'ai à ajouter que quelques observations.

I. OBSERVATION.

Il est naturel qu'il songe à procurer au Prince Electoral un grand établissement & à remetre l'Empire dans sa maison au défaut des mâles dans la maison d'Autriche, l'Empereur a beaucoup de raisons pour donner au Prince Electoral l'Archiduchesse ainée sa niece.

Il ne peut y avoir que deux obstacles, l'un de la part de l'Empereur qui pourroit craindre que le Prince Electoral devenant son présomptif heritier & aquerant par là une grande consideration dans l'Empire ne diminuât quelque chose de son autorité. Or il est evident que la ligue Européenne oteroit à l'Empereur toute sorte de crainte de ce côté là puisqu'elle lui assureroit tous ses droits non seulement contre le Roy des Romains mais contre quiconque voudroit lui disputer mal à propos des droits dont il est en actuelle possession.

L'autre obstacle peut venir de la part des Princes Protestans ou de quelque autre Prince jaloux de l'agrandissement de la maison Palatine: mais dés qu'aucun d'eux n'auroit plus rien à craindre ni de la grandeur de cette maison, ni de la volonté du chef quand elle seroit mauvaise, ils n'y metront point d'obstacles ou s'ils y en metent ce ne seront que des obstacles faciles à surmonter. Or par l'Arbitrage chacun d'eux auroit seureté sufisante de conserver toute son autorité, tout son Territoire, tout son Commerce, ainsi ils n'auront rien à craindre de la part de la maison de Baviere.

II. OBSERVATION.

Nous avons vû par le Traité de Bade qu'il y avoit quelque vüe d'echange entre l'Empereur & l'Electeur de Baviere, il ne peut y avoir d'obstacles que de la part de quelques voisins & ces voisins n'y peuvent metre d'obstacles que par la crainte que ces echanges ne diminuassent leur seureté. Or dés qu'ils verroient que par la formation de la Ligue totale ils auroient seureté sufisante de leur conservation & de leur commerce, ils n'y metroient certainement aucun obstacle, & chacun de ces Princes joüiroit des commodités & des avantages de son échange.

Electeur Palatin & Associés.

On peut associer à l'Electeur Palatin plusieurs Princes de l'Empire comme la Maison de Hesse, la Maison de Virtemberg, la Maison de Bade. Je ne sai pas assés l'état des affaires de ces Princes pour faire des Observations particulieres ; mais le Traducteur Alleman peut facilement y supléer & puis l'aplication des motifs generaux se fait naturellement.

Ils sont tous exposés dans le non-Arbitrage aux Victoires du plus fort, la France plus unie dans ses parties a empieté sur l'Empire moins uni dans les siennes, temoin l'Alsace, cela est naturel & qu'ont-ils à esperer pour l'avenir que quelque chose de semblable au passé.

Ces Princes sont d'autant plus à plaindre que leurs Etats sont frontieres, ainsi dans la Guerre ils sont desolés ou par leurs ennemis ou par les Troupes de leur propre parti, on peut donc dire qu'outre tous les avantages qu'eux & leurs sujets trouveroient à l'établissement de la Paix perpetuelle ils y gagneroient plus qu'aucun autre souverain par deux considerations : C'est qu'en tems de Guerre leurs Etats étant presqu'entierement frontieres ils sont incessamment ruinés par les passages des gens de guerre, par les Campemens, par les fouragemens, par les incendies & par les Contributions excessives, au lieu qu'en tems de paix ces mêmes païs étant le passage de deux grandes nations de l'une chez l'autre & pour ainsi dire l'entrepost d'un trés grand commerce ils passeroient par la durée de la paix d'une trés malheureuse situation dans la situation du monde la plus desirable.

Plus de sureté & par consequent plus d'indépendance & d'autorité &

plus d'assurance pour la durée de leur maison sur le trône.

Plus de commerce & par consequent plus de revenu & plus d'abondance.

Moins d'afares & par consequent plus de loisir de liberté & de bonheur.

Qu'est ce que ces Princes risqueront en se faisant publiquement soliciteurs d'une Ligue totale, eux qui ont bien voulu risquer d'entrer dans une Ligue partiale, que proposent-ils aux souverains Allemans, si non d'assurer non pour trois non pour dix ans mais pour mille ans & plus le repos & la tranquilité de l'Empire, ont-ils besoin d'aucun mistere pour faire à leurs voisins & aux autres membres de l'Empire une proposition infiniment avantageuse à tout le monde quoiqu'en aparence un peu moins avantageuse aux plus puissans qu'aux moins puissans, qu'ont ils à craindre en faisant examiner une proposition qui paroîtra d'autant plus avantageuse qu'elle sera meurement examinée car enfin il ne s'agit que de comparer les avantages du *non Arbitrage* du *commerce in-*

terrompu de l'etat de Barbarie, de l'Etat de guerre où les nations font encore entre elles avec les avantages de l'Arbitrage du commerce perpetuel, de l'Etat de police & de paix inalterable où elles feroient.

Nos premiers chefs de famille ont passé de *l'impolice* à la police de famille à famille, & ont formé des Vilages, les chefs de Vilages voifins ont passé aprés beaucoup de guerres de *l'impolice* à la police plus generale de Vilage à Village, & ont formé peu à peu des Villes, les chefs des Villes ont passé de *l'impolice* à la police encore plus generale de Ville à Ville, & ont formé des Provinces, les chefs de Provinces ont passé de la barbarie de l'Etat de guerre, de l'impolice à la police encore plus generale de Province à Province & ont formé des nations d'une même langue. Dequoi s'agit il prefentement, il ne s'agit que de faire encore un pas & de passer de la barbarie, de l'etat de guerre, de l'impolice où font encore les nations entre elles à une police parfaitement generale de nation à nation comme autrefois de famille à famille & de faire fentir aux chefs des nations qu'ils trouveroient dans cette police les mêmes avantages qu'ont trouvé dans les premiers rudimens de la focieté humaine les premiers chefs de nos premieres familles.

Pour peu que l'on y penfe on verra que ces Princes en faifant une pareille propofition n'ont point à craindre de mécontenter perfonne dans l'Empire : mais ils ont au contraire beaucoup d'avantages à efperer pour eux mêmes & du côté de la reputation & du coté de l'utilité.

Electeurs Ecclefiatiques & affociés.

Il y a dans l'Empire plufieurs Evêques fouverains outre les Archevêques Electeurs, on peut les affocier avec leurs Villes Capitales pour compofer une voix dans le fenat Européen; tel eft Munfter, Liege, &c. de la maniere dont leurs Etats font fitués ils ont la plupart le malheur d'être frontieres de nations qui font fouvent en guerre, & c'eft une raifon particuliere qui outre tous les autres motifs doit les engager à foliciter fortement la signature de ce Traité, ne pourroient ils pas convenir de soudoyer un Ministre propre à presser cette negociation, diminuer leurs garnisons de quelques Compagnies inutiles & faire ainsi un fonds de 1500. l. par mois pour entretenir un Ministre qui voyageroit par toute l'Europe pour annoncer la perpetuité de la Paix & pour avancer un Traité dont le retardement leur coute par mois vingt fois plus qu'ils ne depenseront pour l'entretien de ce Ministre.

OBSERVATION.

Ceux qui savent comment la Justice est administrée en Allemagne entre Sujets d'un même Souverain, entre Sujets de diferens Souverains, entre un Souverain & son Sujet, entre Souverain & Souverain, entre Ville libre & Souverain, savent aussi que cette administration peut être beaucoup perfectionnée par diferens moyens & par diferens Reglemens dont on peut facilement convenir dans les Dietes sur tout si les memoires pour & contre, sur les Articles de ces Reglemens étoient rendus publics un an an, deux ans avant la Diete, mais pour former de bonnes Loix il faut que les membres de l'Empire n'ayent plus rien à craindre les uns des autres, il faut qu'ils ne foient plus occupés des foins de se défendre contre leurs Ennemis, il faut qu'ils foient dans le calme, & que libres d'affaires fâcheuses & inquiétantes, ils joüissent d'un heureux loisir & cela ne peut être qu'aprés la formation de l'Arbitrage & de la Ligue Européenne, pour la protection mutuelle & la confervation de tous les membres de ce nouveau & merveilleux Corps politique.

ROY DE PRUSSE.

Le Roy de Prusse a pour signer & pour soliciter ce Traité, les mêmes motifs que le Roy de Portugal & le Roy de Sicile, qui en ont de très-puissans & comme il tient un grand nombre de Troupes sur pied pour sa conservation même en tems de paix, il pourroit comme les autres Souverains convenir avec ses sujets qu'il conserveroit le même subside ordi-

D d

naire pour la dépense de sa Maison, sans conserver le même nombre de Troupes, à condition qu'il ne leveroit sur ses Peuples aucun subside extraordinaire que pour les Guerres extraordinaires de la Ligue Européenne, ainsi il auroit le double de seureté pour ses Etats & pour sa posterité, & le double de revenu, & il auroit la gloire de faire pour le bonheur de ses Peuples beaucoup plus qu'aucun de ses predecesseurs.

ROY DE DANNEMARCK.

1. Le Roy de Dannemarck est dans le même cas & a les mêmes motifs que le Roy de Prusse, que le Roy de Sicile, que le Roy de Portugal, il a essayé comme les autres les malheurs, les dangers, les grandes inquiétudes & les dépenses immenses que cause la Guerre, ainsi on peut se prometre que soit qu'il considere ce Traité par raport au dedans de son Etat & à la durée de sa Maison sur le Trône, soit qu'il le considere par raport au dehors, il verroit que loin que ce Traité diminuë rien des avantages presens qu'il a dans le *non Arbitrage*, il les

augmenteroit tous prodigieusement, & qu'ainsi il conviendroit qu'il n'auroit rien de plus important & de plus pressé à negocier qu'une pareille convention de Police generale & de protection mutuelle.

2. Ce Prince a actuellement une grande Guerre avec le Roy de Suede, ce qu'il a conquis lui a coûté beaucoup plus que cette Conquête ne lui raporte de revenu tous frais faits. Je ne sçai pas ce qu'il restituera au Roy de Suede par la premiere Paix qui se fera entre eux: mais il est évident que quand il lui restitueroit tout & qu'il lui donneroit même quelque chose de ce qu'il possedoit tranquillement par les derniers Traités jusqu'au premier jour de ce siécle, il doubleroit son revenu par le Traité d'Arbitrage & feroit par consequent un profit immense en signant ce Traité.

Curlande, Hambourg, &c.

Je supose que pour former une voix au Senat Européen on associe au Duc de Curlande plusieurs Villes libres comme Hambourg, Dantzic, Lubek, Francfort, Ausbourg, &c. Il n'est pas difficile de voir qu'elles ont toutes un très-grand interêt à soliciter la conclusion de ce Traité soit pour le maintien de leur Commerce, soit pour la conservation de leur liberté, elles consentiront aisément à ce Traité : mais feront-elles seulement une dépense chacune de deux cens francs par mois pour employer quelqu'un à l'avancer lorsque le retardement de chaque mois leur coûte quinze fois davantage c'est ce que je ne sçai pas.

Pologne & Saxe.

J'ai déja parlé dans le second Tome de l'interêt qu'a la Republique de Pologne, de chercher au dehors quelque preservatif contre les Guerres intestines & il n'y en a point d'autre que l'établissement d'une Police generale de Nation à Nation, qui produise entre les Etats, une protection mutuelle, une administration constante de la Justice & sur tout une exemption perpetuelle de toute violence.

Il me reste à parler de l'interêt qu'a le Roy de Pologne à cet établissement soit comme Roy soit comme Electeur.

Le Royaume de Pologne est Electif, ainsi il se peut faire que quoique la Saxe & la Pologne n'eussent qu'une voix au Senat tandis que ces deux Etats sont gouvernés par un même Prince, ils y ayent chacun une voix lors qu'ils seront gouvernés par deux Princes differens.

Outre tous les motifs que le Roy Auguste a de communs avec les autres Souverains dont nous avons parlé & qui sont plus que suffisans pour le presser d'entrer le plus promptement qu'il pourra dans la Ligue Européenne, il y a encore quelques Observations à faire qui lui sont particulieres.

I. OBSERVATION.

Il est de l'interêt du Roy Auguste d'avoir seureté suffisante de demeurer tranquillement le reste de sa vie Roy de Pologne. Or il a beau faire des Traités de Paix tant qu'il n'y aura point de garants de ces Traités, qui soient toûjours & suffisamment puissans & suffisamment interessés à les faire observer ponctuellement, ce ne seront jamais dans le fonds que des

Traités de Trêve, ce ne sera même qu'une Trêve très-incertaine & assés courte, & où trouver ces sortes de garands que dans l'assemblage de tous les Souverains d'Europe aprés que par un Traité & par un Congrés perpetuel & representatif ils auront formé un Corps politique.

II. OBSERVATION.

Ce Prince a un grand interêt d'engager les Polonois à lui donner la satisfaction de designer le Prince Electoral pour son successeur, Prince qui leur convient beaucoup. Or il ne me paroît pas douteux qu'ils lui prometront & qu'ils lui donneront cette satisfaction s'il veut bien leur prometre & leur procurer un aussi grand avantage que la formation du Corps Politique des Souverains d'Europe, qui leur produira d'un côté une seureté, une garantie suffisante contre les entreprises de leurs Rois sur leurs Privileges & leur liberté contenus dans les *Pacta conventa*, & de l'autre une seureté suffisante contre toute Guerre civile & étrangere & par conséquent un Commerce universel & perpetuel.

III. OBSERVATION.

Le Roy Auguste tant pour sa propre conservation que pour la conservation du Royaume a été & sera encore dans la necessité d'entretenir des Troupes Saxonnes & cela aux depens du Royaume. On sait combien cette conduite a fait de mecontens. Or en prenant publiquement le parti de former la Ligue totale & de soliciter la signature du Traité fondamental les Polonois prendront patience dans l'atente prochaine d'un si prodigieux avantage & le succés de cette negociation lui patirera mille benedictions de tous les peuples & lui donnera beaucou de gloire dans la posterité.

CONCLUSION.

Donc loin que le Traité fondamental diminuât rien des avantages presens que le Roy de Pologne a dans le non Arbitrage Européen, dans la non police Européenne, il est evident qu'il les augmenteroit tous infiniment.

Donc il n'a rien à negocier qui soit en même tems plus important & plus preffé qu'un pareil Traité.

Angleterre & Hanovre.

J'ai fait dans le second tome quelques Reflexions fur l'interêt que peuvent avoir les Anglois à former non plus des Ligues partiales contre leurs ennemis, mais une Ligue totale qui des ennemis qu'ils avoient à craindre en faffent des amis dont le commerce leur foit toûjours infiniment commode & avantageux. Je croi que ceux qui ont un peu medité fur les moyens de pofer des bornes immuables entre les droits du Roy & les droits de la nation reprefentée par fes deputés dans fes Parlemens, conviendront qu'ils ne peuvent tirer du dedans de l'Etat aucune *feureté fufifante* qu'aucun des deux partis n'entreprendra jamais rien de confiderable fur les droits de l'autre, & je croi qu'ils ont vû comme moi qu'ils peuvent la tirer du dehors s'il y avoit un Corps politique de toute l'Europe qui demeuraft garant de l'execution de la Convention entre le Roy & la

des Souverains.

nation & qui jugeât les differens qui peuvent naître entre eux à l'ocafion de cette convention.

Il me refte à parler de l'interêt qu'a le Roy regnant à foliciter l'etabliffement de ce Corps politique.

Si dans le fecond Tome j'ai dit quelque chofe en faveur du Prince Fils du Roy Jaques, c'eft que je croyois alors qu'il regneroit un jour du confentement de la nation aprés la mort de la Reine fa fœur & fi dans celui-ci je parle en faveur du Roy regnant, c'eft que je le voi tout etabli du confentement de la nation, & que mon Syfteme fupofe les chofes établies & n'eft fait que pour donner de la folidité à celles qui font établies, il eft vrai qu'il peut fervir à en établir d'autres, mais ce font feulement celles qui peuvent s'etablir de concert avec les parties intereffées & fans violence.

Quand j'aurois interieurement quelque predilection foit pour le Prince regnant foit pour le Prince prétendant il me fieroit mal à moy petit Citoyen du monde de marquer publiquement une prédilection inutile. Je me donne pour un Filofofe

Pacifique ami du genre humain, & j'aurois grand tort de quiter mon caractere pour prendre celui d'un Ecrivain partial.

Outre tous les motifs qui font communs au Roy d'Angleterre comme à tous les autres souverains, motifs dont il est facile de faire l'aplication & qui font plus que sufisans pour le determiner de concert avec son Parlement à entrer le plûtôt qu'il pourra dans l'Arbitrage Européen, il y a encore quelques observations à faire qui lui sont particulieres.

I. OBSERVATION.

Nous voyons par les nouvelles Publiques que les esprits sont dans une grande agitation en Angleterre au sujet du gouvernement, qu'il y a deux partis tout formés, fort animés l'un contre l'autre & qui sont d'autant plus prêts à éclater qu'ils sont à peu prés égaux ce qu'il y a de plus fâcheux pour le Roy, c'est que la Loy qui l'a apellé au Thrône est uniquement fondée sur un Acte du Parlement, de sorte qu'un autre Parlement peut le destituer & en mettre un autre à fa place, c'eft une fâcheufe dépendance ; Or fi le Traité fondamental étoit figné durant fon regne la Ligue Européenne lui affureroit & à fa pofterité le Thrône pour jamais & tireroit ainfi fa maifon de cette fâcheufe dépendance.

II. OBSERVATION.

Le feul pretexte plaufible dont un Parlement rebelle puiffe fe fervir pour deftituer le Roy, c'eft quelque entreprife de ce Prince, ou de fes Officiers fur le droit de la Nation. Or les Mécontens pourroient à la verité fe plaindre à l'Arbitrage des prétenduës entreprifes du Roy fur les Libertés & les Privileges de la Nation : mais le different finiroit par le Jugement de l'Europe, & jamais par la deftitution du Roy. Un Roy de Lacedemone y établit les Ephores, forte de Tribunal indépendant, Protecteur des Droits du Peuple contre les entreprifes du Roy, la Reine fa femme lui demandant pourquoy il avoit ainfi pour leur pofterité rendu l'autorité Royale *moins étenduë*. Le Roy lui répondit laconiquement. *C'eft pour la rendre plus durable.*

Je fupofe que le Roy regnant faffe avec fon Parlement une Convention Parlementaire où l'autorité publique foit partagée entre le Roy & le Parlement, que les bornes de l'autorité de l'un & de l'autorité de l'autre foient pofées par Articles le plus clairemens & le plus precifément que l'on pourra, j'en propoferai peut-être un jour un Projet quand je ferai un peu mieux inftruit. 2. Je fupofe que le Roy de concert avec le Parlement crée un Comité national & perpetuel de 45. Ephores, quinze Pairs & 30. Chevaliers, que le devoir de ce Comité national foit d'empêcher les entreprifes des Officiers du Roy fur la portion d'autorité que la Nation a confiée au Parlement, de propofer des prix à ceux qui donneroient les meilleurs Memoires fur certaines matieres du gouvernement qui demandent quelque chofe de nouveau dans les Reglemens ou dans les établiffemens, d'examiner ces Memoires & de diftribuer ces prix, de preparer & de digerer les Bils principaux, qui devroient être propofés au Parlement. Ce feroit le Parlement qui nommeroit les membres de ce Comité entre

des Souverains. 325

ceux qui n'auroient aucun employ, aucune pension du Roy & qui renonceroient, pour eux & pour leurs enfans a en avoir jamais: mais il faudroit que les apointemens & que les distributions manuelles aux jours d'assemblée les pussent dédommager des avantages ausquels ils renonceroient, il faudroit même qu'ils eussent une marque exterieure d'honneur qui leur donnât certaines presseances.

Or il est visible que si le Roy établissoit un pareil Comité perpetuel, il asureroit pour jamais le Thrône, même aux Princes de sa posterité qui seroient turbulens, entreprenans & d'une ambition immoderée, c'est qu'en voyant de plus prés & plus à clair le danger inevitable de perdre leur Couronne, ils ne s'exposeroient jamais à faire des injustices criantes & à commettre des violences odieuses.

III. OBSERVATION.

Il est certain qu'outre le subside ordinaire pour la Liste civile, c'est à dire pour la dépense de la Maison du Roy, il y a encore un subside ordinaire en tems de Paix pour la dépense des Vaisseaux de convoy & de garde côtes pour les Garnisons & les Fortifications, qui est plus grands que celui de la Liste civile. Je supose qu'il se monte à quinze millions & qu'il sufise de cinq millions pour la dépense ordinaire aprés l'établissement de la Ligue Européenne, le Roy pourra facilement obtenir de la Nation qu'en considération des autres grands avantages qu'il procureroit à ses sujets par cet établissement, ces dix millions d'épargne tournassent à son seul profit, ainsi il doubleroit son revenu en doublant celui de ses sujets.

OBJECTION.

Je conviens, m'a dit un Anglois, que nul établissement ne peut jamais être aussi avantageux pour la Nation Angloise, que le seroit *l'Arbitrage Européen*.

1. Il assureroit pour jamais aux Anglois l'Autorité & la liberté des Parlemens contre les entreprises perpetuelles des Rois & de leurs Ministres, & par cet établissement ils seroient seurs de l'execution éternelle des *Pacta conventa*, c'est à dire des Conventions que le Parlement pour-

roit faire ou renouveller sur ce sujet avec le Roy à la caution & garantie de cet *Arbitrage permanent*.

2. Il est vrai que cet Arbitrage ne pourroit pas faire cesser les divisions qui sont déja entre les Anglois, ni empêcher qu'il ne s'y en élevât encore d'autres en differens tems, soit à cause des differentes opinions sur la Religion, soit à cause des differens sentimens sur le Gouvernement Politique. Il est de la nature des hommes d'avoir des opinions differentes & des interêts oposés, & l'on n'atend pas de l'Arbitrage qu'il change la nature : mais il est demontré dans l'Ouvrage que l'Arbitrage Européen donneroit aux Anglois seureté suffisante que ces divisions domestiques n'alumeroient jamais de *Guerre* entre eux. Or l'exemption d'un pareil malheur est sans doute un prodigieux avantage sur tout dans un païs où il y a incessamment de grans partis tout formés.

Quand on songe à la dépense qui est indispensable à chacun des Citoyens pour se tenir sur ses gardes & en défense contre son voisin dans les troubles d'une nation, à la misere qui suit l'interruption du commerce intérieur du Royaume, aux pillages, aux incendies, aux meurtres des Citoyens qu'atire la *Guerre Civile*, on sent que l'exemption de pareils malheurs est pour ainsi dire le fondement du bonheur de nôtre Nation.

3. Il est demontré dans l'Ouvrage qu'il n'y auroit plus de *Guerres* en Europe, que tous les differens de Nation à Nation, de Souverain à Souverain, seroient desormais de très-petite importance, & qu'ils s'y decideroient sans guerre comme se decident les differens des particuliers; ainsi la Nation Angloise seroit pour jamais exempte des grandes contributions qu'exigent ces guerres Etrangeres, cependant ces Contributions montent année commune à plus de quatre millions de livres sterlin en tems de Guerre, au lieu que ce qu'il en coûteroit à la Nation pour son Contingent Européen n'iroit pas année commune à la dixiéme partie de ces contributions. Or quel avantage pour chaque Anglois de voir pour toûjours les subsides publics, diminuer des neuf parts de dix.

4. Je conviens, ajoûte cet Anglois, que

que n'y ayant plus de guerres Etrangeres le Commerce Etranger ne seroit deformais pas plus interrompu que le Commerce interieur de nôtre Etat. Or qui ne sçait quelles prodigieuses pertes l'interruption du Commerce étranger cause à l'Angleterre, on peut dire que cette perte va au moins à un quart du revenu de toute la nation pendant la guerre.

5. Je conviens que de ne plus perdre de Citoyens par les armes, que de ne plus perdre de vaisseaux par les Pirates, que de voir naître tous les jours de nouveaux biens par la perfection des arts & des Loix qu'on neglige fort durant la guerre, je conviens, dis-je, que ce sont encore là des avantages tres considerables que produiroit cet etablissement.

6. Les Rois de leur coté y gagneroient, les Rois sages & moderés n'auroient rien à craindre de la part des Republicains seditieux & turbulens qui voudroient empieter sur les droits de la Royauté & les Rois insensés qui voudroient entreprendre sur les libertés du peuple n'auroient point à craindre de rebellion ni que le sceptre sortît de leur maison.

Toutes ces choses, m'a dit l'Anglois, sont bien demontreés dans vôtre Ouvrage mais aprés tout quel moyen de faire sur cela prendre quelque resolution au Parlement & au Conseil du Roy à cause de la grande multitude des membres qui composent le Parlement, & à cause de la grande opofition qu'il y a entre leurs opinions, & cependant il faut que toutes ces trois efpeces de Conseils conspirent ensemble au même dessein, autrement on ne prendra jamais en Angleterre aucune resolution pour rien negocier sur cet etablissement.

RE'PONSE.

1. Il est vrai qu'il est toûjours dificile que les deux Chambres & le Conseil s'uniffent pour un même but: mais cependant malgré ces dificultés ils s'uniffent souvent, la Raifon de cela c'est qu'il n'est pas fort dificile d'obtenir de la Chambre des communes qu'elle mette la propofition d'un memoire en deliberation. Or une propofition mife une fois en deliberation dans la Chambre s'il

arrive que la nature de la proposition & que la longueur du memoire demande une discussion longue, un examen exact des diférentes preuves des diferens motifs, il n'est point difficile, il n'est point extraordinaire que la Chambre ordonne un Comité pour cet examen.

La matiere raportée à la Chambre par le Comité & mise en deliberation, il n'est pas necessaire pour que la Chambre prenne une resolution que les voix soient uniformes, il sufit qu'un avis passe à la pluralité des voix, & après tout dans le fait present dequoi s'agit il, c'est un ancien projet d'une union Européenne, d'un Abitrage Européen fait par un Roy de France, aprouvé par la Reine Elizabeth & par son Conseil, aprouvé ensuite par le Roy Jacques premier son successeur & par son Conseil, c'est ce même projet que l'on presente aujourdui rectifié & eclairci pour rendre la paix perpetuelle & le commerce permanent en Europe à l'exemple de l'union & de l'Arbitrage Germanique.

On propose à la Chambre de faire examiner ce projet pour voir s'il ne seroit point à propos de suplier le Roy d'entrer sur cela en negociation avec ses voisins, qu'y a-t-il dans cette proposition qui ne soit sage, raisonnable & dans les interêts de la nation.

Or la plûpart des membres instruits de l'afaire resisteront-ils à voter pour un Comité qui l'examine & qui en fasse son raport & ce raport une fois fait est-il impossible que le plus grand nombre des voix ne passent à suplier le *Roy par une adresse de vouloir bien entrer en negociation avec ses Voisins & ses Aliées sur l'établissement d'un Arbitrage permanent pour terminer sans guerre tous les diferens futurs soit de souverain à souverain soit de nation à nation & pour prévenir les guerres civiles dans chaque Etat.*

Cette adresse une fois resolue dans la Chambre des communes où est l'impossibilité qu'elle ne passe de même à la pluralité des voix dans la chambre des Seigneurs, & que le Conseil du Roy n'agisse ensuite en conformité par ceux que sa Majesté envoyera exprés dans les diferentes Cours de l'Europe.

Un établissement peut-il être re-

des Souverains. 333

gardé comme impoſſible quand à tout prendre, plus on l'examine plus il paroît avantageux à tous les intereſſés, peut-il être regardé comme impraticable quand pour le metre en pratique il ne s'agit que du conſentement des intereſſés à quelques Articles fondamentaux neceſſaires pour le former. Ce conſentement general à ces Articles eſt-il abſolument impoſſible, quand on voit qu'un ſouverain ſage peut commencer par le ſigner & qu'il n'eſt pas abſolument impoſſible qu'il perſuade un de ſes voiſins de le ſigner ; quand on voit qu'il n'eſt pas abſolument impoſſible que ces deux n'en perſuadent deux autres, quand il n'eſt pas abſolument impoſſible que ces quatre n'en perſuadent quatre autres par leurs inſtances & par leurs vives repreſentations, quand il n'eſt pas abſolument impoſſible que ces huit n'en perſuadent à la fin huit autres ; quand il n'eſt pas abſolument impoſſible que ces ſeize perſuadés ne perſuadent à la fin preſque tous les autres en diférens tems par les mêmes voyes & par les mêmes motifs, & enfin quand il n'eſt pas abſolument impossible que s'il y en avoit deux ou trois assés peu sensés, assés opiniatres & assés peu eclairés sur leurs veritables interets pour refuser leur consentement à ces Traités par des raisons d'esperance, ils n'y fussent enfin portés par des raisons de crainte en voyant que leur refus leur atireroit bien-tôt pour ennemis irreconciliables tous les patentats d'Europe unis ensemble contre eux dans une afaire qui rendroit les refusans infiniment odieux aux plus sages & aux plus gens de bien de leurs États & à toutes les nations du monde.

Tels sont les moyens & les degrés que j'imagine pour faire aprouver ce projet en Angleterre & de là dans tous les autres États d'Europe. Or que l'on me dise s'ils sont impossibles que l'on me marque où consiste cette impossibilité.

CONCLUSION.

Donc loin que le Traité fondamental de l'Arbitrage Européen diminuast rien des avantages presens, que le Roy d'Angleterre & la nation Angloise ont dans le *non Arbitrage*

Européen dans l'impolice *Européenne* il est évident que ce Traité les augmenteroit tous infiniment.

Donc ce Prince n'a rien à negocier qui soit en même tems plus important & plus pressé qu'un pareil Traité.

J'aprens en relisant cet Article, que le Comte de Marre a pris les Armes en Ecosse, pour le Roy Jacques contre le Roy George, quel qu'en soit l'évenement, les motifs que j'ai proposez subsisteront pour le victorieux.

EMPEREUR.

Il est vrai que l'Empereur reste le seul mâle de sa tres illustre maison, il est vrai même qu'il n'a point d'enfans mais il en espere, & quand dans un age trés avancé, il n'en espereroit plus, il ne laisseroit pas d'avoir des motifs beaucoup plus puissans pour etablir la police entre les nations & les souverains d'Europe que pour y laisser ce reste de Barbarie que j'apelle *impolice Européenne*.

Je conviens que le motif d'assurer pour jamais le trône à sa posterité ou du moins à des Princes de son nom est un trés puissant motif: mais il en reste d'autres qui ne sont pas moins puissans & qui sont par consequent sufisans, je les reduis à trois points.

1. Augmentation de Revenu.

2. Augmentation de tranquilité.

3. Augmentation de reputation.

Or je vais faire voir que de ces trois sources du bonheur de l'homme, loin que l'etablissement de la police Européenne diminuast rien des avantages qu'il possede ou de ceux qu'il espere encore posseder, elle ne feroit que les augmenter tous infiniment.

Si je borne presentement ma preuve à ces trois sources, ce n'est pas qu'elles soient les seules; la santé, l'âge, la noblesse, l'esprit, l'humeur & plusieurs autres choses sont encore de grandes sources de l'augmentation de nôtre bonheur: mais outre que l'on peut facilement y faire également l'aplication de ma preuve & montrer que l'Empereur n'y perdroit

droit rien, c'est que j'ai cru qu'il faloit se borner à peu & choisir celles qui se presentent le plus aisément à l'esprit & qui dépendent un peu plus de nôtre travail que de la nature & de la fortune.

I. CONSIDERATION.

Augmentation de Revenu.

1. Je n'ai pas besoin de prouver que les souverains aussi bien que les autres hommes souhaitent d'augmenter leur revenu. C'est le motif des guerres que l'on entreprend pour conquerir. Or si les Etats de l'Empire & les Etats hereditaires laissoient à l'Empereur le même subside ordinaire qui est necessaire dans l'impolice Européenne pour la seureté de l'Empire, & qu'il fût par l'etablissement de la police Européenne dispensé des deux tiers de la dépense qui se fait même en tems de paix pour les Troupes, pour les fortifications, pour les munitions &c. loin que cet etablissement diminuast le revenu de sa maison, il est visible qu'il le doubleroit, & il ne le

Ff

doubleroit pas quand il feroit la conquête des Suisses, du reste de l'Italie & de la Hongrie, par ce qu'il faudroit en rabatre ce qu'il lui en couteroit pour faire ces conquêtes & pour les garder.

D'ailleurs il doubleroit ainsi le revenu de sa maison sans faire tort aux membres de l'Empire ni à ses sujets: au contraire il ne s'enrichiroit qu'en les enrichissant, puisque d'un côté par cette police generale il les dispenseroit pour toûjours des subsides extraordinaires, & que de l'autre il leur procureroit les richesses & tous les autres avantages d'un commerce permanent & inalterable.

2. En supofant que le subside ordinaire soit tellement etabli qu'il augmente à proportion que le revenu de ses sujets augmentera, n'est-il pas visible que leur revenu augmentant tous les ans au moins d'un dixieme l'un portant l'autre par la seureté du commerce & la securité des commerçans, il verra avec plaisir son revenu augmenter aussi tous les ans en même proportion.

N'auroit-il pas une augmentation de plaisir de doubler les pensions dans sa famille, parmi ses Ministres, parmi ses Oficiers, parmi ses Courtisans, parmi les savans, n'auroit-il pas le plaisir de soulager les pauvres, de fonder des Coleges, de faire des batimens utiles & d'autres batimens agreables. &c.

II. CONSIDERATION.

Augmentation de Tranquilité.

l'Empereur est d'autant plus disposé à gouter le plaisir de la tranquilité qu'il a été exposé pendant les premieres années de son regne à de cruelles agitations, & aprés tout que servent les richesses sans tranquilité. On ne goute rien dans l'agitation que par raport aux choses qui agitent l'ame. Et l'on peut dire qu'il vaudroit incomparablement mieux dormir tout d'un somme & aneantir ainsi les années d'agitation que de les passer comme on les passe.

Rien ne gâte tant la courte vie que nous avons à passer sur la terre que la grande quantité d'afaires facheuses, pressées, tumultueuses, importantes & dont le succés est toûjours incertain. Or rien ne donne plus de ces fortes d'afaires aux souverains, rien ne les multiplie davantage que l'Etat de haine, de defiance, de guerre; en un mot que l'Etat *d'impolice*, où ils ont tous vecu jufqu'ici: rien au contraire ne diminueroit davantage le nombre & l'importance des afaires de l'Empereur que la feureté parfaite où il feroit que la tranquilité de l'Empire ne feroit jamais troublée par aucune guerre, & qu'il exerceroit pendant toute fa vie fans aucun empechement la même autorité qu'il poffede, il n'auroit plus pour afaires que des ocupations de choix foit pour le plaifir & l'utilité des autres, foit pour fon propre plaifir & pour fa propre utilité.

III. CONSIDERATION.
Augmentation de Reputation.

Qu'eft-ce qui donne une grande reputation aux fouverains fi ce n'eft d'executer pour l'utilité de leurs peuples ou même du genre humain quelque chofe de grand, quelque chofe de plus grand que n'ont executé leurs Predeceffeurs.

Razer une grande montagne, combler une grande valée, élever de grandes maſſes de pierre telles que ſont les Pyramides d'Egipte ce ſont de grands ouvrages : mais ſi la dépenſe que l'on y fait, ſi la peine que l'on y prend ne produit aux hommes qu'une trés petite utilité, ils prouvent à la verité la puiſſance de ces Princes, mais ils prouvent bien plus leur peu de jugement, & qu'y a t-il de moins ſage que de ſe tourmenter nuit & jour & de faire beaucoup de dépenſe pour publier aux races futures que l'on fait entre diverſes entrepriſes dificiles un choix inſenſé, & que dans la recherche de la gloire on prend l'ombre pour le corps.

Il ne ſufit donc pas pour aquerir une grande reputation que l'ouvrage ſoit grand & durable, il faut encore qu'il ſoit utile à propotion qu'il eſt grand & dificile. Or ſur ce pied là que l'on me cite un Empereur qui ait executé quelque entrepriſe qui fût la dixieme partie, la centiéme partie auſſi utile à l'Europe en general & à l'Empire en particulier que le ſera l'etabliſſement d'une police dans l'Europe entre nation & nation, entre chefs de nation & chefs de nation telle qu'il y en a dans chaque nation entre famille & famille, entre chefs de famille & chefs de famille.

Que l'on examine les entreprises executées par Auguste, par Trajan par Antonin, par ces Princes les delices des peuples, par Constantin, par Theodose par Charlemagne, par ces Empereurs eclairés par les lumieres de l'Evangile, que l'on compare cette utilité à l'utilité de l'établissement de cette police si desirable, & l'on verra que la chose n'est pas comparable, & que les diverses utilités qu'ils ont procuré au genre humain par leurs travaux mises toutes ensemble dans une balance si vous en deduisés les maux qu'ils ont causés ne pesent presque rien, au lieu que cette entreprise ne coutera rien aux hommes, elle ne leur causera aucun mal, & cependant elle leur aportera une infinité d'avantages inestimables.

Charles-Quint qui regnoit il y a 160. ans & qui est le plus illustre entre les Empereurs de la maison d'Autriche a bien fait du bruit dans le monde, il s'eſt bien tourmenté, il a bien tourmenté ſes voiſins, il a executé quantité d'entrepriſes dificiles : mais ſi vous peſés l'utilité de toutes ſes entrepriſes les plus dificiles par raport à ſes peuples & par raport à l'utilité du genre humain, ce qui doit être le fondement de ſa gloire, ſi vous en rabatés tous les maux qu'il a été forcé de cauſer à tant de familles, que croyés-vous que peſera le reſtant de cette utilité, ſur tout en comparaiſon de l'utilité qui reviendra au monde entier de l'entrepriſe de Charles VI. ſon ſucceſſeur pour l'établiſſement de cette police, que l'on faſſe reflexion à ce qui reſte des grands travaux de Charles Quint pour l'honneur même & l'avantage de ſa maiſon en comparaiſon du grand eclat qui rejaillira à jamais ſur cette maiſon ſi Charles VI. employe ſon autorité, ſon credit, ſes ſoins, ſa ſageſſe & ſa conſtance à commencer & à finir la plus heroique de toutes les entrepriſes.

Je prens ici le terme d'heroïque dans un autre ſens que le ſot peuple ne le prend d'ordinaire. C'eſt que je croi que l'on doit donner bien plûtôt le nom de Heros à celui qui eſt le bienfaiêteur univerſel de tous les hommes & qui leur procure à tous par ſes travaux des bienfaits immenſes, qu'à ces illuſtres deſolateurs de Provinces, qu'à ces fameux deſtructeurs du genre humain qui n'augmentent le bonheur de quelque hommes flateurs & injuſtes qu'en ruinant, qu'en brûlant, qu'en detruiſant un nombre infiniment plus grand d'autres hommes gens de bien & de probité.

La principale qualité des Dieux dans l'idée même des Payens n'eſt-ce pas la bonté, n'eſt ce pas de répandre par tout leurs bienfaits & de ne rendre malheureux que les injuſtes & les ſcelerats, & qu'eſt-ce que les Heros que des hommes qui reſſemblent beaucoup plus que leurs pareils aux Dieux, & n'eſt-ce pas la raiſon pour laquelle on les a nommés autrefois Demi Dieux.

La gloire de Charles Quint s'aneantit tous les jours, c'eſt qu'il a cauſé peut-être plus de maux qu'il n'a procuré de bienfaits, au lieu que la gloire de Charles ſix ſon petit neveu durera autant que durera l'utilité de la police Européenne, ce ne sera point une gloire mêlée de blame, ce ne seront point des benedictions mêlées de maledictions & d'imprecations, sa gloire sera pure, parceque ses bien-faits seront purs & comme ces bien-faits seront éternels pour toutes les nations, le nom de l'Empereur Charles six un des principaux fondateurs de la police universelle passera avec tout l'éclat qui lui est deu, de generation en generation, de siecle en siecle, parmi toutes les nations jusqu'à la posterité la plus reculeé selon l'ardeur avec laquelle il se sera porté à cet etablissement.

Et il ne faut pas douter que comme ce sera le plus grand evenement humain qui soit jamais arrivé sur la terre, on ne prenne soin d'en ecrire les commencemens, les progrés & la consommation avec toute l'exactitude possible, & que les Historiens pour leur propre interêt ne s'apliquent à rendre justice entiere aux Princes qui auront fait les premieres demarches & les plus grands efforts pour rendre la guerre impossible & la paix inalterable.

OBJECTION.

L'Empereur a de grandes pretentions sur l'Espagne, & sur l'Amerique Espagnole; Or pour abandonner ces pretentions comme il feroit par le Traité fondamental de la Police Européenne, quel équivalent lui donne-t-on?

REPONSE.

Les Souverains mesurent la valeur réelle d'une pretention sur le degré de vrai-semblance qu'il y a qu'ils l'obtiendront & sûr ce qu'il leur en coûteroit pour l'obtenir, les Venitiens par exemple ont une pretention bien fondée sur l'Ile de Candie, cependant si quelque Prince vouloit presentement acheter leur droit, ils le vendroient très-volontiers pour la vingtiéme partie du Capital du Revenu qu'ils en tiroient tous frais faits. Or sur ce pied là que l'on pese l'équivalent des prétentions de l'Empereur sur l'Espagne.

Le Roy d'Espagne tire beaucoup de l'Espagne & des Indes: mais il lui en faut beaucoup pour les dépenses & les Charges ordinaires de l'Etat, & ce qui lui en reste pour sa Maison & en libre disposition ne va pas à huit millions par an; Or nous avons montré que l'Empereur par cette renonciation gagneroit plus de douze millions par an qu'il auroit à sa libre disposition, & il ne lui en coûteroit rien pour commencer à joüir de ces douze millions, au lieu qu'il lui en coûteroit beaucoup pour se metre en possession de ces huit millions.

D'ailleurs l'Empereur sans le secours des Anglois, des Holandois, & du Roy de Sicile, ne peut pas esperer de conquerir le Royaume d'Espagne secouru par la France. Or comme les Anglois & les Holandois, n'auroient pas plus de seureté de la durée de leur Commerce avec lui qu'avec le Roy d'Espagne regnant, & que le Roy de Sicile ne gagneroit rien à cette Conquête, ils ne prendront pas les Armes en sa faveur à moins qu'il ne leur fasse part de sa Conquête à proportion de la dépense qu'ils feront, & même ils ne s'en tiendront pas aux paroles, ils voudront des Places l'un en Italie, les autres en Amerique & ailleurs pour feureté & quand les Anglois, & les Holandois auront une fois des établiſſemens en Amerique, n'aurat-il pas à craindre de recevoir deformais la Loy de ces deux Nations, eux qui pourront alors fomenter des revoltes & partager enfuite avec les Chefs des Revoltés, ſes Etats d'outremer. On peut donc dire que le Traité d'Arbitrage porte avec lui une équivalent vingt fois plus avantageux pour l'Empereur que ne peuvent valoir réellement ſes pretentions ſur l'Eſpagne.

CONCLUSION.

Il demeure donc conſtant qu'à conſiderer le revenu, la tranquillité, la reputation & toutes les autres ſources de bonheur, loin que le Traité fondamental de l'Arbitrage Européen ne diminuât rien des avantages preſens de l'Empereur, il lui en procureroit un très-grand nombre de nouveaux & de très conſiderables, *ce qu'il falloit démontrer.*

J'aprens en reliſant cet Article, que la groſſeſſe de l'Imperatrice ſe confirme. Ainſi voilà un grand motif de plus pour l'Empereur, puisqu'il trouve dans la Police Européenne, une nouvelle seureté de conserver le Trône dans sa Maison.

Interêt du Czar à solliciter l'établissement d'une Police, d'un Arbitrage entre les Nations, entre les Chefs des Nations.

Nous avons déja demontré dans la Réponse à la premiere Objection de ce 3. Tome que le Czar loin de rien perdre de son autorité & de son independance à l'égard de ses sujets par l'établissement de cet Arbitrage, ne feroit que l'augmenter considerablement & que loin d'augmenter la dependance reciproque où il est à l'égard de ses voisins, il ne feroit que la diminuer infiniment, de même que ses voisins diminueroient infiniment la dépendance reciproque où ils sont à son égard & les uns à l'égard des autres.

J'ai montré dans le second Tome que ce Prince ne pourra jamais arriver à son principal but, qui est d'établir un grand Commerce dans son Empire, s'il ne trouve les moyens d'établir une Paix perpetuelle par un Arbitrage permanent.

On voit affés que par la protection mutuelle que fe donneroient les Souverains, il affureroit encore davantage à fa pofterité la Couronne de Mofcovie, que par le retranchement de la plus grande partie de la dépenfe de la guerre, & par l'augmentation du Commerce, il doubleroit pour ainfi dire fes Etats en doublant fon revenu qu'il n'auroit plus d'affaires fâcheufes : mais feulement des occupations agreables dont il feroit le Maître, enfin que de quelque côté qu'il confidere l'établiffement de la Police Européenne, il ne perdroit aucun des avantages qu'il a dans l'impolice : mais au contraire qu'il les augmenteroit tous & même qu'il y en trouveroit de nouveaux, ainfi il ne me refte plus qu'à faire encore deux Obfervations.

I. OBSERVATION.

Plus les Etats d'un Souverain ont d'étenduë, plus il eft difficile de les gouverner, de maniere que le Souverain en tire toute l'utilité qu'il en peut tirer pour lui-même, & pour ceux qu'il gouverne. C'eſt qu'il y a d'un côté un grand inconvenient à ne pas donner beaucoup d'autorité aux Vice-Rois habiles, laborieux & affectionnés, parce qu'ils remedieroient promptement aux maux qui ſe multiplient & s'augmentent faute de remedes & de préſervatifs prompts & convenables & qu'ils profiteroient en une infinité de choſes des conjonctures paſſageres, tant pour le bien du Roy que pour le bien de ſes ſujets, ils rempliroient bien mieux les emplois de ſujets propres à chaque employ.

D'un autre côté il y a un grand inconvenient dans l'impolice Européenne à donner beaucoup d'autorité à ces Gouverneurs. C'eſt qu'au premier mécontentement, au premier changement de miniſtere, un Gouverneur craignant de demeurer à la diſcretion de quelque nouveau Miniſtre, ſon ennemi, aime mieux hazarder ſa vie & ſes biens, en ſe revoltant & en tâchant de faire revolter ſes voiſins que que d'aller ſans Armes ſur l'ordre de ſes Ennemis, porter honteuſement ſa tête ſur un échafaut

& ces revoltes sont très-communes dans les regnes foibles, qui sont bien plus ordinaires que les regnes forts.

Quand on considere que la Moscovie confine à la Chine & qu'elle a douze fois plus d'etendüe que la France, on comprend aisément qu'une si vaste Monarchie est douze fois plus sujete aux revoltes que la France ou que le Czar en tire douze fois moins qu'il n'en tireroit s'il n'avoit à craindre aucune revolte dans ses Provinces les plus éloignées, & qu'ainsi l'etablissement de l'Arbitrage lui seroit d'autant plus avantageux que ses Etats ont plus d'etendüe. Charle Magne êtoit toûjours armé, cependant à cause de la grande etendüe de son Empire on sait que quand on le savoit ocupé en Espagne, ses sujets se revoltoient en Saxe ou en Italie, & que sa vie n'a été remplie que de Victoires qui ne sont aprés tout autre chose que des fins courtes & agreables d'afaires indispensables longues & trés-desagreables.

Pourquoi un Pere en mourant qui laisse à son fils mineur plusieurs terres éloignées & dans diverses

verses Provinces ne craint-il point que les Receveurs s'en emparent de la moindre partie, c'est que ce mineur & ses biens sont en la protection de toutes les autres familles de l'Etat par l'etablissement d'une police entre elles, c'est que ces familles forment un corps Politique qui veille au salut de chacun de ses membres outre la protection qu'il tire de sa mere, de ses parens & des amis de son pere il a encore une protection etrangere incomparablement plus puissante qui est la protection du Crops politique où il vit & qui le met à couvert de l'avarice & de la mauvaise volonté de ceux qui gouvernent ses terres.

Or n'est-il pas visible que si les chefs de nation formoient un Corps politique entre eux, les nations se protegeroient mutuellement, que toutes ensemble protegeroient invinciblement les Enfans mineurs du Czar contre toutes les entreprises ambitieuses des Gouverneurs les plus éloignés, & qu'ainsi le Czar soit majeur soit mineur n'auroit jamais à craindre aucune sorte de revolte, ce qui est pour un Etat vaste une maladie d'autant plus à craindre qu'il en coute beaucoup de foins & de revenu pour s'en preferver, & que les meilleurs prefervatifs dans *l'impolice Européenne* ne feront jamais fufifans fur tout dans les minorités & dans les autres Regnes foibles.

II. OBSERVATION.

Rien ne contribue davantage à augmenter la richeffe d'un Etat que la multitude & la perfection des arts & les bons reglemens de police, l'on fait combien la Mofcovie eft dépourvüe d'excellens artifans & d'habiles ouvriers, & que la police y eft encore dans l'enfance en comparaifon de celle qui eft en France, en Angleterre, en Holande &c. quoiqu'elle foit encore trés éloignée de la perfection. Le Czar en Prince habile avoit en vüe d'atirer en grand nombre dans fes Etats & fur tout à Mofcou, & dans fes Ports d'excellens ouvriers en toutes fortes de genres, & de prendre pour la Police les meilleurs Reglemens & pour modele les plus utiles établiffemens qui foient dans les Etats les mieux policés de l'Europe.

Mais il falloit pour cela d'un côté une très-grande aplication, & une très-grande dépense, ainsi ce beau projet qui seroit si avantageux pour lui & pour ses sujets, lui devient inutile pendant la Guerre, puis que la Guerre emporte tout son loisir, tous ses soins, & tous ses revenus, & que dans *l'impolice* de l'Europe, on ne peut compter sur aucune Paix solide. On voit donc que rien ne seroit plus conforme aux vûës d'un Czar sage & habile, que l'établissement d'une Police generale en Europe, entre Nation & Nation, & entre tous les Chefs de Nation.

CONCLUSION.

Donc si ce Projet étoit bien traduit en Moscovite, si le Czar avoit un jour le loisir de l'examiner par lui-même, il est impossible qu'il ne vît avec évidence, que loin que l'établissement de l'Arbitrage Européen, & de la Police Européenne diminuât en rien, aucun des avantages qu'il a presentement dans l'impolice & dans le non Arbitrage, il les augmenteroit tous infiniment, & c'est *ce que je m'étois proposé de démontrer.*

ESPAGNE.

Le Roy d'Espagne trouveroit à signer le Traité fondamental de la Police Européenne les mêmes avantages que l'Empereur & les autres Princes, & ne perdroit aucun des avantages qu'il a dans *l'impolice* plus d'afaires facheufes où il s'agiffe de tout, fes occupations ne feroient plus que des occupations de choix où il feroit invité d'un côté par l'utilité de fes fujets & de l'autre par fon propre interêt, il doubleroit fon revenu tout d'un coup & le verroit encore augmenter tous les ans, il auroit le plaifir de donner plus à depenfer dans fa famille, de faire des batimens commodes, de dépenfer davantage pour les amufemens de la Cour, de doubler les apointemens de fes Miniftres & les graces de fes favoris, il pourroit continuer aux oficiers de guerre reformés les mêmes apointemens pendant leur vie & augmenter les apointemens de ceux qui feroient confervés.

Si d'un côté conformément aux Traités folennels il renonçoit à jamais rien posseder du Portugal l'Empereur & les autres Souverains conformément aux Traités & à la possession actuelle renonceroient à jamais de posseder un pouce de terre de la domination actuelle du Roy d'Espagne ni en Europe ni en Amerique ni en Asie ni en Afrique, il auroit plus d'autorité & d'independance à l'égard de ses Sujets, & il diminueroit infiniment la dépendance où il est, & où ses enfans & petits enfans peuvent être un jour à l'égard des Souverains voisins, & cela dans la même proportion que des chefs de famille voisins vivans dans la Barbarie & dans l'impolice, diminuent infiniment leur dépendance mutuelle par l'établissement, par la convention, par le Traité d'un Arbitrage permanent, & d'une Police permanente, il ne me reste plus qu'à ajoûter encore quelques Observations, qui ont quelque chose de particulier pour le Roy d'Espagne.

I. OBSERVATION.

Ce que je viens d'observer à l'égard de la Moscovie que plus cet

État est vaste, plus il a besoin d'une protection exterieure & toute puissante qui chasse des esprits des gouverneurs toute idée de revolte même dans les minorités,& dans les autres tems de foiblesse est encore plus vrai & en plus forts termes pour les Etats d'Espagne que pour les Etats de Moscovie.

1. Parceque les Etats du Czar se tiennent & que le secours d'une Province ataquée y peut être beaucoup plus aisément porté & à tems & seurement: au lieu que la distance où l'Amerique & les Philipines sont du chef est beaucoup plus grande & que le secours ne peut arriver que par mer & souvent trop tard avec beaucoup plus de dépense & de danger.

2. Si les revoltés ou du Mexique ou du Perou étoient favorisés ou des Anglois, ou des Hollandois qui sont beaucoup plus puissans en Vaisseaux que n'est l'Espagne, le Roy d'Espagne ne pourroit jamais reconquerir ce qu'il auroit perdu, & qui doute que les Anglois ne pussent faire tellement leur marché avec un Viceroi revolté qu'ils ne trouvassent avec lui beaucoup mieux leur compte pour

leur commerce & pour quelque place de seureté qu'avec le Roy d'Espagne même.

II. OBSERVATION.

La crainte où doit être le Roy d'Espagne dans l'état d'impolice où est encore l'Europe de voir naître des revoltés au Perou, au Mexique, aux Philipines a empeché jusqu'ici le Conseil d'Espagne de laisser liberté entiere aux François, aux Anglois, aux Hollandois & aux autres Nations de commercer en droi-ture dans l'Amerique Espagnole, cependant il est évident que si le Roy d'Espagne laissoit faire à ces Nations leur commerce en droiture dans les Ports de l'Amerique sans passer par Cadis, il pourroit doubler & tripler les revenus qu'il tire de ces Royaumes en faisant dans les principaux Ports un Tarif des entrées & des sorties dont ce Conseil conviendroit facilement avec toutes ces Nations.

III. OBSERVATION.

En laissant aux peuples de l'Amerique Espagnole le Commerce libre avec toutes les Nations, ils doubleroient, ils tripleroient bientôt leurs revenus, de sorte que les revenus du Roi qui auroient une proportion fixe comme du vingtiéme avec les revenus des sujets doubleroient & triperoient en même tems.

Je sçai bien que la ville de Cadis y perdroit, mais le Roi pour la dedommager pourroit pendant vingt ou trente ans diminuer les subsides des habitans, & employer privilegiément les plus industrieux & les plus laborieux au service de l'Etat, soit en Europe, soit en Amerique, & aprés tout est-il juste, est-il raisonnable que pour faire gagner un million à une Ville, le Roy en perde vingt, & empêche les autres Villes de son Etat d'en gagner cent fois davantage.

CONCLUSION.

Il est donc évident que le Roy d'Espagne loin de rien perdre à signer le Traité d'Arbitrage, & la convention d'une Police generale, en tireroit des avantages immenses & inestimables *ce qui étoit à démontrer.*

ROY DE SUEDE.

Pour démontrer qu'il feroit beaucoup plus avantageux au Roy de Suede, de signer le Traité fondamental de l'Arbitrage que de ne le pas signer, pour faire voir qu'il n'a aucun avantage dans l'Etat d'impolice entre les Nations & les Souverains d'Europe, qu'il ne trouvât, & en plus grand nombre & beaucoup plus grands dans la Police Européenne, je n'ai point d'autres Considerations d'interêt à lui proposer que celles que j'ai proposé à l'Empereur, aux Venitiens, au Roy de Portugal, & aux autres Souverains, je ne fais en cela que suposer qu'il connoît, & qu'il aime comme eux ses interêts: mais il me reste à faire une Observation sur le caractere de ce Prince aussi illustre par ses grands malheurs, que par ses grands succés, & si je ne me suis point trompé dans l'idée que je m'en suis faite, il est impossible qu'il n'aprouve & qu'il n'admire le Projet de Henry-quatre, le plus beau, & le plus grand Projet qui ait jamais été proposé, & qu'il n'en poursuive avec plus d'ardeur, & avec plus de constance que tout autre, une prompte & entiere execution.

OBSERVATION
Sur le Caractere de ce Prince.

Charles XII. est né deux mois avant le feu Dauphin Bourgogne, le vingt-quatriéme Juin 1682. il y a aujour-d'huy 33. ans, il n'a de goût que pour le grand, ce n'est pas même un goût en lui, c'est une passion, & cette passion est si dominante qu'il ne sauroit rien goûter que par raport à son principal objet. Je ne connois aucun de nos Souverains, qui ait cette passion à un aussi haut degré, aussi c'est son principal caractere, comme c'étoit celui du Dauphin Bourgogne.

Le Vulgaire a une opinion fausse en partie sur la grandeur des actions & des entreprises. Ce Prince peut en avoir succé quelque chose avec le lait. Peut-être qu'il ne l'aura pas depuis examinée avec assés de soin, & ce défant d'éxamen pourra être la cause de ce qu'il se trompera peut-être quelquefois sur la veritable nature des plus grandes actions, des plus grandes entreprises : mais il n'en est pas moins vrai que son intention est de choisir entre les entreprises & les actions celles qui sont veritablement les plus grandes.

Dans les entreprises il n'y a rien de *grand* qui ne soit *dificile*, voila ce qui est vrai, il n'y a rien de *dificile* qui ne soit *grand*, voila l'opinion du vulgaire & voila ce qui est faux. Le Peuple ne trouve point de diference entre le *grand* & le *dificile*, s'il ne faisoit qu'admirer le dificile il n'y auroit rien à dire, mais il estime & croit estimable tout ce qu'il admire & l'estime même à proportion qu'il l'admire, & voila où se trompe le vulgaire, que l'on donne son admiration à ce qui est effectivement surprenant, mais que l'on reserve son estime, son aprobation, ses louanges pour les actions, pour les entreprises qui sont effectivement estimables & dignes de loüanges.

Il est vrai qu'il n'y a rien de *grand* qui ne soit dificile, sans cela l'homme mediocre, l'homme du commun pourroit ateindre au grand, mais il n'est pas moins vrai que le dificile n'est point grand quand il n'eſt point uni à l'eſtimable. Un Corſaire, un Morgan chef de Boucaniers, un chef de bandits peut faire avec ſa troupe des actions de valeur incroyables, & d'une valeur égale à celle qu'a montrée le Roy de Suede à Nerva & ailleurs, ils ont fait à la verité ce qu'il y a de plus dificile dans ces actions qui eſt de s'expoſer volontairement à une mort preſqu'inevitable, le *dificile* eſt egal entre Morgan & le Roy de Suede: mais dira-t-on pour cela que dans leurs actions le *grand* y eſt egal, non ſans doute. D'où vient cela ? c'eſt que l'eſtimable manque à Morgan, au lieu que le Roy de Suede a uni à l'entrepriſe de Nerva le dificile avec l'eſtimable qui eſt de ſecourir ſes ſujets injuſtement ataquez & prets à tomber dans l'opreſſion.

Mais en quoi conſiſte l'eſtimable, le loüable, car ici je n'entens que la même choſe par ces deux termes, une entrepriſe eſt eſtimable, eſt louable à proportion que celui qui en vient à bout procure & a eu intention de procurer d'utilité aux autres. S'il n'a eu que l'intention, & que l'entrepriſe n'ait pas eu de ſuccés, c'eſt l'intention qui seule est louable, si l'entreprise a eu du succés c'est l'action qui est estimable, & l'entreprise comprend & l'intention & l'action.

Une entreprise dificile qui a du succés, si elle est injuste, si l'Auteur y fait aux autres des maux qu'il trouveroit injustes s'il les recevoit, loin que cette entreprise ait quelque chose de grand, elle n'a rien que de blamable, quoique très-difficile, si elle n'est que juste: mais que l'Auteur en reçoive seul & ait eu intention d'en recevoir seul toute l'utilité, elle n'est ni estimable ni méprisable, ni loüable, ni blamable, quoiqu'elle soit très-difficile. Ce n'est point là du grand. Un Negociant par exemple, qui par de longs travaux & de grands perils prevûs, vient à bout de faire une grande fortune, n'est pas blâmable, il ne fait tort à personne, il n'a travaillé que pour lui seul : mais aussi il n'est pas digne de loüange, & quel gré lui sauroit-on de son travail, puis qu'il n'a travaillé que pour lui, la loüange est une recompense qui n'est dûë qu'à ceux qui aiment mieux travailler pour les autres que pour eux-mêmes.

On voit donc que l'utile est une

partie auffi effentielle du grand que le difficile, non l'utile pour foi, mais l'utile pour les autres, & même fi un Prince qui cherche le *grand* avoit à choifir entre deux entreprifes, l'une beaucoup plus difficile, & beaucoup moins utile, l'autre beaucoup moins difficile & beaucoup plus utile, il ne devroit pas balancer, il devroit courir à la plus utile, je fçai bien que le *faux grand homme*, prefereroit la plus difficile, apparemment parce qu'il facrifie tous aux aplaudiffemens populaires, c'eft une grande partie de fa recompenfe, & il ne fçauroit fe refoudre à facrifier fa recompenfe au bien public : mais le *vrai grand homme*, eft ravi de trouver une occafion de facrifier la recompenfe même de fes travaux à l'utilité des hommes en general, & de fa patrie en particulier, c'eft que cela même eft precifément ce qu'il y a réellement de plus difficile parmi les hommes, que de facrifier fans témoins fa gloire même à l'utilité publique.

Pourquoi les vertus font-elles loüables, c'eft qu'elles fe raportent toutes au plaifir & à l'utilité des autres. Elles fe reduifent toutes à la *Juftice*, qui em-

des Souverains. 367

pêche de faire du mal de faire tort aux autres & à la *Bonté*, qui porte à leur faire du bien qu'on ne leur doit point, ainsi le grand homme est vertueux : mais le vertueux n'est pas toûjours grand homme, c'est que ses entreprises ne sont pas toûjours & fort difficiles & fort utiles.

On n'apellera pas grand Prince celui qui travaillera toute sa vie à s'enrichir par le Commerce, ou par ses épargnes sans faire tort à personne, ni celui qui employera tout son revenu à bâtir des Palais, à faire des Jardins ou à d'autres amusemens, ni celui qui se sera enrichi par des conquêtes justes aux dépens des autres, il n'y a pas même là la moindre trace de bonté, de generosité, ils ne travaillent que pour leur interêt, que pour leur vanité, que pour leur plaisir, ils ne font rien que tout homme du commun n'eût fait comme eux à leur place, comme ils ne surpassent aucun de leurs Predecesseurs, aucun de leurs pareils dans la difficulté & dans l'utilité de leurs entreprises, ils n'ont aussi sur eux aucune distinction de grandeur.

Qu'Alexandre passe en Asie pour venger la Grece, sa patrie, des injures

H h iiij

& des injustices de Darius, qu'il surmonte pour cela des difficultés incroyables, voila l'estimable, voila le difficile, en un mot jusques là voila le grand : mais quand il refuse l'Asie Mineure, vingt fois plus grande que son Royaume, avec l'alliance de Darius, & que non content d'avoir vangé sa patrie & de l'avoir mise en seureté, il ne songe plus qu'à conquerir le reste de l'Empire des Perses, il ne travaille plus que pour lui seul, il n'y a même plus rien de difficile, ainsi là finit le grand homme, il n'est plus dans cette entreprise qu'un homme du commun. L'entreprise de Tyr, est difficile : mais elle est injuste, celle de Porus, celle des Scythes n'ont pas même le difficile, & loin qu'il y ait du loüable, il y a du blâmable, parce qu'elles sont injustes, & aprés tout que fait-il pour sa patrie si ce n'est de lui faire changer de fers.

Que Cesar aquiere du credit avec beaucoup de peine & s'en serve pour contrebalancer celui de Pompée & procurer ainsi plus de liberté au Senat, qu'il vienne à bout de vaincre à Farsale, là finit le grand homme ; cela passé il ne travaille plus que pour lui seul, un homme du commun en eût pu faire tout autant, il rapetisse au lieu de croître, il se sert de ses succés seulement pour sa propre utilité & pour établir son autorité sur les ruines du gouvernement Republicain, voila l'injuste, & le blamable il pouvoit être le plus grand homme qui eût encore été en rendant la liberté à sa patrie, il choisit d'être usurpateur & Tyran, le voila au dessous même de l'homme du commun, le voila par le mauvais usage de ses grans talens meprisable aux sages & execrable aux gens de bien.

Ces éclaircissemens donnés s'il est vrai, comme je n'en doute point, que le Roy de Suede né pour les grandes choses n'ait de passion que pour le grand, il est impossible qu'il ne tourne toutes ses pensées à établir dans l'Europe l'Arbitrage que Henri le grand n'a fait que projeter. Le dificile n'y manque pas, c'est même l'idée la plus commune que que l'on a de ce magnifique projet, que s'il n'est pas absolument impraticable, il est du moins du nombre des entreprises qui peuvent rebuter par le grand nombre & la grandeur des difficultés à surmonter, il est vrai que parceque j'ai plus aprofondi la matiere qu'un autre, & peut-être parceque je suis plus interesé qu'un autre à croire le projet praticable, j'y trouve les difficultés plus petites, & en moindre nombre dans l'execution : mais enfin il est certain que le public croit cette entreprise trés-difficile, & c'est assés pour la gloire de l'Entrepreneur.

Si le public convient de la grandeur de la difficulté de l'entreprise, ce même public convient encore plus unanimement de la grandeur de son utilité, & le Roy de Suede la verra non seulement par raport au bonheur de la Nation Suedoise : mais encore par raport au bonheur de toutes les autres Nations, non seulement pour tous ceux qui vivent aujourd'hui : mais encore pour tous ceux qui vivront de siécle en siécle jusqu'à la fin du monde, non seulement parce que cet établissement les preservera d'une infinité de grands maux : mais encore parce qu'il leur procurera une infinité de grands biens; que de vexations, que de contributions forcées, que de rapines, que de pillages, que d'incendies, que de violences, que de meurtres épargnés sur la Terre!

Combien d'Arts nouveaux, quelle perfection ne verroit-ont point dans les Anciens, quel progrés dans les Sciences, combien la Police se perfectionneroit-elle, soit pour inventer la maniere de mieux connoître les talens, & les bonnes qualités de chaque Citoyen, soit pour interesser davantage ceux qui gouvernent à placer dans les emplois, chacun selon le degré de ses talens, & de son zéle pour le bien public. Combien les Loix qui faute de clarté laissent encore des matieres de contestation, seroient-elles mieux digerées, plus étenduës, mieux éclaircies pour diminuer le nombre des Procés.

Quelle noble émulation dans tous les esprits pour les travaux utiles, pour la pratique des vertus, & pour éviter le mépris de l'oisiveté & la honte des vices. C'est que chacun verroit alors que ce n'est plus la faveur: mais le merite seul qui decide des recompenses publiques, quelles prodigieuses richesses apporteroit à tout le monde un Commerce universel, toûjours égal, toûjours libre, & jamais interrompu, que l'on parcoure tous les établissemens utiles d'un État & l'on verra que celui-ci outre l'utilité qui lui est propre augmente encore à l'infini toutes les utilités de chacun des autres.

Or y eut-il jamais une entreprise qui ait plus de proportion avec les lumieres, avec le courage, avec l'ardeur, avec la pieté, avec la constance de Charles XII. & n'est-ce pas cette proportion qui est le fondement de nos inclinations.

I. OBJECTION.

Vous ne connoissés pas le Roy de Suede, m'a t-on dit, il est vaillant, il a plus de talent pour la Guerre que ses voisins, il ne sçauroit briller que par là, ainsi personne ne sera plus oposé que lui à un Traité qui rendroit la Guerre impossible & la Paix inalterable.

RE'PONSE.

1. Pour les grandes entreprises du tems de Paix, il faut de l'ardeur pour les commencer, de la constance pour

les poursuivre, des lumieres tant pour choisir les plus utiles que pour inventer les moyens les plus propres pour les executer, il faut être ennemi de l'oisiveté & de la molesse, il faut se plaire au travail, & il a fait preuve de toutes ces qualités, ainsi il n'a point besoin de la Guerre pour briller entre ses pareils.

2. Il ne sera pas toûjours en guerre, il y aura quelque Traité de Paix entre lui, & ses ennemis, il veut de l'utile pour ses sujets dans ses entreprises, ainsi il songera plûtôt à les enrichir par la Paix, & par le Commerce, qu'à les apauvrir par la guerre & comme il verra une source abondante de richesses dans la Police Européenne, il la souhaittera pour eux avec impatience.

II. OBJECTION.

Vôtre Reponse seroit solide s'il se soucioit de travailler pour augmenter le bonheur de ses peuples mais il n'aime que les entreprises d'éclat sans se soucier si elles leur sont utiles, il court aprés la vanité croyant courir aprés la gloire ce n'est point pour vanger ses peuples qu'il a pris les armes, c'est uniquement pour se vanger lui même, le motif n'a rien de blamable: mais aussi n'a-t-il rien de louable, cela n'a rien que de commun.

RE'PONSE.

Je sai bien que les mêmes actions peuvent avoir des motifs diferens: mais sa pieté, son desinteressement, sa repugnance à rien promettre qu'il ne veüille tenir exactement, sa paix sincere avec le Roy Auguste vaincu, sa paix sincere avec le Roy de Dannemarck batu, tout cela prouve qu'il se soucie du bonheur de ses peuples, qu'il vise encore plus au *Grand* qu'au brillant; à l'estimable qu'au dificile, & qu'il hait autant la vanité qu'il aime la bonne gloire.

III. OBJECTION.

Si par le traité qu'il fera on ne lui rend pas tout ce qu'on lui a enlevé sans lui donner des équivalens, il ne cherchera que l'occasion de rompre un Traité qu'il aura signé malgré lui, ainsi il n'aura garde d'y renoncer pour

des Souverains. 375
jamais en signant le traité d'arbitrge.

RE'PONSE.

1. Je croi que tout lui sera restitué volontiers, pourveu qu'il donne seureté de ne point recommencer la guerre, mais de s'en rapporter pour les diferens futurs au jugement de l'Arbitrage Européen.

2. Quand on ne lui restitueroit pas entierement tout ce qu'on lui a enlevé, il est certain que les avantages immenses qu'il tireroit du Traité de l'Arbitrage permanent lui serviroient d'équivalens trés-desirables, & qu'ils le dedommageroient amplement de toutes les depenses des guerres passées.

3. l'Europe lui saura d'autant plus de gré du Sacrifice qu'il fera pour rendre la paix perpetuelle, que tout le monde le connoît pour le Prince le plus belliqueux de la terre, & pour celui qui pourroit tirer de la guerre plus d'avantages si non glorieux au jugement des sages, & des gens de bien, du moins brillans aux yeux du vulgaire.

IV. OBJECTION.

Si le Projet d'Arbitrage Européen étoit de lui, s'il en étoit l'inventeur, ô fans doute qu'il feroit tous fes eforts pour le faire figner aux autres fouverains : mais qu'il fe donne un grand mouvement pour faire briller la gloire de Henri IV. c'eft où l'on ne voit nulle aparence.

REPONSE.

Ce Prince cherche le *grand*, or travailler pour faire rendre à la memoire d'un Roy étranger tout l'honeur que merite l'invention d'un projet fi avantageux à tout le monde, qu'y a-t-il de plus dificile, de plus defintereffé, de plus eftimable, de plus utile pour fes peuples, en un mot qu'y a-t-il de plus *grand* ?

V. OBJECTION.

Si lui feul pouvoit avoir la gloire de cet établiffement, s'il étoit poffible qu'aucun autre Prince n'en folicitât l'execution, il pourroit l'entreprendre

des Souverains. 377

prendre : mais il y en a d'autres qui folliciteront comme lui la fignature du Traité fondamental, & il ne voudra pas fe mêler d'une entreprife dont il faudroit qu'il partageât la gloire avec d'autres.

REPONSE.

Je fupofe toûjours que ce Prince eft uniquement touché du *Grand*. Or qu'y a-t-il de plus grand que de faire plus que les autres pour le fuccés d'une grande entreprife, & de leur en donner cependant genereufement toute la gloire, y a-t-il rien qui foit en même tems, & fi difficile en foi-même, & fi utile pour le bien Public, qu'un defintereffement pareil, qu'une pareille generofité.

CONCLUSION.

Il me femble donc que l'on peut conclurre qu'il eft comme impoffible que des ames belles, grandes, vertueufes, compatiffantes, genereufes, paffionnées pour le *Beau*, pour le *Grand*, tel qu'étoit feu Mr. le Dauphin Bourgogne, tel qu'eft le Roy de

Suede, son émule d'âge, de sagesse & de vertus, puisse jamais s'empêcher d'aimer passionnément un Projet où brille de tous côtés tant de Beauté & tant de Grandeur.

ROY DE FRANCE.

Les François, & les Etrangers, qui ont lû dans mon Ouvrage le grand Projet de Henry le Grand, & qui m'en ont parlé, m'ont tous dit qu'il eût été seurement executé si le Dauphin Bourgogne eût vécu. Je dis tous sans exception, & cependant plus de deux cens personnes d'esprit m'en ont parlé depuis sa mort, & je suis encore à en trouver un seul qui ait sur cela une opinion differente des autres, telle étoit l'idée que tout le monde s'étoit faite de la sagesse, de la pieté, de la bonté, du bon esprit, du courage, & de la constance de ce jeune Prince, le plus grand & le plus regretté des Dauphins qui ont été & qui seront jamais.

Daufin il auroit mediré sur l'execution de ce beau projet & devenu Roy il l'auroit executé: il en faut convenir mais sa mort ne l'a pas rendu

des Souverains.

absolument impraticable, les mêmes motifs qui eussent fait conspirer les autres Princes avec lui pour un si saint établissement; les mêmes motifs qui l'auroient porté avec ardeur vers une si haute entreprise subsistent encore tous pour le Roy son Fils, & ne conviennent pas moins au caractere du Regent qui est d'un esprit élevé, sage, juste, moderé, bienfaisant qui ne cede pas au Roy de Suede en courage & qui le surpasse en lumieres.

On peut par exemple facilement comprendre que les motifs que j'ai proposés à l'Empereur, & à d'autres souverains conviennent également à tout Roy de France.

1. Ses Revenus & ceux de ses sujets augmenteroient du double, ainsi les dettes sur l'Etat seroient entierement assurées & bien-tôt tout remboursées.

2. Les soins & les afaires de la Regence diminueroient des trois quarts dés que le Regent n'auroit aucun ennemi à craindre d'aucun côté ni au de hors, ni au dedans, & au lieu d'afaires facheuses, pressées & inquietantes, il n'auroit plus

que des occupations de choix qui ne pourroient jamais lui raporter que du plaisir, tel seroit l'efet du commerce permanent & de la protection mutuelle qu'il recevroit de ses voisins & qu'il leur donneroit de son côté.

3. Sa reputation d'équité, de moderation envers les Souverains voisins, de bonté & d'amour pour les François croitroit à l'infini par les grands bien-faits que leur procureroit à tous l'établissement de la Police Européenne dont il seroit le principal Promoteur comme le Roy son bisayeul en avoit été le premier inventeur, & sa memoire seroit ainsi en benediction pour jamais parmi toutes les Nations comme leur principal bienfaicteur.

4. Il affermiroit pour toûjours sur les deux plus beaux Trônes du monde sa Maison qui est déja la plus ancienne, & la plus illustre entre les Maisons souveraines, & cela malgré toutes les revolutions & toutes les vicissitudes des choses humaines, qui ne peuvent jamais avoir aucun calme que par une Police generale de Nation à Nation, qui donneroit enfin aux Polices particulieres de chaque Nation

la solidité, & la consistance dont elles ont manqué jusqu'à present.

5. Il y a une consideration importante, & decisive pour le Regent, & particulierement pour sa posterité, si la France venoit à perdre le jeune Roy, & qu'il mourût sans laisser de mâles, c'est que malgré la renonciation solemnelle du Roy d'Espagne à la Couronne de France, en faveur de la Paix d'Utrecht, des esprits broüillons pourroient inspirer au Prince des Asturies de tâcher faire valoir ses pretentions sur la Couronne de France, & il ne manqueroit pas en France de seditieux, qui pourroient mettre le Royaume en peril, à moins que lorsque le malheur arrivera, l'Europe solidement unie par un Arbitrage permanent ne soit devenuë garante de l'execution de cette renonciation solemnelle, la baze du Traité d'Utrecht, & de la liberté de l'Europe. Car enfin si le Traité fondamental de l'union des Souverains Chrêtiens, se fait avant ce triste accident, la toute-puissance de l'union Européenne garantiroit entierement la France, & la posterité du Regent de toute crainte, de troubles, & de

Guerres Civiles en faisant executer ponctuellement l'Article des renonciations reciproques.

Je ne repeterai donc point en détail tous ces motifs que l'on peut voir exposés fort au long dans ce Tome & dans les autres parties de cet Ouvrage, je me contenterai de répondre à deux Objections.

I. OBJECTION.

L'affaire a bien changé de face par la mort du Daufin Bourgogne, ce Prince pour s'instruire à fonds du gouvernement interieur & exterieur du Royaume, & pour prendre de grandes vües passoit deux heures par jour à lire les meilleurs Livres & les Memoires les plus exacts & les mieux aprofondis sur le gouvernement, il en faisoit lui même ses Extraits à mesure qu'il y trouvoit quelque chose qui meritoit d'être retenu ou d'être encore mieux éclairci, il pouvoit voir ainsi beaucoup de choses importantes par ses yeux, que les Ministres ni les Courtisans ne disent point du tout, ou qu'ils ne disent presque jamais de la maniere la plus utile, pour avoir l'avantage de les dire de la maniere qui soit la plus agreable au Prince, il avoit de cette sorte pratique pour ainsi dire un escalier derobé à son apartement pour y donner habilement tous les jours des audiences secretes à la timide verité.

Il eût donc sans doute lû & relû vôtre ouvrage avec atention comme le testament du Roy son Trisayeul ou plûtôt comme le Commentaire de sa derniere volonté & comme la plus sage & la plus importante de toutes ses instructions, il n'auroit pas eu de peine à porter le Roy à executer ce precieux testament : mais quand même il n'y auroit pas reussi il seroit devenu un jour le maître & nouveau Salomon, nouveau Roy pacifique, il se seroit fait un extrême plaisir d'élever au Dieu de Paix le magnifique & solide édifice qu'un autre David son Trisayeul avoit pour ainsi dire voué durant les dix dernieres années de son regne, & dont il avoit amassé les principaux materiaux mais qu'il n'avoit pû lui-même executer.

Or qui peut presentement supléer à cette perte, le Roy est Mineur. Les

Miniſtres ſeuls, peuvent en parler au Regent, & les Miniſtres occupés d'une multitude infinie d'affaires journalieres liſent peu & ne liſent que des memoires courts, dont ils ſont obligés de rendre compte, & où voulés-vous qu'ils prennent le tems de lire un auſſi long memoire.

RÉPONSE.

1. Le Regent aime à lire & lit autant que liſoit le Dauphin Bourgogne, & il a de plus l'eſprit plus cultivé, plus élevé & beaucoup plus d'experience.

2. Les Miniſtres dont le nombre a été augmenté à proportion du nombre des affaires, ont la plûpart aſſés de loiſir pour lire tous les bons memoires aprouvez des perſonnes ſenſées. Et c'étoit un grand inconvenient du Miniſtere précedent, où les Miniſtres étoient dix fois trop ſurchargés d'affaires.

3. Il ne faut pas croire que ce projet ſi avantageux à tout le monde répandu comme il eſt deja en diverſes langues dans toute l'Europe, ne ſoit pas goûté de pluſieurs potentats & qu'ils ne commencent pas bien-tôt à concerter

à concerter publiquement le traité de la Ligue de Paix perpetuelle, & à foliciter ouvertement tous leurs voifins d'en figner avec eux les article fondamentaux.

Il eſt impoſſible que les Miniſtres informés de ce qui ſe negocie auſſi à decouvert dans la plupart des Cours étrangeres, & des declarations publiques faites à ce ſujet par les ſouverains les plus zelés pour le bien public, ne ſe trouvent alors comme forcés de s'inſtruire à fonds du fameux projet d'Arbitrage propoſé il y a cent ans par le quatrieme Ayeul de ſa Majeſté, ils l'examineront donc, & en rendront compte au Regent, nous n'avons donc pas tout perdu en perdant le Dauphin, la vigilance, la capacité, les grandes lumieres, la grande ſageſſe du plus grand des Regens, l'amour qu'il a pour les peuples peuvent facilement ſupléer de ce côté la à ce que nous avons perdu.

II OBJECTION.

Vous avez demontré plus clair que le jour, m'a-t-on dit, que tous les Princes moins puiſſans & que l'Empereur même a beaucoup plus d'interét de signer les Articles fondamentaux du Traité d'Arbitrage permanent de police generale proposé par Henri IV. que de ne les pas signer: mais vous ne l'avez pas demontré avec la même clarté, avec la même force pour le plus puissant de tous, c'eſt à dire pour le Roy de France.

Vous avez demontré que par cette nouvelle police de ſouverain à ſouverain tous les ſouverains d'Europe excepté le plus puiſſant d'entre eux diminueront fort la dependance, c'eſt à dire la crainte mutuelle où ils ſont les uns à l'égard des autres.

Vous avez demontré qu'il étoit plus avantageux aux ſouverains & même au plus puiſſant d'avoir moins de ſujets de conteſtation que d'en avoir plus; qu'il lui étoit plus avantageux de n'avoir que des ſujets de conteſtation où il riſque trés peu, que de n'en pouvoir jamais avoir où il ne riſque tout; qu'il lui étoit plus avantageux dans ces diferens rares & de peu d'importance d'avoir pour Juges des ſouverains alliez intereſſez à ſa conſervation, que des ſouverains ennemis vivement intereſſés à ſe liguer pour sa destruction ; qu'il lui étoit plus avantageux d'avoir pour Juges des souverains interessés à juger selon l'équité c'est à dire selon l'interét commun de tous, que d'avoir pour Juges des souverains vivement interessés à juger selon leurs preventions injustes & selon leurs passions & leurs interêts particuliers.

Vous avez bien demontré que cette diminution de crainte & de dependance reciproque est un grand motif à l'égard des souverains moins puissans pour établir entre eux par cette police une protection mutuelle: mais de ce côté là le plus puissant n'y gagneroit rien, puisque n'ayant rien à craindre des moins puissans il n'a point besoin de protection étrangere, ainsi c'est un motif de moins pour lui.

REPONSE.

1. Il faut convenir que du côté de la dependance & de la crainte reciproque les moins puissans étant plus en état de craindre les autres que de s'en faire craindre, ils ont aussi un motif plus fort pour cher-

cher dans l'union, dans l'établissement de la police generale entre souverains une protection étrangere sufisante & perpetuelle telle que l'ont les chefs de famille les uns contre les autres dans chaque societé particuliere, mais cela n'empêche pas que le plus puissant n'ait de son côté beaucoup d'interêt à s'assurer sinon pour lui au moins pour sa posterité d'une protection étrangere & perpetuelle, c'est que cette superiorité de puissance est passagere, & qu'il sufit qu'elle cesse pendant quelques années dans une maison pour qu'elle s'établisse dans une autre, & alors malheur à la maison qui a perdu l'occasion de s'aquerir lors qu'elle le pouvoit une protection perpetuelle, cette superiorité a été dans la maison d'Autriche elle n'y est plus.

2. Plusieurs évenemens otent cette superiorité, & ordinairement l'otent pour toûjours. Les Ligues au dehors, les conspirations, & les revoltes au dedans. Il est dificile que le plus puissant n'ait pas plus souvent que ses voisins moins puissans des pretentions injustes, il est di-

ficile que dans ses pretentions il ne parle pas, il n'agisse pas en plus puissant. Or rien ne revolte tant & n'attire tant d'ennemis que ces manieres hautaines & menaçantes, sur tout dans des pretentions qui sont regardées comme injustes, & rien ne contribue davantage à former des Ligues que le desir de se conserver & de se vanger. Darius superieur en puissance avoit des procedés hautains avec les Grecs, ils trouvent sous Alexandre une conjoncture favorable de se vanger & la maison de ce plus puissant est entierement detruite.

3. Il est difficile de même qu'un Prince si puissant agisse à l'égard de ses sujets avec moderation, quand il a des procedés hautains avec ses voisins. Or quand il ne garde nulle mesure, il se fait bien-tôt haïr à l'excés, s'il s'en aperçoit, il est difficile qu'il n'use de cruauté contre ceux qui resistent ou qui le desaprouvent, & dés qu'il a trempé ses mains dans le sang le voilà Tyran. Or quiconque croit être haï du Tyran, se trouve forcé pour sauver sa vie de conspirer & d'atenter bien-tôt à celle du Tyran, & les conspirateurs croyent que pour se metre

à couvert de la vengeance, ils sont dans la necessité d'exterminer toute la famille du Tyran, & sa superiorité cesse avec sa vie.

4. Outre les conspirations & les assassinats qui arrivent quasi necessairement dans les tems de la plus grande superiorité, il y a des revoltes à craindre dans les tems de minorité & de foiblesse, il y a à craindre dans tous les tems, les revoltes causées par les divisions des Théologiens, alors la superiorité passe bien-tôt d'un Etat à un autre, d'une maison à une autre; On ne sçauroit ouvrir l'Histoire sans trouver sur cela une infinité d'exemples.

Il est bien certain que le Regent qui en usera avec beaucoup d'égards avec les souverains voisins, avec beaucoup de douceur & de moderation avec les sujets grans & petits n'a pas à craindre de se faire de pareils ennemis, il n'a rien à craindre du côté des revoltes & des guerres civiles de Religion : mais est il seur qu'il n'y aura dans la Maison Royale aucune minorité sans un Regent aussi sage, aussi courageux, aussi desinteressé pour lui même, & aussi zelé pour le Roy mineur ; est il seur qu'il ne se trouve jamais dans cette posterité aucun Prince qui ne soit doux & moderé, est-il seur que le gouvernement de France ne s'afoiblisse pas par des voyes presqu'insensibles comme s'est afoibli depuis 130. ans le gouvernement d'Espagne; les branches ne peuvent-elles pas tomber en guerre, est-il seur enfin malgré toutes les vicissitudes des choses humaines de conserver toûjours cette superiorité de puissance dans sa maison, on conviendra qu'il n'y a rien de moins seur: au lieu que par l'établissement de la nouvelle police il seroit parfaitement seur que sa maison conserveroit tout le territoire qu'elle possede & qu'elle auroit dans les Minorités & dans les autres tems de foiblesse une protection sufisante & immortelle contre tous ses ennemis soit du dedans soit du dehors.

5. Il est donc vrai que tout Róy de France gagneroit à l'établissement de cette police du côté de la crainte qu'il lui convient d'avoir pour sa maison, c'est à dire du côté de la dependance où elle sera, si l'Europe ne sort de ce malheureux Etat *d'im-*

police quoique de ce côté là il ne gagne pas tant à cette protection reciproque que ceux qui font actuellement les moins puiſſans.

6. Plus l'entrepriſe paroît difficile plus il ſera glorieux pour le Regent d'en venir à bout durant ſa Regence : Il faut pourtant convenir que cet établiſſement lui ſera d'autant moins glorieux qu'il lui ſera avantageux, & que plus j'ai montré les avantages qu'il en tireroit plus j'en ai diminué la gloire : mais je croi que perſonne ne me blamera de cette conduite, & c'eſt toûjours une aſſez grande gloire pour un Prince que de choiſir le parti le plus avantageux pour lui, pour ſes ſujets & pour ſes voiſins.

7. Je ne repeterai point ici tous ces avantages, je dirai ſeulement que l'on verroit tout d'un coup ſeureté parfaite pour tous ceux qui ſont creanciers de l'Etat. Le Regent en diminuant la dépenſe de l'Etat de plus des trois quarts ſe verroit tout d'un coup un grand fonds de nouveau revenu, & le credit public remis au plus haut point, chacun par la ſeureté & la perpetuité du

Commerce seroit dans l'esperance de voir augmenter tous les jours son revenu sans avoir plus deformais aucune taxe à craindre. Le Regent n'auroit plus d'affaires penibles, il joüiroit le reste de sa vie d'une tranquilité parfaite & d'une gloire très-étendüe, & ne seroit plus occupé que des moyens d'augmenter la felicité des peuples & de faire regner parmi eux la justice & l'abondance.

Extrait des Memoires Du Duc de Sully sur le grand projet de Henri le Grand pour établir en Europe une Police generale, *un Arbitrage permanent une protection reciproque entre les souverains Chrétiens.*

AVERTISSEMENT.

Lorsque je composai le *projet pour rendre la paix perpetuelle en* Europe imprimé en deux volumes in 12. en 1713. je n'avois connoissance que des deux premiers volumes des Memoires de Sully, j'ai depuis decouvert qu'il y en avoit deux autres dont feu M. de Perefixe Archevêque de

Paris Precepteur du Roy avoit tiré tout ce qu'il a dit de ce même projet dans la vie de Henry le Grand.

J'achetai donc les IV. Tomes & j'ai fait les Extraits suivans des deux derniers Tomes afin de montrer que quoique la Meditation & le bon sens m'ayent conduit au même plan de Police Européenne que Henry IV. il en est cependant le premier inventeur, & que nous devons aux soins du fameux Maximilien de Bethune, Duc de Sully, la connoissance de ce merveilleux Plan, qui ce me semble n'avoit besoin que d'être un peu aprofondi, éclairci & aproprié à l'état present de l'Europe, pour être aprouvé de tout le monde, & agréé de tous les Souverains.

Comme plusieurs personnes ont pu douter de ma fidelité dans mes citations, j'ai cru que je devois leur montrer les termes mêmes dont le Duc de Sully parle de ce Plan de Traité dans ses deux derniers Volumes. Plusieurs de mes amis ont cru même que j'avois besoin de mettre ces Extraits au long soit pour montrer que je n'ai rien proposé d'important & d'essentiel dont je n'aye pour garant le bifayeul même du Regent, foit pour faire voir qu'en reffufcitant fon beau Projet je n'ai travaillé que pour rendre fa memoire precieufe & en Benediction parmi toutes les Nations d'Europe, jufques dans les derniers fiécles du monde.

Extraits des Memoires de Sully Tome 3. in fol. Edition de Paris chez Courbé. 1662.

Page 39.

Et quant aux autres affaires qui furent encore occurrentes en ladite année 1606. nous vous dirons que nous étant [un jour que nous étions tous deux de loifir] rendus atentifs à revifiter les papiers des petites armoires vertes de vôtre Cabinet de derriere, où vous metiés les Minutes de vos Lettres les plus importantes, nous nous en trouvâmes une qui parloit des hauts & magnifiques deffeins du feu Roy, datée du 14. May & adreffée au Roy.

Je diray donc Sire, qu'il faut bien que la premiere notion de ce magnifique bâtiment & glorieux defsein fût infusé du Ciel dans vôtre esprit, d'autant qu'elle surpasse toute humaine cogitation tant sublime puisse t-elle être.

Page 42.

Vous êtes resolu de commencer par proposer vôtre dessein aux Etats qui ont le plus de disposition à l'agréer comme sont les Provinces Unies des païs Bas, les Venitiens & les Ligues de Suisse & leurs Aliés, ensuite de ménager prudemment les trois Rois du Nord ; cela fait de faire association avec tous les Electeurs, Princes, Etats & Villes Imperiales, de faire après les mêmes Propositions à la Pologne, Bohême, Hongrie & Transilvanie, leur faisant à tous bien comprendre la genereuse resolution que vous avés prise de ne donner jamais plus d'étenduë à vôtre Royaume que celle qu'il a maintenant nonobstant quelconques plus grandes & légitimes pretentions que vous puissiés avoir.

Page 45. & 46.

J'ai mis és mains de vôtre Majesté sept Etats ou Memoires.

Le premier, sur les moyens de convenir des frontieres.

Le second, sur les moyens de faire subsister les trois principales Religions pacifiquement entre elles sans s'entreharceler continuellement.

Le Troisiéme, contenant les moyens de faire comprendre à ceux de la Maison Aûtriche que nonobstant la translation de quelques-uns de leurs Etats en d'autres Dominations la leur recevroit plûtôt amelioration & plus ferme subsistance que non pas diminution ni afoiblissement.

Page. 48.

Et le cinquiéme d'établir des ordres convenables pour les propositions & resolutions des nouveaux Reglemens, Loix & ordonnances pour les cotisations & contributions à fournir pour les conquetes sur les Infideles à departir aux associés, toutes lesquelles particularités seront derminées à la *pluralité des voix* des quinze Dominateurs de la Republique Chretienne, surquoi je metrai fin à cette ennuyeuse Lettre priant le Createur &c.

REMARQUES.

On peut voir par ces Extraits 1. La grande idée que le Duc de Sully Premier Miniſtre homme de grand ſens avoit du merveilleux projet de ſon maître.

2. Qu'il donnoit égalité de voix à chaque Domination & ſouveraineté qui devoit compoſer la ſocieté, l'aſſociation, la Ligue, la Republique Chrêtienne, l'Union Européenne quoiqu'il deût y avoir inegalité de puiſſance entre ces Dominations, que la France n'avoit qu'une voix non plus que Veniſe.

3. Que tout s'y devoit decider à la pluralité des voix tant pour les cotiſations & contributions des membres de la Ligue que pour le partage des conquêtes & autres matieres qui ſeroient miſes en deliberation.

Tome 3. *page*. 161.

Touchant les Magnifiques deſſeins du Roy.

Nous ajouterons deux minutes de

des Souverains.

Letres par vous écrites au Roy où il est parlé de ses grans desseins, icelles ainsi cottées au dessus & datées de cette année 1607. &c.

Page. 168. *&* 169.

Dieu tient les volontés & actions des hommes en sa main, & laisse cependant si grande quantité de peuples errer à l'aventure sur le sujet de la Religion, ce qui instruit sufisamment tous Potentats à laisser à Dieu le Regime des esprits pour les choses spirituelles & à se contenter des services corporels pour les choses civiles & temporelles, tellement qu'il n'y a qu'à faire déclarer par chacun des associés l'ordre qu'il desire être suivi en son Etat sur le fait de la Religion, lequel étant aprouvé d'iceux ils demeureront cautions de l'Observation d'icelui tant à l'égard les uns des autres qu'à l'égard des souverains & de leurs peuples.

Page 171.

J'ai toûjours eu opinion [dit le Duc de Sully à Henry IV.] que les

Rois de France ne doivent jamais aspirer à faire de conquêtes sur les Princes leurs voisins, d'autant qu'eux atirans la jalousie, l'envie & la haine de tous les autres, ils se verroient constitués en de telles dépenses, qu'ils seroient contraints de detruire leurs Peuples par surcharges & impositions, & enfin ne leur aporteroit qu'un repentir de ne s'être pas contentés d'un si grand, splendide, fertile & populeux état que le leur, afin de le ménager avec l'amour & bienveillance de ses Peuples dont il y a moyen de si bien user qu'ils abonderont toûjours en trésors, & richesses, & que vous dés maintenant emporterés la reputation du plus aimé, sage, heureux & Politique Prince qui soit en l'Univers.

REMARQUES.

Le premier fondement de la Police Européenne, c'est que chaque Souverain demeure éternellement proprietaire incommutable du Territoire dont il est en actuelle possession, & de là il s'ensuit qu'il faut que chacun se contente de son Territoire, & renonce

nonce entièrement à posseder jamais aucune partie du Territoire des autres : Car ce n'est que par toutes ces renonciations reciproques & *Reciproquement* garanties que chaque Souverain peut aquerir enfin la proprieté reciproque perpetuelle pour lui & pour sa posterité du trône de ses peres, & Henri IV. un des plus puissans & un de ceux qui avoit le plus de pretentions legitimes sur le territoire des autres, trouve un grand avantage pour lui & pour sa posterité à soliciter l'établissement de cette Loi entre les chefs de nations & une police generale qui donne une force sufisante à cette Loi & qui assure aux souverains la proprieté de leurs Etats patrimoniaux, comme la police particuliere de chaque Etat assure à chaque chef de famille la proprieté de ses biens ou aquis ou patrimoniaux.

Page. 371. du Tome 3.

Ayant trouvé parmi vos papiers un manuscrit faisant ample mention des hauts & magnifiques desseins projetés par nôtre Grand Roy

[Henri IV.] & des formes, metodes & moyens dont il vouloit user pour les entamer, mener & conduire à leur perfection, nous avons estimé à propos de les transcrire & inserer ensuite de ces afaires de Cleves & Juliers qui devoient donner commencement à cette glorieuse & admirable entreprise.

Ce Discours fait mention de la mort de Henri IV.

Page 378. & 379. vers la fin.

Avant que de songer à executer les beaux projets qu'il avoit pour le bon ordre, les bonnes loix & les établissemens utiles au dedans de son Royaume, il voulut songer à l'afermir contre les efforts des puissances étrangeres & sur tout contre l'ambition de la maison d'Autriche, il vouloit par la même raison afermir dans leurs bornes les Etats voisins & les acroître aux depens de la maison d'Autriche.

REMARQUE.

Henri croyoit qu'il ne pouvoit

afermir tous les autres Etats qu'en afoiblissant la maison d'Autriche, ce qu'il ne pouvoit executer que par la guerre : mais lui seul ne pouvoit pas y sufire, il faloit donc interesser les autres puissances à former une Ligue ofensive, au lieu que s'il se fût contenté d'une Ligue defensive & de stipuler deux choses, l'une que les Etats ne pourroient ni diminuer ni s'acroître, l'autre que les Monarchies presentement separées ne pourroient plus se reunir sur une seule tête, il n'eut pas trouvé de grandes dificultés, il n'eût eu qu'à proposer ouvertement son projet à tous les Potentats, ils se fussent tous trouvés trop heureux d'être afermis dans leurs possessions sans être obligés d'acheter par de grandes dépenses de guerre de nouvelles possessions qui à bien calculer ne valoient pas les dépenses necessaires pour en faire la conquête, & cela prouve que les souverains d'Europe peuvent former une police generale solide sans tenter auparavant d'afoiblir la maison de France.

Page. 380.

Henri écrivit à la Reine Elizabeth en 1601. qu'il eut infiniment defiré de la pouvoir entretenir de plufieurs affaires dignes de fes vertus & de la grandeur de fon courage, elle vint à Douvres & le Roy à Calais dans le deffein de fe voir maïs le Ceremonial y mît obftacle, ils traiterent par l'entremife de leurs plus confidens ferviteurs & n'eut pas fi-tôt le magnanime & grand efprit de cette Reine entendu la propofition que le Roy lui fit faire de prendre conjointement avec leurs autres fideles & bien affociés amis le deffein d'effayer d'établir une Republique trés Chrêtienne *toûjours pacifique en elle même* compofée de tous les Potentats de l'Europe & les raifons & fondemens d'icelle, que non feulement elle ne l'aprouvaft mais ne l'admiraft.

Page 382.

Jaques fucceffeur d'Elizabeth auroit aifément entré tout d'un coup dans la Ligue Européenne generale mais non d'abord dans une Ligue partiale contre la maison d'Autriche qui l'eût obligé à commencer une guerre lui qui ne vouloit que faire durer la paix & laisser les souverainetez telles qu'elles étoient en Europe.

Remarques sur quelques-uns des 14. Articles proposés par le Roy Jaques ou autre Potentat Page 383.

I. ARTICLE.

Pour l'établissement des nouvelles dominations proposées ni pour la diminution ou augmentation de celles deja subsistantes il ne se fera nulle agression militaire, declaration de guerre ni hostilité.

REMARQUE.

Je ne sçai pas ce que Henry Quatre avoit proposé aux Potentats du Septentrion, c'est à dire à Jacques Premier, Roy d'Angleterre, successeur d'Elizabeth, au Roy de Dannemarck, au Roy de Suede, au Roy de Pologne & aux Holandois, je ne sçai pas non plus ce qu'il fit proposer depuis en Bohéme, en Hongrie, en Allemagne, à Venise & dans le reste de l'Italie : mais toûjours il est certain que par cet Article les Potentats qui en convinrent pour commencer à former une societé entre eux ne vouloient point s'engager à commencer une Guerre douteuse & de grande depense dans l'unique vûë d'enrichir quelques Potentats aux dépens de la Maison d'Autriche, & pour la reduire à la seule branche d'Espagne, & effectivement en suposant l'Europe en Paix, pourquoi lui demander que pour rendre la Paix durable elle recommence à se déchirer par une nouvelle Guerre, si par des Réglemens sages on peut suppléer à cette égalité de puissance que demandoit Henry IV, entre les 15. Dominations qui doivent composer cette Société Européenne, & comme Jacques Premier voyoit que l'on pouvoit convenir de ces Réglemens, je ne suis point étonné que lui qui, a ce que dit le Chancelier Hyde Duc de Clarendon, avoit pris pour Devise. *Beati Pacifici*, ait cru que sans alterer la Paix de l'Europe, on pouvoit y établir un Arbitrage pour assurer toûjours à chacun ses possessions actuelles.

VI. ARTICLE.

Nul des Associés ne pourra user d'agression ou conquerir Terre sur sur autrui sans l'avis des Associés, & quand même il auroit conquis quelque chose, il seroit tenu de le remetre en la disposition de tous les autres.

REMARQUE.

Cet Article est essentiel à la durée de la Societé & de la Paix, cet avis ou consentement des Associés est proprement l'établissement de l'Arbitrage, c'est le jugement des Associés Arbitres : mais comme cet Article est le fondement de tous les autres, j'ai travaillé à en montrer la necessité & l'utilité.

REMARQUE.

Sur les Articles XI. & XII.

Il étoit necessaire pour conserver

la Paix, de convenir que nul ne prendroit les Armes & les autres voyes de fait, soit pour les differens sur la Religion, soit pour les differens sur ce qui regarde les Frontieres : mais que chacun s'en raporteroit à l'Arbitrage Européen.

XIV. ARTICLE.

La Republique très-Chrêtienne étant une fois établie, nul des Associés ne s'en pourra départir ni separer sans atirer sur lui la malveillance de tous les autres voire leur agression par guerre si le cas y échoit.

REMARQUE.

Sans cet Article qui est une peine sufisante la societé proposée n'auroit aucune solidité puisque sans une pareille crainte un souverain imprudent soit par colere soit par une folle ambition pourroit refuser d'executer l'avis des Arbitres & se separer de l'Arbitrage.

Tome 3. Page 397.

V. *Article de l'Instruction des cinq Envoyés Boiſſiſe, Bongars, Baugt, Fresne Canaye, Ancel.*

Plus il faut se souvenir que le Land-grave de Heſſen, le Prince d'Anhalt & le Prince Maurice ont deja été informés des projets dont eſt queſtion, voire en ont propoſé la plupart & en general les ont aprouvés.

Article 10. de l'instruction Page 398. Tome 3.

Plus convenir avec les aſſociés que s'il intervient diferent entre eux ils en remettront la deciſion à l'Arbitrage de leurs communs amis qui en jugeront à la pluralité des voix ſans en venir aux mains.

REMARQUE.

Tout le fondement d'une aſſociation durable c'eſt la convention de s'en raporter pour la deciſion des diferens futurs à la pluralité des voix des associés.

Article 17. de l'instruction page 399. tome. 3.

Plus que si le Duc de Baviere se joint avec ceux de sa maison qui sont Catholiques à l'association cy dessus, comme il en a depuis peu renouvelé les assurances il sera choisi pour être Roy des Romains & ensuite Empereur.

Article 19. de l'instruction page. 399. Tome. 3.

Plus convenir que si aucuns de ceux qui auront signé l'association venoient à se départir ou à se refroidir d'icelle, ils seront poursuivis comme ennemis par tous les autres conjointement.

REMARQUE.

Pour empecher le fou de faire une folie qui lui seroit trés prejudiciable, il faut qu'il soit retenu par une grande crainte d'un mal trés grand & inevitable.

des Souverains.

Article 21. *de l'instruction Page*. 399. *Tome*. 3.

Plus que tous les confederés *jureront* de continuer leurs secours promis & toutes les choses qui feront jugées necessaires par les avis communs.

REMARQUE.

Il paroît que l'on ne croyoit pas alors les sermens inutiles & il est certain que quand ils sont solennels les mechans mêmes qui les font sont forcés par l'interêt de leur reputation à les respecter.

Article 30. *de l'instruction Page*. 400 *Tom*. 3.

Plus convenir que tous les Rois Princes & Potentats qui entreront en cette Confederation ayent agreable qu'elle soit nommée l'association tres Chrêtienne & d'en rendre l'établissement *universel* & *perpetuel* dans l'Europe.

REMARQUE.

Il n'y a point de Ligue perpetuelle à esperer si elle ne comprend universellement tous les voisins; Ligue partiale n'est point durable.

Page 400. Tome 3.

Tellement que ces Messieurs les Envoyés & autres Agens tous aparens & Manifestes que le Roy envoya en Allemagne és années 1608. & 1609. y traiterent si à découvert qu'il se fît une assemblée à Halle en Suaube, de dix-huit ou vingt Princes qui se lierent d'amitié avec le Roy, quelque demonstration que fit l'Empereur Rodolphe de ne l'avoir pas trop agreable, en laquelle le Sieur de Boissise & les autres servirent infiniment bien & en raporterent tout contentement à la France.

Page 407.

Il paroît que le Roy d'Angleterre, le Roy de Dannemarck, le Roy de Suede, le Duc de Savoye étoient entrés dans l'Association.

REMARQUE.

Il est visible que lors de la mort de Henri le Grand en 1610. il y avoit des negociations commencées en plusieurs endroits.

Page 407. dans la Representation aux Princes de la Maison d'Autriche regnant en Espagne.

Que n'étant par consequent plus obligés à aucune dépense pour défendre & conserver leurs Etats, ils pouvoient en ménageant ainsi pacifiquement tous ces beaux Etats, les ameliorer en sorte & en même tems, diminuer tellement leurs dépenses que leurs épargnes monteront deux fois autant que leur quote part des deniers & contributions pour l'entretenement des Armées generales de la Chrêtienté contre les Turcs.

REMARQUE.

Je me suis servi des mêmes considerations seulement, je les ai étenduës & en ai aporté de nouvelles.

Page 409. Tome 3.

Nôtre principale intention n'a point été autre en rendant aux desseins du Roy, quelque partie des loüanges qu'ils meritoient que de pouvoir manifester à un chacun ses admirables resolutions. *Toutes brillantes de beneficences publiques*, & de faire voir par quels faits & gestes heroïques il desiroit de perpetuer sa renommée tant illustre à la posterité & de couronner les dernieres années de sa vie de loüange, bonheur & gloire.

REMARQUE.

On voit bien qu'un des motifs de Henri le Grand, étoit de rendre par cet établissement son nom immortel & en benediction à toutes les Nations futures, pourquoi le Regent son arriere petit fils ne seroit-il pas touché d'un motif si raisonnable & si saint.

Page 410.

Aprés la mort de la Reine Elizabeth le Roy avoit converti ses

des Souverains. 415
agreſſions propoſées en Traités, negociations & aſſiſtances auxiliaires défenſives.

REMARQUE.

Il paroît que Henri le Grand eût facilement conſenti à faire le Traité d'Arbitrage ſans commencer la Guerre contre la maiſon d'Autriche: mais à dire la vrai ces matieres étoient encore alors peu aprofondies & aſſés mal digerées, ſi ce Prince les eût encore un peu plus meditées il eût ſans doute en un ou deux ans executé ſon magnifique projet.

Page 419.

On pourra recevoir le Czar dans la Confederation Européenne quand il marquera du deſir d'y être reçû.

REMARQUE.

On voit par là que Henri IV. ne refuſoit pas de faire entrer le Czar dans la Ligue totale.

Page 458. du 3. Tome.

Il paroît que le Roy Jacques, & ſur tout le Prince de Galles étoit charmé
M m iiij

du Projet de Societé Européenne proposé par Henri IV. pour rendre la Paix perpetuelle & chasser le Turc d'Europe.

Que les Provinces Unies & le Roy de Dannemarck avoient aprouvé ce Projet dés 1605.

Que le Roy de Suede, *s'est montré plus échauffé que nul autre dans ce dessein.*

Que *la Noblesse, Villes & Peuples de Hongrie, Basse-Autriche, Boheme, Moravie, Silesie, & Luzatie, aux premieres nouvelles de ce Projet témoignerent avoir plus de besoin de retenuë que de sollicitation.*

Que *la Seigneurie de Venise a dit tenir à gloire de suivre les magnifiques desseins d'un si grand Roy.*

Que le Duc de Savoye en souhaitoit l'execution avec impatience.

Que *les Princes & Villes Imperiales Protestantes de la Germanie & les Suisses ont assés témoigné aprouver ces desseins.*

Il est fait mention que Henri negocioit alors en 1605. sur ce Projet avec le Pape, avec le Duc de Baviere, avec le Duc de Saxe & les Electeurs Catholiques, avec le Duc de Florence, avec le Duc de Mantoüe, de Modene, avec Gênes & Luques.

REMARQUE.

Que fais-je dans cet Ouvrage que de proposer aux mêmes Potentats le même Traité fondamental que Henri leur proposoit il y a cent ans.

Page 460. Tome 3.

Sera fait une declaration au nom de tous les Associés de l'union trés-Chrêtienne portant que tous ceux lesquels dans un mois du jour de la Signification ou Publication d'icelle ne se voudront declarer unis & Associés & en produire les effets, seront reputés & traités comm e Ennemis.

REMARQUE.

Pour peu que l'on aprofondisse la matiere on voit bien-tôt que l'on ne peut se passer de cet Article pour former un Etablissement solide, toute Ligue partiale n'est que passagere.

Tome 4. P. 58.

Nôtre grand Roy ayant toutes les vertus & qualités d'esprit cy-devant dites aprés avoir souvent & longuement medité sur les expediens &

moyens plus faciles & convenables pour rendre sa memoire & sa renommée plus durables envers la posterité, il prit enfin resolution d'établir quelque chose de solide non seulement en la subsistance de son Etat: mais aussi essayer de faire le semblable dans tous les autres Etats d'Europe.

REMARQUE.

Ce Prince avoit beau chercher de la solidité pour sa maison & pour son Etat, il ne pouvoit jamais rien faire de solide pour lui qu'en rendant les autres maisons & les autres Etats également solides, c'est que la grande solidité ne peut venir que d'une protection immortelle & toute puissante, & pareille protection ne peut jamais naître que d'une societé permanente dont les membres eux-mêmes soient solides par la protection mutuelle & perpetuelle qu'ils se donnent contre toute violence intestine ou étrangere; car enfin si les Etats Protecteurs n'etoient pas solides, ceux qu'ils protegeroient ne seroient pas solidement protegés, ainsi quand la generosité n'auroit pas porté Henri le Grand à procurer aux autres maisons souveraines & aux autres Etats la même solidité qu'il cherchoit pour sa maison & pour son Royaume, la seule habileté lui eût conseillé de prendre la voye de cette police commune qui est la seule qui soit possible, parce qu'étant la seule où tous les interêts se trouvant reunis, c'est la seule aussi où l'on ne trouve point de contradictions & d'obstacles.

Page 62. 63. 64. 65. 66. & 67.

Noms des Princes d'Alemagne & autres avec lesquels le Roy étoit en Traité sur le projet de la Republique trés-Chrétienne.

L'Electeur Palatin,
Le Duc de Saxe,
Le Marquis de Brandebourg,
Le Duc de Neubourg,
Le Duc des Deux Ponts,
Le Marquis de Burgaux,
Ces six avoient interêt à la Succession de Clèves & Juliers.
L'Electeur de Cologne,
L'Electeur de Trêves,

Interêts

Le Duc de Baviere,
Le Duc de Virtemberg,
Le Duc de Brunfwick,
Le Duc de Lunebourg,
Le Duc de Mekelbourg,
Le Duc de Lavembourg,
Le Landgrave de Heſſe,
Le Prince d'Anhalt,
Le Prince d'Anſbach,
Le Prince de Dourlac,
Le Prince de Bade,
Villes Imperiales Catholiques,
Villes Imperiales Proteſtantes,
Seigneurs de Boheme,
Seigneurs de Hongrie,
Le Duc de Savoye,
Le Pape,
Le Roy d'Angleterre,
Le Roy de Dannemarck,
Le Roy de Suede,
Les Holandois,
Les Venitiens,
Les Suiſſes,
La Pologne.

REMARQUE.

Genes & d'autres Etats ſont nommés ailleurs.

Si Henri IV. lors même qu'il propofoit de commencer cette Ligue totale par une Guerre dangereufe, de depenfe & qui ne devoit aporter à la plûpart des ligués d'autre avantage qu'une Paix perpetuelle, étoit fi favorablement écouté, à combien plus forte raifon ce même Projet doit-il être facilement aprouvé, lorfqu'il ne propofe que d'entretenir les derniers Traités de Paix & de conferver toûjours les Etats tels qu'ils font; il y a même prefentement une grande facilité de plus à negocier qu'il n'avoit pas, c'eft que comme il ne s'agit plus de faire des Ligues offenfives; mais feulement de rendre la Paix perpetuelle, par une Ligue, par une Societé totale, perfonne n'a plus befoin de cacher fes negociations, au contraire chacun fe peut faire honneur de foliciter ouvertement un pareil Traité.

Page 68.

Il femble à propos d'établir un tel ordre au fait de la Navigation & fur tout pour ce qui regarde les Voyages de long cours, que la Mer foit auffi libre que la Terre à tous les Etats Chrétiens, & qu'ils ayent *égalité* de Trafic & Commerce dans toutes les Indes & autres lieux.

REMARQUE.

On voit ici que Henri le Grand posoit pour Base des Loix du Commerce *l'égalité*, & c'est ce que dicte l'équité.

Page 79.

Le Roy avoit resolu de renoncer à toutes conquêtes & à toutes pretentions les plus legitimes sur les Etats voisins, & de ne s'arroger dans les differens futurs aucun Droit sur ses Associés que selon la pluralité des voix d'iceux.

REMARQUE.

Le fondement de toute societé permanente, c'est de defferer à un Arbitrage permanent, sans cela tout est en guerre, tout est toûjours exposé à la violence.

Page 80. & 81.

Le Roy & la Reine Elizabeth, jugerent qu'un des points fondamentaux étoit de convenir que nuls Rois hereditaires ne puſſent amplifier l'étenduë de leurs dominations [dont ils prenoient le titre] plus qu'elles l'étoient alors.

Il n'y a qu'un ſeul de tous les Souverains à qui ce Projet a été communiqué & qui ayant entendu que ce Grand Roy lequel avoit tant de légitimes prétentions & tant de foibles voiſins ſur leſquels il ſe pouvoit amplifier, proteſtoit de ne vouloir jamais étendre les limites preſentes de ſon Royaume, voir même s'il arrivoit quelque different ſur ces bornes, de ſe ſoumettre à la pluralité des voix de ſes Aſſociés, n'ait eu honte à refuſer à faire le ſemblable & qui n'ait declaré de s'y ſoumettre entierement.

REMARQUE.

Ce que dit ici le Duc de Sully prouve que ce Projet de Police Européenne, d'Arbitrage Européen n'étoit pas demeuré dans le Cabinet : mais que le Roy avoit réellement proposé des Articles à un grand nombre de Souverains.

Page 84.

Dieu ayant en divers tems choisi deux Rois selon son cœur à sçavoir David & Henri le Grand, & rendu leurs vies, vertus, défauts, Royautés, & fortunes quasi toutes semblables, il leur avoit aussi mis en l'esprit sur la fin de leurs jours à chacun un haut, Religieux, glorieux, & magnifique dessein, leur avoit fait la grace & donné les moyens de faire toutes les negociations & preparatifs, & d'assembler tous les tresors, ingrediens & matieres necessaires pour l'amener à perfection, & neanmoins pour des causes cachées en lui seul n'avoit pas voulu qu'il fût achevé par leurs mains.

Or d'autant que le Grand Dieu ne voulant pas laisser le dessein de David imparfait, il mit au cœur de son fils Salomon, le souci de l'executer comme aussi s'en aquita t-il très-bien, pareillement devons-nous desirer voir, esperer qu'il fera semblable grace à Loüis le Juste, fils de Henri le Grand,
en

en lui mettant au cœur l'établissement de cette Republique très-Chrêtienne, toûjours pacifique en elle-même, & entre tous les Potentats d'Icelle.

RE M A R QU E.

En suivant l'exemple du Duc de Sully, je desire & même j'espere que Dieu fera la grace au Regent de lui mettre au cœur ce grand établissement qui seroit le comble de sa gloire.

Page 91.

Vôtre Majesté se souviendra s'il lui plaît de m'avoir quelquefois dit que ces premieres conceptions à de si hauts & magnifiques desseins que de vouloir former une Republique très-Chrêtienne, toûjours pacifique en elle-même composée de tous les Rois & Potentats Chrêtiens d'Europe sans nul excepter, lui semblerent au commencement de tant de difficile execution qu'elle differa long-tems de les communiquer à personne.

Vôtre Majesté se souviendra encore que la Reine d'Angleterre fut la premiere, qui eut communication de vos desseins qu'elle estima fort: mais témoigna desirer qu'il y eût moyen d'en faire les établissemens sans recourir à la Guerre ni à la force des Armes.

REMARQUE.

On voit ici l'opinion de la Reine Elizabet de ne point entreprendre de guerre pour obtenir la durée & la perpetuité de la Paix, elle croyoit aparemment que tous les Souverains d'Europe, entrans tous dans une garantie mutuelle de tous leurs derniers Traité, que se prometant tous une protection mutuelle pour leur mutuelle conservation, que convenant tous de deferer dans leurs differens au jugement de la pluralité sous peine d'être declaré ennemi de toute la Societé, cela suffisoit pour rendre la Paix perpetuelle, & le Commerce permanent, & que renferme autre chose les XXIII. Articles du Traité fondamental que je propose encore une fois à l'Europe, aprés Henri le Grand.

Page 101.

SIRE,
Les desseins de Vôtre Majesté étant

si relevés & magnanimes que tous ceux lesquels n'auront pas l'esprit bien vif, le Jugement solide, ni l'experience requise, ou n'auront pas assés longuement & suffisamment medité sur iceux ni été amplement informés des ordres, metodes, expediens & moyens par elle preparés pour en faciliter l'execution, les estimeront extravagans, voire du tout impossibles: comme au contraire, je ne doute point que tous ceux lesquels avec la maturité de jugement en auront pris l'entiere connoissance, & intelligence, ne les prisent & ne les loüent comme ils meritent, & ne trouvent point étrange que Vôtre Majesté ait medité dix ans sur iceux, & en ait rendu participans tous les Etats, & Princes qu'elle a pu joindre à son Association.

REMARQUE.

C'est un grand prejugé pour la solidité de ce Projet que Henri le Grand l'ait medité dix ans, proposé à tant de Princes & qu'il leur ait fait agréer de negocier sur un pareil Plan.

Extrait des Negociations de M. de Fresne Canaye, Ambassadeur du Roy de France à Venise, Tome 3. in fol. imprimé à Paris, chez Richer 1636. Page 570. & 572. Lettre au Roy du 6. May 1607.

Le dernier Article de la Réponse que m'a faite le Senat a été un serieux remercîment des Propositions d'une Ligue que Vôtre Majesté a faites au Sieur Priuli, Ambassadeur de la Republique. Ce remercîment a été accompagné des loüanges dûës au soin & vigilance de Vôtre Majesté aux affaires generales, & que le Senat est prêt d'entendre à tout ce que Vôtre Majesté jugera necessaire pour l'execution d'un si bon dessein.

Le plus court seroit qu'il plût à Vôtre Majesté m'envoyer la copie du Traité qu'elle aura fait communiquer au Sieur Priuli, avec un pouvoir special pour le conclurre & signer en son nom, & le faire pareillement signer par deça le plus secretement que faire se pourra reservant place à ceux qui voudront y entrer par aprés.

REMARQUE.

Il y a aparence que ce Projet de Traité est encore dans les Archives de Venise, je voudrois bien en avoir copie ou du moins que le Traducteur Italien de cet Ouvrage en imprimât quelques Articles.

Tome 3. Page 583. Lettre au Roy.

Combien que j'eusse bien desiré tirer des mains du Senat la forme qu'il entend donner au Traité d'alliance, si m'a t-il été impossible de le faire sans exprés commandement. Joint que ce qu'ils sauront venir de vôtre part sera bien plus facilement reçû que ce qui seroit proposé par moi ou par aucun d'eux, c'est pourquoi j'estime que Vôtre Majesté ne doit point faire difficulté d'en faire dresser les Articles puisque graces à Dieu & à vôtre vigilance vos affaires sont en tel état que chacun voit & connoît qu'en ceci Vôtre Majesté regarde trop plus à l'utilité publique qu'à aucune sienne necessité particuliere.

REMARQUE.

On voit bien que la Negociation

avoit été commencée avec les Venitiens : mais aparemment qu'ils ne vouloient pas signer une Ligue offensive contre la maison d'Autriche sans être seurs que tous les autres Souverains ne la signassent en même tems, & c'étoit pour cela que Canaye recommandoit un grand secret : mais si on ne leur eût proposé qu'une Ligue totale & seulement deffensive où la maison d'Autriche elle-même eût été comprise & cela pour la commune conservation des Ligués, ils n'auroient pas eu besoin ni de secret ni d'atendre à signer que d'autres eussent signé, & c'est la principale diference qui est entre la maniere dont le même Projet fut proposé il y a cent ans & la maniere dont il est proposé aujourd'hui.

AVERTISSEMENT.

Je n'ai pû encore sur ce sujet rien découvrir que ces Négociations de M. Canaye, si ceux qui ont les depêches de Messieurs Bongars, de Boissise & des autres Negociateurs de ce Projet, vouloient me communiquer celles qui en parlent, j'en pourrois faire quelque chose pour l'utilité publique.

RPOPOSITION SUR LES TURCS.

Le Traité fondamental de la Police Européenne signé, il sera avantageux, facile & glorieux aux Souverains Chrétiens de chasser les Turcs de l'Europe.

AVERTISSEMENT.

J'ai promis ce discours, je m'aquite de ma promesse. Je ne pretens pas prouver que dans *l'impolice*, dans le *non Arbitrage*, où sont encore les Souverains Chrétiens, il soit possible de chasser le Turc de l'Europe. Je croi au contraire que cette entreprise est absolument impossible à moins qu'elle ne se fasse par un concert universel & durable. Or ce concert, cette Ligue totale qui seroit necessaire pour cela ou n'est pas faisable, ou n'est pas assés durable faute du Traité de Police generale entre les Ligués, soit pour les Contributions de chaque Potentat, soit pour réünir l'autorité de plusieurs Generaux necessaire pour conquerir, soit pour le partage, & la conservation des conquêtes, soit pour la punition des membres qui refuseroient d'executer les resolutions de la pluralité.

Cette Police demande que les Potentats à la pluralité fassent des Reglemens, & que ces Reglemens soient executés immanquablement & avec exactitude & par consequent qu'il y ait des peines *suffisantes*, & inévitables pour les Contrevenans. Or il est évident que sans ces premiers Articles de Police la machine ne pourra se construire, ou ne durera pas assés pour avoir un entier effet.

Mais suposé que la Police Européenne fût établie, que l'Arbitrage Européen fût une fois entrain, ce qui se peut faire en deux ou trois ans, je soutiens qu'il sera avantageux, facile & glorieux de chasser le Turc de l'Europe, & même de l'Asie & de l'Affrique, c'est ce que je vai tâcher de demontrer.

Avantages de l'entreprise.

Je conviens que la plûpart des conquêtes coûtent plus que la dépense: mais quand le Conquerant ou la Societé

cieté conquerante peut faire fans s'incommoder un grand effort dans le commencement, & le foutenir avec ordre,& de concert, les conquêtes deviennent promptes par l'inutilité que les Gouverneurs des Places attendent de leur refiftance, & par la confternation generale, elles deviennent très-avantageufes par l'étenduë & la richeffe des païs conquis.

C'eft un grand objet que la conquête de tout ce que les Turcs ont en Europe, & dans les Iles de la Mediterranée, en Afie, & en Affrique: mais il eft certain que s'ils étoient ataqués en même tems de tous côtés avec des forces fuperieures de moitié, prefque rien ne refifteroit à la confternation generale, & à l'égard des places opiniatres les feuls blocus fufiroient pour les reduire.

Il y a une Obfervation confiderable à faire, c'eft que fi dans une ou deux Campagnes on avoit chaffé les Turcs de l'Europe, il feroit facile en une feule Campagne avec la même Armée de les chaffer d'Egypte, & d'une grande partie de l'Afie, parce qu'il n'y a de place forte en Afie, que du côté de la Perfe, & qu'une ou deux

O o

batailles decideroient de la conquête de ces vastes païs, il est je croi évident que ce qu'il en couteroit alors à tous les Potentats d'Europe, pour lever & entretenir pendant trois ou quatre ans, six cens mille hommes en six ou sept Armées differentes, seroit la moitié moins considerable que ce que l'union Européenne retireroit du revenu de tous ces beaux & fertiles païs.

Le Grand Seigneur tire de ses Etats mal gouvernés, plus de cent mille bourses tous frais faits, c'est à dire les Charges locales payées, c'est cent cinquante millions. Or pour lever & entretenir 600000. hommes effectifs, par Mer, & par Terre, le quart Cavalerie, il en coûteroit trois cens millions par an ce qui feroit en quatre ans, au plus douze cens millions. Or ce ne seroit que huit années du revenu conquis.

Il faut même observer que le revenu de la premiere, de la seconde & de la troisiéme année des conquêtes, iroit en diminution des trois cents millions, ainsi on peut dire que les Princes de l'Union mettroient ainsi leur argent à vingt cinq pour cent d'interét en ne comptant le revenu de la Turquie, que fur le pied du mauvais gouvernement des Turcs.

Il faut encore obferver que comme l'union Européenne feroit obligée feulement pour fa confervation d'entretenir cent cinquante mille hommes fur les frontieres de l'Europe, les Chrêtiens n'auroient d'extraordinaire à fournir que 450000. hommes c'eft à dire les trois quarts de ce que nous venons de fuputer.

Enfin le commerce avec ces païs feroit bien plus grand parcequ'il feroit plus libre & exempt de vexations & d'avanies, ainfi il rendroit le double.

Il y a une autre obfervation confiderable à faire, c'eft que les Troupes, les Officiers, les Ingenieurs, l'Artillerie, l'ordre pour les vivres, nôtre marine, que tout cela eft meilleur au moins d'un quart que ce qu'ont les Tucs en pareil genre, & ainfi que quatre cens cinquante mille Chretiens feroient plus forts du double que 300000. Turcs.

Enfin quand je propofe à l'Europe de contribuer 300. millions je fupofe que la France comme la fixiême partie de l'Europe Chrêtienne fourniroit 50. millions & environ cent mille hommes tant par terre que par mer ce qui ne monte qu'à la dépense qu'elle fait presentement en tems de Paix pour sa conservation.

Je ne pretens montrer qu'en gros que cette conquête seroit fort avantageuse, on va voir qu'elle seroit aussi facile qu'avantageuse.

Facilité de l'entreprise.

1. Rien n'est plus facile en general au plus fort de batre, & de chasser le moins fort de moitié & de le chasser promptement dés que l'on peut mettre chez lui & entretenir quelque tems une consternation generale, un desespoir de se défendre.

2. On pourroit faire un Traité avec Alger, Tunis & Tripoli, pour les décharger de tout subside & pour les faire gouverner d'une maniere Republicaine, & comme Villes Marchandes.

3. On pourroit faire un Traité de Paix perpetuelle avec la Perse, & lui ceder quelque lisiere des Etats du Turc à condition qu'il l'ataqueroit en même tems que l'union.

des Souverains. 437

4. Les choses sont d'autant plus faciles à executer qu'il est plus avantageux de les entreprendre. Or nous avons vû les avantages.

5. Dés que les Associés sont convenus de faire les repartitions des Contributions à la pluralité des voix, & que le refusant seroit puni inévitablement, il n'y a plus de difficulté pour le commencement de l'entreprise.

6. Dés que l'on est seur de retirer d'autant plus de profit de l'entreprise que l'on y aura plus contribué, personne ne se plaindra de contribuer plus qu'il ne doit.

7. Dés que le partage sera fait en commun, sur l'estimation commune à la pluralité des voix, personne n'a à craindre l'injustice du partage.

8. Il y aura differentes manieres de partager ; car les uns aimeront mieux plus de Terres à condition de faire aux autres une redevance, les autres aimeront mieux la redevance pour s'exempter des soins de faire valoir le Territoire : mais enfin ces accommodemens se feront aisément de concert & de l'agrément de l'union Européenne.

Oo iij

Gloire de l'Entreprise.

Ce qui rend une entreprise glorieuse, c'est la grande difficulté apparente & la grande utilité réelle. Or cette entreprise paroîtra à la plûpart du monde assés difficile & à l'égard de l'utilité, il n'est pas douteux qu'elle ne fût trés-grande pour le Christianisme, particulierement pour les Souverains voisins de la Turquie. Donc le succés en seroit trés-glorieux.

Mais je ne regarde ce plan qu'en gros & je supose toûjours la Police établie entre les Souverains Chrêtiens, ce qui est mon principal but, je n'ai même parlé de cette entreprise que pour ceux qui ont le malheur d'être voisins de cet Empire, persuadé qu'ils se porteront avec d'autant plus d'ardeur à soliciter la Police Européenne, l'union Européenne qu'ils la regarderoient comme un acheminement à une Croisade universelle, incomparablement plus solide & mieux concertée que toutes les precedentes.

PREMIERE CONCLUSION.

En répondant à la premiere Objection j'ai montré ce me semble avec évidence par les premiers commencemens de la Societé humaine que les Chefs de famille, qui vivoient dans le voisinage les uns des autres sans Police, sans Protection mutuelle, sans Arbitrage pour terminer leurs differens, sans Commerce permanent, étoient tous, & même les plus forts dans une crainte, dans une défiance, dans une dépendance reciproque de leurs voisins, de leurs pareils, beaucoup plus grande & beaucoup plus facheuse que ceux qui avoient trouvé & mis en œuvre la salutaire invention de la Police, de l'Arbitrage, de la Protection mutuelle & du Commerce permanent.

J'ai montré ensuite en détail avec la même évidence, dans la seconde partie que de quelque côté que l'on regardât les affaires des vingt-deux principaux Souverains d'Europe, soit par raport au dedans, soit par raport au dehors, soit même par rapport à leur caractere personnel, qu'il n'y avoit aucun avantage pour eux dans l'Etat de Barbarie & d'impolice où ils vivent encore voisins & pareils les uns à l'égard des autres, qu'ils ne trouvassent & incomparablement plus grands dans l'établissement d'une Police, d'un Arbitrage, d'un Commerce permanent, d'une protection mutuelle de Nation à Nation, de chef de Nation à chef de Nation.

J'ay montré qu'un pareil Traité doubleroit leur revenu & celui de leurs sujets, & qu'il diminueroit des trois quarts & demi le nombre des affaires inquiétantes & des soins penibles que cause la crainte mutuelle & perpetuelle.

Ne puis-je donc pas conclurre presentement avec raison qu'il n'y a aucun d'eux, qui ait aucun Traité plus important & plus pressé à signer & à faire signer que le Traité fondamental de l'Arbitrage permanent, & de la Police Européenne, ne puis-je pas même dire qu'il n'y a aucun Traité plus *facile* à conclurre, puis qu'il est à peu prés également avantageux pour toutes les parties. *Et c'est ce que je m'étois proposé d'éclaircir & de demontrer.*

SECONDE CONCLUSION.

Il est impossible que le Projet d'Arbitrage Européen ne s'execute pas.

PREMIERE PREUVE.

On a vû qu'en supofant aux premiers chefs de famille, aux premiers chefs de Village, aux Souverains des premiers Villages, un commencement de raison, un commencement de bon sens, & de discernement sur leurs Interêts, c'est à dire, sur les moyens de diminuer leur dépendance mutuelle & leurs autres maux, & d'augmenter leurs biens, non seulement il étoit possible qu'ils fissent des reflexions sur les malheurs de l'impolice, & du *non Arbitrage*, & sur les avantages de la Police & de l'Arbitrage : mais même qu'il étoit impossible qu'à la longue ces reflexions leur devenant plus familieres, ils ne se determinassent pas enfin à convenir que dans les differens avenir nul ne se feroit justice lui-même par *violence*, mais que chacun des Contestans s'en raporteroit à un Arbitre ou à une Assemblée d'Arbitres.

On a vû auſſi d'un autre côté que les Chefs de Nations d'Europe à l'égard de leurs voiſins, & de leurs pareils plus ou moins puiſſans ſont en même proportion que ces Chefs de famille, que ces Princes de Village ſont à l'égard de leurs voiſins, & de leurs pareils plus ou moins puiſſans, & qu'ainſi on en peut conclurre qu'en leur ſupoſant de même tant ſoit peu de bon ſens, & de diſcernement ſur leurs interêts; non ſeulement la convention de l'Arbitrage Européen eſt trés-poſſible : mais même qu'il eſt impoſſible qu'à la longue dans quelques conjonctures favorables dans les differentes criſes des Etats, ces reflexions ſalutaires ſur les avantages immenſes d'une Police generale leur étant devenuës familieres, ils ne ſe déterminent enfin à convenir d'un *Arbitrage permanent*, pour regler leurs differens futurs.

De ſorte que je ne me contente plus de dire que ce Traité eſt trés-faiſable, que cet établiſſement eſt trés-praticable, qu'il eſt trés-poſſible ; je ſoutiens preſentement par des raiſons de proportion fondées ſur la nature même des hommes qu'il eſt abſolu-

des Souverains. 443

ment impoſſible qu'il ne s'execute pas un jour, la ſeule choſe qui eſt incertaine, c'eſt le tems où il s'executera & j'oſe dire que ce tems eſt plus proche que l'on ne croit.

SECONDE PREUVE.

Les premieres Conventions paſſageres entre ennemis mortels, entre gens ſans Societé, ſans Commerce & en Guerre actuelle, font un commencement de Police paſſagere. Or l'on aperçoit que ces ſortes de Conventions ſe multiplient tous les jours en Europe entre les Souverains, entre les Generaux, entre les Gouverneurs, entre les Marchands des deux partis. D'où vient cela, c'eſt qu'il eſt de la nature de la Police d'embraſſer les interêts communs des partis même opoſés, ainſi il n'eſt pas ſurprenant qu'elle faſſe inceſſamment quelque progrés, il ſeroit au contraire trés-ſurprenant qu'elle n'ent fit aucun parmi des hommes dont les lumieres vont toûjours en augmentant.

On peut je crois ſupoſer que les Eſpeces ne changent point, que l'eſpece de l'homme quant à ce qu'elle a de corporel n'a pas plus changé que celle des lions, que celle des chênes : mais il se fait chaque siécle un grand changement dans l'espece quant à ce qu'elle a de spirituel. Les hommes du siécle passé ayant profité des lumieres du siécle precedent, sont devenus plus éclairez que leurs predecesseurs, il est necessaire que les hommes qui vivent dans nôtre siecle étant de même espece, & ayant semblables dispositions, profitans des lumieres du siecle passé, surpassent leurs ayeux en lumieres sur tout dans les choses de Police, la preuve en est dans les établissemens nouveaux & dans le *perfectionnement* des Anciens.

Les hommes qui vivent ne sont pas moins sujets aux mêmes passions que ceux qui ont vêcu : mais les plus sages qui ont part au gouvernement, sçavent tellement profiter des bons intervalles des autres qu'ils les engagent tous les jours à se soumettre à des Reglemens salutaires malgré les accés de la passion qui est à l'esprit ce que la fiévre est au corps.

Voici une autre preuve que l'esprit de l'espece humaine va en croissant, il y a déja long-tems qu'en Europe, les Souverains ennemis declarés ont remarqué qu'il y avoit beaucoup à perdre, pour les partis opofés à faire la Guerre à *outrance*, comme la font les Sauvages, & qu'il feroit de leur avantage commun de faire & d'entretenir certaines Conventions, auffi malgré leur colere ils en font tous les jours & les uns les obfervent exactement, afin qu'elles foient exactement obfervées par les autres, ainfi l'on voit que fi la paffion domine, quelquefois l'interêt, il arrive auffi que l'interêt, quand il eft fort grand, & fort aparent domine quelquefois à fon tour la paffion, & que le regne de la colere, & des autres paffions va en diminuant entre les Nations à mefure qu'elles deviennent policées, & laiffe davantage regner la raifon, c'eft à dire, le vrai interêt.

Il y a depuis long-tems des Conventions tacites entre les Souverains armés, qui font obfervées de tous les partis. Le victorieux n'ufe point de cruauté, ni même de violence envers les habitans des Villes, & des Campagnes qui n'ont point pris les Armes, & cela de peur de les éfaroucher, & de dépeupler fes propres conquêtes,

& de peur aussi des represailles en cas d'inferiorité ; On reçoit comme prisonniers de Guerre, les Troupes qui offrent de mettre les Armes bas, & cela de peur qu'elles ne se batissent en gens desesperés, & d'ailleurs la crainte des represailles suffit pour arrêter l'emportement du Victorieux, la crainte de causer la mort aux siens conserve la vie aux ennemis, les Souverains permettent de même tacitement à leurs sujets de faire des Conventions avec l'ennemi, pour des Contributions afin d'éviter les pillages, & les incendies, chaque parti évite ainsi par ces Conventions une perte commune, & l'utilité reciproque en est devenuë si évidente qu'elles n'ont plus besoin d'être écrites pour être exactement observées par ceux mêmes qui connoissent leur grande superiorité presente, & il arrive ainsi que les lumieres croissant, la crainte d'un mal futur ou le desir d'un bien avenir devient une passion presente qui l'emporte sur la colere.

Outre ces Conventions tacites, il y en a d'écrites, on fait des Cartels pour la rançon des prisonniers de Guerre. On sçait qu'avant les Cartels, les rançons étoient excessives, & c'étoit une perte commune. Nous avons vû durant la Guerre le Commerce de Lettres permis entre les François, & les Holandois, nous avons vû même le Commerce de certaines Marchandises également permis par les passeports des Vaisseaux. On sçait que sur les Frontieres, rien n'est plus commun que les Passeports reciproques, qui pour une somme trés-mediocre permettent aux habitans d'aller dans des Villes frontieres en toute seureté, sans craindre les partis Ennemis, d'où vient cela, c'est que les deux partis ont vû avec évidence qu'à tout compter ils gagneroient beaucoup plus qu'ils ne perdroient à ne point interrompre tout à fait ou à redonner quelque cours à certains Commerces.

Enfin quand chacun des Partis croit qu'il est plus de son interêt de finir la Guerre que de la continuer, nous voyons que l'on convient quelquefois de suspensions quelquefois de Trêves, quelquefois de Médiateurs, nous voyons qu'enfin chacun trouve son interêt à convenir de certains Articles, nous voyons que pour la seureté de l'execution de ces Articles;

on stipule des garanties reciproques qu'on laisse la liberté à d'autres d'entrer dans ces Traités & dans ces garanties. On a vû même quelquefois des compromis ou des Arbitrages passagers, nous voyons que dans la crainte reciproque de rentrer en guerre, on convient que si l'on avoit reciproquement à se plaindre de l'inobservation de certains Articles moins importans; on ne rompra pas pour cela tout Commerce & que l'on ne reprendra pas les Armes.

Or qu'est-ce que marquent toutes ces sortes de Conventions inconnuës aux Sauvages, qui n'ont encore qu'une Police grossiere, que marquent ces Conventions la plûpart assés peu usitées en Europe dans les siécles moins bien policés : mais devenuës presentement fort frequentes parmi nous, que nous marquent-elles si ce n'est que la grande utilité ou si l'on veut la necessité d'une Police entre Souverains commence à se faire sentir de tout le monde de plus en plus, il est vrai que jusqu'à present elle n'est que passagere & assés limitée : mais qui ne voit qu'elle tend à s'étendre, à se perfectionner, à se rendre

des Souverains. 449
dre durable & qu'ainsi il est impossible qu'à la longue, ils ne la rendent enfin un jour perpetuelle, quand par de longues reflexions sur les avantages passagers d'une Paix passagere, ils auront encore mieux compris combien il leur importeroit de rendre par un Arbitrage perpetuel tous ces avantages perpetuels.

Les Corps de l'espece humaine ne passent point certaines bornes pour la grandeur, les hommes d'aujourd'hui ne surpassent point en grandeur les hommes qui vivoient il y a 3300. ans du tems de Moïse le plus ancien des Historiens qui nous restent: mais l'esprit humain va toûjours en croissant, à moins que les Nations policées ne retombent dans la Barbarie, & dans l'impolice, & elles peuvent y retomber par la durée des Guerres ou Civiles ou Etrangeres; car alors tout est negligé hors ce qui regarde la Guerre : mais le comble du malheur pour l'accroissement de l'esprit, c'est lorsque des Nations Barbares ou impolicées prennent la superiorité dans la Guerre; car alors les Souverains ne prennent soin que des établissemens militaires & même

P p

ils ruïnent tous les autres pour être en état de multiplier & d'agrandir ceux-cy; hors ces cas malheureux, il eſt viſible que l'eſprit humain croît inſenſiblement de ſiécle en ſiécle malgré les retardemens que les Guerres aportent à cet accroiſſement; nous ſçavons que le Corps humain ne croît plus du moins en hauteur aprés vingt-cinq ans, l'eſprit n'eſt pas de même, un homme apliqué à une matiére y peut faire toute ſa vie de nouvelles découvertes par les nouvelles combinaiſons des connoiſſances qu'il a aquiſes dans ſa jeuneſſe & dans le reſte de ſa vie, & ces nouvelles découvertes ſont autant de preuves que l'eſprit croît du moins du côté où il voit, & où il peut faire voir aux autres quelque choſe qui n'avoit point encore été vû du tout, ou qui n'avoit point été vû ni avec tant de clarté, ni par tant de faces qu'il le fait voir, c'eſt que les corps de ceux qui meurent ne ſervent de rien à l'accroiſſement du corps des vivans; au lieu qu'il n'en eſt pas de même à l'égard des eſprits, ils ſe communiquent par la parole, par l'écriture & ſur tout par l'invention de l'Imprimerie. Les lumieres que chacun d'eux a acquifes ou par fes lectures ou par fes reflexions ou par fes experiences. Ce qui eft imprimé fe communique à un trésgrand nombre de ceux qui lifent & ceux-ci le communiquent à un beaucoup plus grand nombre de ceux qui lifent peu ou qui ne lifent point, & voilà comment l'efprit des fçavans & du peuple même va toûjours en croiffant.

Les Metodes même pour enfeigner s'abregent & fe perfectionnent, les fciences fpeculatives & de raifonnement, la connoiffance des faits & les Arts vont donc neceffairement en augmentant tandis qu'ils peuvent augmenter & quand on eft parvenu à connoître ce qu'ont connu les plus fçavans & à faire ce qu'ont fait les plus habiles qui ont laiffé des modeles, il eft impoffible qu'à la longue on ne les furpaffe fi l'on marche & en grand nombre vers le but, à moins que l'Art ou la Science n'ait des bornes, & c'eft ce que nous n'avons point encore trouvé.

Comment la Science de la Police humaine qui regarde les plus grands interêts des hommes & à laquelle

P p ij

tant de gens s'apliquent n'iroit-elle pas toûjours en augmentant & en se perfetionnant, & comment pourroit-elle aller toûjours en augmentant sans faire des reflexions sur la grande utilité que les chefs de familles tirent des Arbitrages particuliers, & nationnaux des Polices particulieres, & comment seroit-il possible qu'ils fissent longtems ces reflexions sans voir clairement les avantages immenses que les chefs de Nations tireroient d'un Arbitrage general, & d'une Police generale, & permanente de chef à chef, de Nation à Nation, & comment seroit-il possible qu'ils les vissent clairement sans les faire voir au reste des gens d'esprit avec une clarté à peu prés semblable, & comment seroit-il possible que tous les gens d'esprit de chaque Nation vissent clairement ces avantages immenses sans que les Ministres qui sont toûjours pris du nombre de ces gens d'esprit, ayent vû les mêmes choses avant d'arriver au Ministere, & comment seroit-il possible que de tant de Ministres gens de bien, zelés pour les interêts de leurs Maîtres, il n'y en eût plusieurs qui leur conseillassent de profiter de ce-

des Souverains. 453
avantages, il ne faut donc que du tems, il ne faut que quelques generations de Miniſtres. Or en un ſiécle on voit en chaque Cour beaucoup de ces generations.

Telle eſt la ſeconde preuve, qui montre que l'établiſſement d'une Police permanente en Europe, de Nation à Nation, de Souverain à Souverain, n'eſt pas ſi éloignée qu'elle l'étoit dans des ſiécles plus groſſiers & moins policés, & que nous ſommes peut-être dans l'heureux ſiécle, qui verra ce bel établiſſement. Paſſons à la troiſiéme.

TROISIE'ME PREUVE.

Il eſt vrai-ſemblable que ſi l'heureuſe invention de la Police, & de l'Arbitrage qui en eſt le fondement, a été long-tems à s'établir de Chef de famille à Chef de famille, voiſins, ou Chef de Vilage, à Chef ou Prince de Vilage, voiſin, de Prince Allemand à Prince Allemand, c'eſt que ces ſortes d'établiſſemens n'ont été faits que par hazard & par degrés preſqu'inſenſibles ſans qu'aucun Sage leur ait jamais propoſé par écrit aucun Projet de Convention, aucun Projet de Police, il eſt certain qu'il y a eu quantitd'établissemens humains grands & petits, qui ont eu des commencemens bien marqués, & des acroissemens assés prompts, tels sont les établissemens des Legislateurs, tels sont les établissemens de certaines Compagnies, soit de Religion, soit de Commerce, voilà autant d'établissemens qui ont eu besoin de Projets amples composés d'un grand nombre d'Articles, & ces établissemens ont eu plus ou moins de succés, & un succés plus ou moins prompt à mesure que le Legislateur s'étoit aquis du credit, à mesure qu'il le proposoit en plus grand des choses dont il y avoit déja des modeles en grand, & de proche en proche à mesure qu'il a sçû mieux interesser à cet établissement un plus grand nombre de gens d'esprit, à mesure qu'il a plus prévû d'obstacles ou d'inconveniens, à mesure que par des Articles bien digerés, il a pu proposer ou des preservatifs suffisans ou des remedes efficaces, à mesure que ce qu'il a proposé étoit proportionné à l'état des lumieres de ceux à qui il les proposoit, je parle des lumieres qu'ils avoient sur leurs interêts.

Or il me semble qu'il n'est pas dif-

des Souverains. 455

ficile de reconnoître dans le Projet d'Arbitrage Européen, & de Police generale toutes ces conditions à un degré éminent, il n'est pas difficile de voir que c'est l'obscurité qui arrête, & que l'on va lentement quand l'on va à tatons: mais qu'on avance à mesure que la lumiere commence à croître, & que quand on a aporté au Projet d'un établissement, une lumiere suffisante, c'est alors que les obstacles s'évanoüissent, & que la naissance, & l'accroissement cessent d'être si éloignés.

Voilà les raisons generales que j'avois à aporter pour prouver que l'execution du Projet de Police generale de l'Europe, d'Arbitrage Européen, proposé par Henri le Grand, n'est pas si éloignée que l'on pourroit penser, je sçai bien que ces raisons ne sont pas à la portée de tout le monde, aussi je ne les propose que pour ceux qui avec un esprit élevé ont un peu medité la matiere, & pour ceux-cy les leur proposer, c'est les leur demontrer.

AVERTISSEMENT.

J'Avois composé ce troisiéme Tome à Crevecœur sur Evre, on compose mieux à la Campagne, on s'y remplit mieux de son sujet, j'avois apporté icy le manuscrit, on corrige mieux à la Ville, on y trouve plus facilement d'excellens Critiques, j'étois prêt de l'envoyer à l'imprimeur lors que la mort de Loüis XIV. est arrivée, cet évenement qui a déja produit quelques changemens dans ce Royaume, en a aussi produit de necessaires dans cet Ouvrage.

Il peut arriver tous les jours des changemens considerables dans l'Europe, car qu'y a-t-il de plus changeant & de plus incertain que la fortune des Souverains pendant qu'ils sont en guerre, & quoy de moins solide que leurs Traités de Paix, tant que ces Princes ne prendront aucunes mesures pour sortir du funeste état d'Impolice où ils sont encore ; Or ces changemens qui arriveront de tems en tems dans les maisons Souveraines, & dans les souverainetez demanderont aussi de tems en tems de nouveaux changemens dans un Ouvrage où je suis forcé de supposer quelque fois l'état où ces Souverains sont presentement : mais avec le secours des Principes generaux que l'on y trouvera clairement expliqués, solidement établis, & qui par eux-mêmes sont parfaitement immuables, il sera facile à tout Lecteur intelligent de suppléer à ce qu'il faudra changer, & de corriger aprés chaque évenement ce que j'aurois pu corriger moi-même, si j'avois écrit posterieurement à toutes ces revolutions.

A Paris au Palais Royal ce 10 Novembre 1715.

F I N.

www.ingramcontent.com/pod-product-compliance
Lightning Source LLC
Chambersburg PA
CBHW072214240426
43670CB00038B/1172